SAGGI

63

Della stessa autrice

DIETRO IL VELO
SCHIAVE
SUI SENTIERI DEL KURDISTAN

Jean P. Sasson

TRADITA

SAGGI SPERLING & KUPFER *economica*

Traduzione di Gian M. Giughese
Mayada, Daughter of Iraq

I edizione «Diritti & Rovesci Paperback» febbraio 2006

ISBN 978-88-6061-351-6
92-I-09

V EDIZIONE

I nomi di alcune persone rappresentate in questo libro sono stati modificati per proteggerne la privacy.

Il necrologio per Jafar Pasha è pubblicato per gentile concessione di *The Times*, Londra, 2.11.1936.
L'estratto del discorso tenuto alla Camera dei Comuni il 14 giugno 1921 dall'onorevole Winston Churchill è riprodotto per gentile concessione di Curtis Brown Ltd, London per conto di Winston S. Churchill. © 1921 Winston S. Churchill.

A Samira
e a tutte le donne-ombra della cella 52

Indice

Nota dell'autrice - L'incontro con Mayada IX

1. Le donne-ombra della cella 52 1
2. Le quattro porte nere 35
3. Jido Sati 63
4. Saddam Hussein 79
5. La moglie di Saddam, «la signora» Sajida 107
6. Ali il Chimico e il velo 141
7. Tortura 181
8. Il dottor Fadil e la famiglia di Mayada 207
9. Il cinguettio del «qabaj» 247
10. Cara Samira 277

Appendice 1 291
Appendice 2 295
Glossario 307

Nota dell'autrice
L'incontro con Mayada

I LUOGHI lontani mi hanno sempre affascinata, perciò, appena mi si presentò l'opportunità di viaggiare in una delle zone più esotiche e pericolose del mondo, accettai la sfida.

Nel 1978, quando lasciai gli Stati Uniti per lavorare in un ospedale di Riyadh, dove rimasi fino al 1990, ero giovane. Durante i dodici anni che trascorsi in Arabia Saudita mi creai una solida rete di amicizie e cominciai a capire che cosa significhi essere donna in una società maschilista, con pochissime possibilità di denunciare e prevenire gli atti di violenza e crudeltà.

Fin dal mio primo viaggio attraversai da un capo all'altro il Medio Oriente: Libano, Egitto, Giordania, Siria, Israele, Palestina, Emirati Arabi Uniti, Iraq e Kuwait. Ovunque arrivai, parlai con donne e bambini, visitai ospedali e orfanotrofi, partecipai a molte feste. Ripensando alla facilità con cui feci conoscenza con le persone del luogo, credo che fossero incuriosite da me quanto io lo ero da loro.

Constatai con amarezza che in molti di quei Paesi la povertà era estremamente diffusa ma, ciò nonostante, tutti coloro che incontrai ebbero sempre un gesto di benvenuto nei miei confronti, lieti di aprire la propria casa e il proprio cuore a un'americana.

Dopo la guerra del Golfo del 1991, l'intero Medio Oriente divenne ancora più turbolento, l'Iraq in particolare. Gli iracheni mi incuriosivano fin da allora, essendo un popolo che aveva subito guerre e sanzioni provocate dal suo stesso presidente, Saddam Hussein. Spinta da questo interesse, nell'estate del 1998 decisi di visitare il Paese.

Essendo autrice di un saggio critico nei confronti di Saddam, sapevo che nessun funzionario governativo mi avrebbe mai concesso il visto, perciò scrissi direttamente al presidente, inviandogli una copia del mio libro, *The rape of Kuwait* (Lo stupro del Kuwait). Nella lettera spiegavo che non approvavo l'invasione del Kuwait ma che mi stava a cuore il benessere degli iracheni che vivevano sotto embargo e che desideravo vedere con i miei occhi come se la cavava la popolazione.

Tre settimane dopo ricevetti una telefonata da Baghdad: il visto mi sarebbe stato concesso tramite la delegazione irachena presso le Nazioni Unite, a New York.

Feci i bagagli, senza dimenticare la scorta di generi indispensabili in una zona di guerra – cibi in scatola, torce elettriche e candele –, e partii. Era il 20 luglio 1998, un lunedì. Con le sanzioni dell'ONU in vigore, agli aerei non era permesso volare in Iraq, perciò sarei dovuta entrare da un Paese confinante. Considerando la distanza da Baghdad dalle maggiori città dell'area, nonché i disordini che ancora imperversavano nell'Iraq settentrionale e meridionale, la Giordania era il punto di partenza perfetto.

Sette ore dopo essermi imbarcata a Londra sul volo 6707 delle Royal Jordanian Airlines, giunsi all'aeroporto internazionale Queen Ali, che distava quarantacinque minuti dalla capitale, Amman.

La decrepita area bagagli mi rammentò che da molti la Giordania è considerata soltanto uno scalo dove si aspetta la coincidenza, quando in realtà è una terra ricca di contrasti: da Aqaba, l'origine delle straordinarie avventure di T.E. Lawrence, alla distesa sassosa del Deserto Siriaco, dove da secoli le tribù beduine portano al pascolo il bestiame, fino alla leggendaria Petra con le tombe nabatee di un rosso che sfuma nel rosa, dove splendidi edifici e sepolcri furono scolpiti nella roccia viva da una tribù nomade.

Passai velocemente attraverso la dogana e uscii dall'aeroporto. Osservai la folla in attesa e ben presto individuai un arabo di mezz'età che indossava un logoro paio di pantaloni beige e una camicia azzurra e reggeva un grosso cartello con il mio nome scritto a vistose lettere blu. Mi accomodai sul sedile posteriore della Peugeot 504 station wagon dall'aria piuttosto malandata per affrontare un viaggio di quarantacinque minuti fino all'*Inter-Continental Hotel* di Amman. Dopo avere scambiato qualche frase cortese con l'autista, mi rilassai e cominciai a guardare dal finestrino.

Amman è una città affascinante, che si estende su sette colline. Presto giungemmo all'*Inter-Continental*, nel cuore del quartiere diplomatico. Avevo scelto quell'albergo senza una ragione particolare, ma con il presupposto che vi si mangiasse decentemente e che lì mi sarei potuta procurare le provviste per organizzare il viaggio di oltre mille chilometri via terra alla volta di Baghdad.

Il giorno seguente, dopo numerose telefonate, il proprietario dell'*Al-Rahal*, un giordano, arrivò all'*Inter-Continental* a bordo di una Mercedes bianca. Il preventivo per il tragitto di andata e ritorno era di quattrocento dollari, da pagare metà prima di partire da Amman e metà prima della partenza da Baghdad. Gli diedi i primi duecento, e lui mi disse che alle 5.30 del mattino seguente avrei trovato ad aspettarmi un uomo di nome Basem a bordo di un fuoristrada.

Le persone che incontrai quel giorno si meravigliarono molto nell'apprendere che stavo per recarmi in Iraq da sola. I motivi delle loro preoccupazioni erano legittimi: era l'estate del 1998, e c'era una fortissima tensione fra Saddam e il capo degli ispettori delle Nazioni Unite, Richard Butler. Quest'ultimo, dotato di un carattere ostinato e ben deciso a scoprire e distruggere gli armamenti iracheni, si era guadagnato il soprannome di «Butler matto da legare», coniato da Saddam in persona. D'altro canto, Hussein era del pari inflessibile e irriducibile nel tentativo di proteggere le proprie scorte di materiale bellico, che da tempo si procurava e faceva custodire sotto stretta sorveglianza, e dai giornali occidentali appariva chiaro che Richard Butler era esasperato dalla mancanza di collaborazione da parte delle autorità irachene. In quella parte del mondo, tutti temevano che qualcosa di spiacevole fosse sul punto di accadere fra l'aggressivo dittatore mediorientale e il risoluto avversario occidentale. Alla luce della crescente tensione e della sempre più aspra ostilità di Saddam, pochi erano gli esponenti dei mass media americani che venivano anche solo sfiorati dal pensiero di recarsi in Iraq quell'estate, e chi lo faceva di solito sceglieva di andarvi sotto mentite spoglie, con il pretesto di lavorare per organizzazioni umanitarie.

Fu dunque con grande emozione che, all'ora stabilita, partii da Amman: sentivo l'avventura iniziare in un'atmosfera drammatica. Presto ci lasciammo alle spalle la capitale giordana, quindi attraversammo il distretto di Zarqa, prima di arrivare all'oasi di Al-Azraq, nota per la strada sterrata e piena di buche. Per ore Basem e io viaggiammo in un territorio così infinitamente monotono da sembrare spazzato da venti impetuosi. Andavamo a quasi centotrenta l'ora, eppure ci pareva di non riuscire a sfuggire dalla piatta distesa di terra polverosa, disseminata di alberelli stentati e cespugli spinosi.

Mentre la mattinata si trascinava con estrema lentezza, ci avvicinavamo alla frontiera irachena. Fin dai tempi dell'antica Mesopotamia, il Paese oggi noto con il nome di Iraq svolse una funzione cruciale in quell'area geografica. Di conseguenza, fu invaso e conquistato molte volte. Dai mongoli agli ottomani, agli inglesi, svariate potenze straniere tentarono di impossessarsi della sua bellezza e delle sue ricchezze. Con la fine della prima guerra mondiale, l'Inghilterra creò la moderna nazione irachena, obbligando curdi, sunniti e sciiti a vivere insieme in modo del tutto innaturale.

Varcato il confine e oltrepassata con facilità la dogana, il cuore cominciò a battermi forte. Poco dopo comparve l'antico fiume Eufrate, quindi attraversammo la regione di Al-Anbar, in un'area dominata da iracheni sunniti per lo più appartenenti alla tribù dulaimi, che dava un vigoroso sostegno a Saddam. Persino dopo la guerra del Golfo del 1991, il dittatore fu ricevuto dagli abitanti della zona così calorosamente che reagì in maniera inconsueta per un uomo dominato da impulsi paranoici: scaricò in aria il revolver, rimanendo privo di difesa.

Finalmente, dopo undici ore di viaggio, apparve il profilo di Baghdad, con i palmizi e i tetti che si stagliavano sulla pianura circostante. Osservavo in silenzio le casette beige che, dopo lo squallore del deserto, assumevano il rilievo di una grande città; piccole moschee dalle cupole imponenti punteggiavano qua e là la linea dell'orizzonte, edifici con terrazzi e cortili si affacciavano dalle stradine laterali, e di tanto in tanto vedevo un ciuffo di stentati fiori bianchi o viola lottare per crescere all'ombra di una palma.

Gli angoli delle vie erano affollati di pedoni che avanzavano nella ressa delle arterie cittadine. Purtroppo, le antiche, tranquille strade di Baghdad erano diventate caotiche, affollate di vecchie automobili dalle gomme malandate in coda dietro autobus traballanti che vomitavano fumo nero. Sapevo che la guerra e le sanzioni provocate dal governo iracheno avevano isolato il Paese dal resto del mondo, perciò non mi sorprese la vista di gente dal volto serio, che indossava abiti logori. Quando ci fermavamo ai semafori rossi scrutavo i visi degli iracheni, consapevole di trovarmi nel bel mezzo di un popolo che viveva esistenze incredibilmente drammatiche. Un iracheno o un'irachena di età prossima alla mia, cinquant'anni, erano stati testimoni di sommosse e rivoluzioni, dell'incoronazione di re, di numerosi colpi di stato, della scoperta del petrolio, della promessa di grandi ricchezze nazionali, di una prosperità spezzata da guerre brutali, delle repressioni di uno Stato di polizia e delle sanzioni che avevano messo l'Iraq in ginocchio.

Nel crepuscolo udii il richiamo alla preghiera del tramonto proveniente da un minareto. Alzai lo sguardo in direzione di una piccola fortezza affacciata sulla strada; la voce bassa e musicale del muezzin si levava dalla sommità della cittadella mentre il sole tramontava lentamente. Basem svoltò di fronte all'hotel *Al Rasheed*: ero arrivata sana e salva.

L'Iraq era un affascinante insieme di contrasti. Per quanto oppressa, la popolazione era sorprendentemente aperta e amichevole. I dipendenti dell'albergo furono gentilissimi, mi mostrarono le fotografie dei parenti e mi coprirono di regalini che, ne ero certa, potevano a stento permettersi. Alcuni impiegati del ministero dell'Informazione mi invitarono a casa loro, dove mangiai il loro cibo e incontrai i loro amici. Gli agenti fuori del ministero mi seguivano sempre fino alla mia auto per raccontarmi la storia della loro famiglia. Quando visitai il reparto pediatrico di un vicino ospedale, i genitori dei ragazzini che morivano di leucemia divisero con me i loro spuntini. Il nuovo autista, ingaggiato tramite il direttore dell'hotel, durante il mio soggiorno non accettò altri impegni e rimase seduto nell'atrio per ore, nel caso avessi bisogno di qualcosa e, dopo che tre uomini dall'aria equivoca bussarono alla mia porta la prima notte che trascorsi all'*Al Rasheed*, la direzione provvide affinché davanti alla camera vi fosse sempre una guardia.

Tuttavia, la parte più bella del viaggio doveva ancora venire. Due giorni dopo il mio arrivo a Baghdad, conobbi l'unica, l'indimenticabile Mayada Al-Askari, una donna diventata per me più di una sorella.

L'opportunità di incontrare Mayada fu dovuta in gran parte alla mia determinazione di avere una donna come interprete. Dopo le prime ventiquattro ore trascorse in città, mi domandai perché nessun funzionario del ministero dell'Informazione mi avesse fatto visita: avevo letto parecchie storie sulle loro intromissioni nelle visite degli stranieri. Il giorno successivo divenni impaziente e dissi all'autista di portarmi al ministero, dove avrei richiesto un interprete. Mi era stato riferito che a capo dell'ufficio stampa c'era un uomo di nome Shakir Al-Dulaimi.

Entrai nel suo ufficio e scherzando gli spiegai di avere sentito che i turisti venivano pedinati dagli agenti, ma che nessuno sembrava sapere che mi trovavo in città. Forse non ero abbastanza importante per avere un angelo custode? Shakir parve divertito e rispose che, se lo desideravo, mi avrebbe fatta accompagnare da un iracheno.

Dal momento che mi interessavano in primo luogo i problemi femminili e sapendo, dopo tutti gli anni in cui ero vissuta in Medio Oriente, che nessuna donna araba avrebbe parlato con franchezza di fronte a un uomo arabo, rifiutai la cortese offerta, ribadendo che avrei accettato soltanto una traduttrice. Dopo qualche amichevole battibecco, Al-Dulaimi alzò le mani stringendosi nelle spalle, che per gli arabi è un segno di capitolazione, e decise di accontentarmi (in seguito scoprii che la politica ufficiale del governo era assumere esclusivamente interpreti di sesso maschile).

Il mattino seguente tornai da Shakir al ministero, dove incontrai una donna irachena che indossava un austero abito lungo fino alle caviglie e aveva il viso incorniciato da un foulard nero. Era di media statura e un tantino sovrappeso, aveva il viso pallido, le guance rosee e gli occhi verde chiaro che brillavano di emozione. Ci studiammo a vicenda, poi lei guardò Al-Dulaimi, quindi nuovamente me. Aveva un'aria gentile, e io le sorrisi amichevole, sperando che mi facesse da guida durante tutta la mia permanenza.

Lei ricambiò timidamente il mio sorriso.

Shakir mi annunciò: «Jean, questa è la sua donna».

La signora si presentò, con una voce gradevole dal lieve accento: «Sono Mayada Al-Askari». Più tardi mi raccontò che da molti anni non lavorava per il ministero, dato che i dirigenti assumevano soltanto uomini. Fui lieta – e credo che lo fosse anche lei – di avere rifiutato con fermezza la prima offerta di Al-Dulaimi.

Ben presto Mayada e io diventammo amiche. Lei parlava correntemente l'inglese e aveva uno spiccato senso dell'umorismo. Era divorziata e aveva una figlia di quindici anni, Fay, e un figlio di dodici, Ali. Nel corso delle settimane successive scoprii che era nata nell'antica Mesopotamia, oggi nota come Iraq. Andava fiera del proprio Paese, e a buon diritto: per gran parte della sua storia, quella regione era stata un vero e proprio paradiso, la sua cultura aveva prodotto artisti, poeti e scienziati, mentre alcuni dei primi governanti erano stati grandi costruttori, dediti alle lettere e alla realizzazione di opere imponenti, e avevano assicurato al mondo le prime leggi scritte e la libertà.

Sebbene molti riformatori mesopotamici si fossero battuti per migliorare la vita dei loro conterranei, spesso quei leader illuminati erano stati rovesciati con la forza da tiranni che per generazioni avevano trascinato il Paese nella violenza. Molto tempo prima del dominio di Saddam Hussein, incessanti conflitti avevano devastato la patria di Mayada. Bagnata da due grandi fiumi in un'area per lo più desertica, collocata in una posizione geografica ideale per collegare gli attivi centri commerciali e dotata di una grande ricchezza, la Mesopotamia era sempre stata una preda allettante ed era stata ripetutamente conquistata e perduta, dagli antichi sumeri ai mongoli, a Tamerlano, ai persiani, ai turchi ottomani.

Per capire la famiglia di Mayada bisogna conoscere un poco l'impero ottomano, che controllò il Medio Oriente dal 1517 al 1917 e l'Iraq stesso dal 1532 al 1917. I suoi vasti domini includevano l'Asia Minore, il Medio Oriente, l'Egitto, parte dell'Africa settentrionale e perfino una parte dell'Europa sudorientale. I sultani erano musulmani sunniti, di conseguenza erano inclini a collocare in posizioni di potere i membri della loro setta. In tal modo, pur essendo un gruppo minoritario, conquistarono l'autorità su tutti gli altri iracheni, compresa la maggioranza sciita, creando così le premesse per una situazione di permanenti tensioni etniche. Tuttavia, finché gli ottomani rimasero al potere, tali contrasti rimasero soffocati sotto la superficie, invece di esplodere; una volta rovesciato l'impero, però, le ostilità incancrenite divamparono, e quei medesimi fattori di disordine sopravvivono tuttora nel Paese.

Alla caduta degli ottomani, la grande speranza degli arabi – che per secoli, sotto il giogo turco, non avevano goduto di diritti civili – era di poter fondare nazioni libere e di vivere in condizioni dignitose. Sfortunatamente, le loro sofferenze non ebbero fine con il crollo dell'impero, perché gli inglesi e i francesi avevano già schierato i rispettivi eserciti per colmare il vuoto di potere.

Gli arabi rimasero esterrefatti scoprendo che i nuovi conquistatori europei ritenevano di essere i legittimi proprietari di tutte le risorse della regione: la spirale dello sfruttamento non s'interruppe. Gli inglesi si trovavano più a loro agio con i sunniti, che continuarono così a dominare la maggioranza sciita.

Gli immani capovolgimenti nelle sorti dell'impero turco ebbero un influsso determinante sulla vita della famiglia di Mayada, perché il loro albero genealogico li collegava direttamente al cuore del potere ottomano. Entrambi i suoi nonni erano stati rispettati cittadini del grande impero e testimoni della sua disgregazione dopo la vittoria degli Alleati nella prima guerra mondiale; spinti dalla speranza di costituire Paesi liberi e prosperi, erano poi stati coinvolti anche nella formazione e nel governo dei nuovi Stati arabi di Siria e Iraq.

Il nonno paterno di Mayada, Jafar Pasha Al-Askari, era un uomo straordinario: era stato al comando dell'esercito regolare e aveva combattuto contro i turchi a fianco di T.E. Lawrence e del principe Faysal. Il nonno materno, Sati Al-Husri, era famoso in tutto il mondo arabo come un genio, nonché padre del nazionalismo arabo, ed era stato uno dei primi intellettuali a rivendicare l'autogoverno dei Paesi arabi.

Come i genitori e i nonni prima di lei, Mayada era nata musulmana sunnita, vale a dire appartenente alla setta che costituisce la maggioranza della fede islamica nel mondo intero ma è minoritaria in svariati Stati arabi, compreso l'Iraq.

La residenza di famiglia di Mayada era una nota «casa politica», e le visite e le telefonate da parte di esponenti della politica internazionale erano all'ordine del giorno. Dal momento che era la figlia e nipote prediletta, i suoi parenti si adoperarono per assicurarle un'istruzione e un'esistenza fatta di privilegi: da lei ci si aspettava che intraprendesse la carriera medica o artistica e vivesse in un ambiente colto.

I conflitti politici iracheni erano però destinati a sconvolgere ogni progetto, per quanto accuratamente elaborato fosse. Nel 1968, quando il partito Baath prese il potere, molti intellettuali fuggirono nei Paesi vicini, ma il padre di Mayada, malato terminale di cancro, era in cura in un ospedale di Baghdad, perciò la famiglia decise di rimanere in città.

A dispetto del regime di Saddam Hussein, che si faceva ogni anno più dispotico, la donna visse la sua vita in patria: lì crebbe, trovò lavoro come giornalista in un quotidiano, si sposò, diede alla luce i due figli. Sopravvisse alla guerra Iran-Iraq, a quella del Golfo e alle successive sanzioni. Dovette sopportare le dolorose conseguenze di ogni fase della turbolenta storia dell'Iraq moderno. Nonostante tali difficoltà, non perse mai la convinzione di poter continuare a vivere nella terra che amava sin dall'infanzia.

Una volta visitammo il reparto pediatrico di un ospedale di Baghdad; rimasi così sconvolta dalle infelici condizioni dei bambini, i quali maneggiavano svogliatamente i giocattoli che avevo regalato loro, che dovetti lottare per trattenere le lacrime. Quando ero ormai sul punto di scoppiare in singhiozzi, avvertii sulla spalla il tocco confortante della mano di Mayada, desolata per la mia angoscia. Mi pregò di uscire dall'ospedale e la ascoltai esterrefatta confidarmi che detestava Saddam Hussein, tanto che il suo unico sogno era vivere abbastanza da vedere la fine del suo potere. Disse ciò che tutti sapevamo, cioè che era lui la principale causa delle disgrazie di quei bimbi: non solo aveva dato inizio alle guerre che avevano provocato le sanzioni, ma era talmente desideroso di far ricadere la responsabilità della morte dei piccoli pazienti sull'embargo da impedire addirittura alle medicine di giungere negli ospedali. Per esempio, era capace di autorizzare l'uso di un solo farmaco per curare malati di leucemia che avevano chiaramente bisogno di due o tre preparati differenti per combattere una certa forma tumorale. Inoltre, Saddam faceva collocare nelle strade bare di bambini vuote, nel tentativo di suscitare l'indignazione del mondo contro gli Stati Uniti.

Dato che qualche fedelissimo del dittatore avrebbe potuto udirci, temetti per la sua incolumità e cercai di calmarla, ma non riuscii a placare le sue invettive.

Avevo visto con i miei occhi che Saddam aveva trasformato l'Iraq in un'immensa gabbia. Qualunque iracheno si aspettava di essere arrestato e torturato per una presunta violazione della legge: il regime sembrava inattaccabile, e nutrivo scarse speranze che la popolazione potesse conoscere la libertà in tempi brevi. Domandai a Mayada perché non raggiungesse la madre in Giordania e lei giustificò la lealtà verso il suo Paese – ma non nei confronti dell'uomo che lo dominava – spiegandomi di *dover* rimanere dov'era sepolto suo padre. In quanto irachena, apparteneva a quella terra, indipendentemente dai pericoli che poteva corrervi.

Fu triste lasciare Baghdad ma, sin dal nostro primo incontro, Mayada e io fummo certe che saremmo rimaste amiche per tutta la vita. Quando tornai negli Stati Uniti, il nostro rapporto a distanza proseguì senza interruzioni: ci tenemmo in contatto ogni settimana per lettera o per telefono.

Circa un anno dopo Mayada scomparve: tutte le mie chiamate e le mie lettere cominciarono a rimanere senza risposta. Poi, quando ero ormai disperata, mi telefonò. Era a casa sua a Baghdad, e mi spiegò di essere stata «in scatola», vale a dire in prigione. Preferii non porle domande specifiche; solo dopo che si fu rifugiata in Giordania venni a sapere la storia del suo arresto, delle torture e della fuga.

Dopo che la mia amica fu incarcerata, una catena di avvenimenti diede origine a questo libro. Nel 1999 Mayada fuggì dall'Iraq e nel 2000 scappò anche sua figlia Fay. Nel 2001 New York e Washington furono attaccate e quello stesso anno George Bush inviò le forze statunitensi a distruggere le bande di terroristi. Nel 2002 il presidente americano ritenne che l'Iraq avesse sofferto abbastanza sotto Saddam Hussein e all'inizio del 2003 le forze di una coalizione internazionale deposero il dittatore. In quel periodo Mayada decise che il mondo sapesse la verità sulla vita irachena, la verità raccontata da una persona che aveva conosciuto il proprio Paese da ogni punto di vista, dai palazzi del potere alle camere di tortura di Saddam. Dopo avere valutato la possibilità di scrivere in prima persona, Mayada chiese a me di raccontare la sua storia, e io accettai.

Albero genealogico della famiglia di Mayada

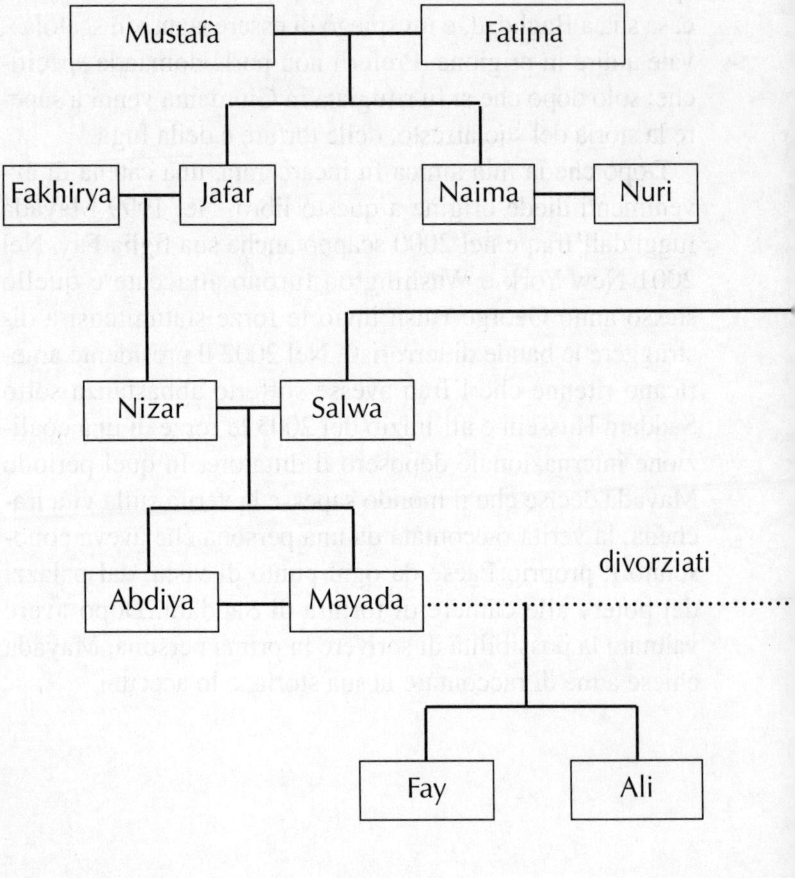

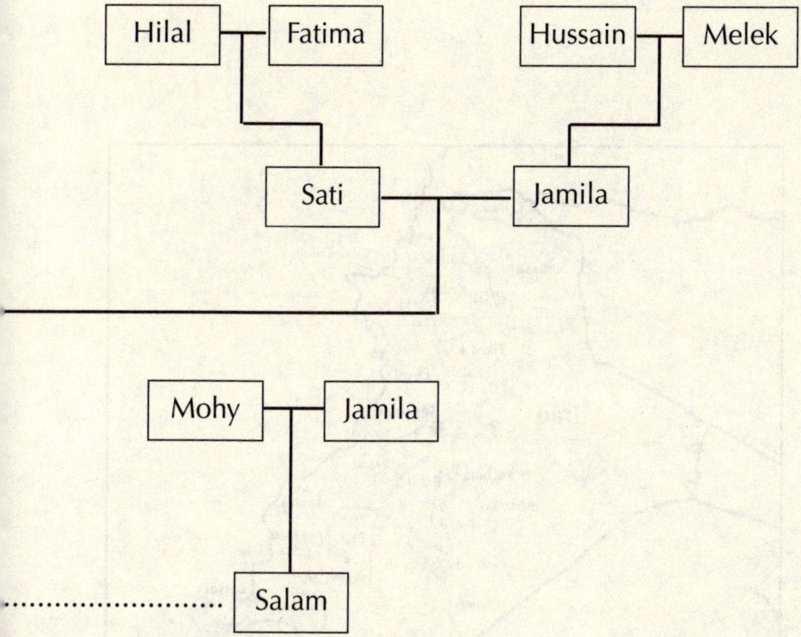

Per gentile concessione di Dale Hajost

L'Iraq

Dahuk
Erbil
Sulaimaniya
Ninawa
Kirkuk
Halabja
Tamin
Tikrit
Salah
ad Din
Diyala
Iraq
Baghdad
Wasit
Al Anbar
Kerbala
Babil
Kerbala
Amara
Najaf
Dhi
Qar
Maysan
Al Qadisiyah
Nassiriya
Bassora
Najaf
Bassora
Muthanna

L'Iraq e i Paesi confinanti

Pianta della prigione

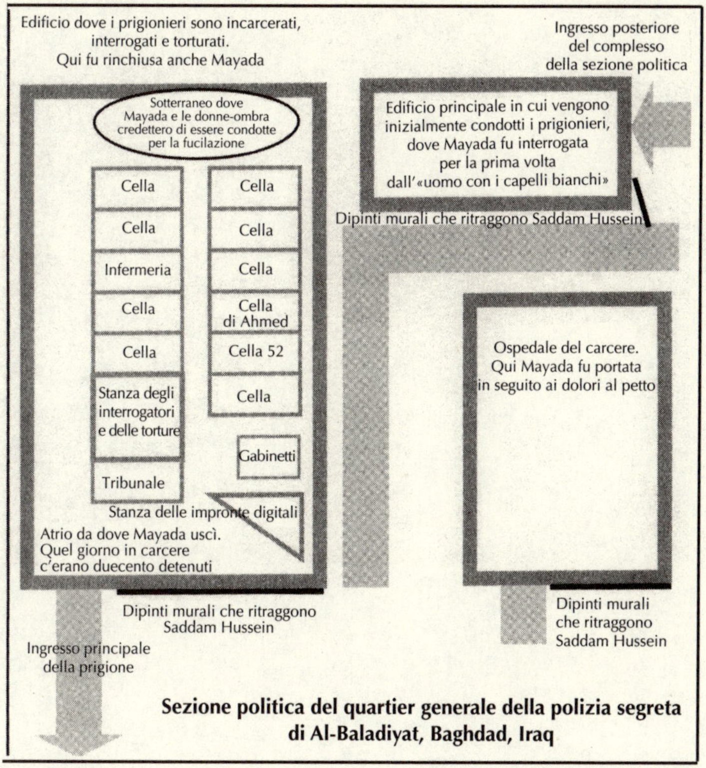

1
Le donne-ombra della cella 52

ALLE 8.45 circa del 19 luglio 1999, Mayada Al-Askari si dirigeva a tutta velocità verso l'ufficio. Nella sua tipografia la mattina era sempre il momento più impegnativo della giornata e, dall'ingente quantità di ordinazioni affluite il giorno prima, Mayada sapeva che quel mattino sarebbe stato particolarmente frenetico. Quando, un anno prima, aveva intrapreso quell'attività, si era procurata i tipografi più bravi dell'Iraq, e per questo motivo i suoi prodotti erano considerati i migliori della zona di Mutanabi. Di conseguenza, aveva più lavoro di quanto potesse sbrigarne. Accettava un'ampia varietà di commissioni, come disegnare loghi e scrivere i testi per confezioni di latte, scatole e bottiglie. Stampava anche libri, ma soltanto se l'ordine arrivava corredato del timbro del ministero dell'Informazione. Mayada era talmente efficiente che parecchie altre tipografie del distretto affidavano i loro lavori a lei, una concorrente, e li facevano passare per propri.

Mayada diede un'occhiata all'orologio. Era in ritardo. Prendeva le curve sbandando un poco, ma di certo non superava i limiti di velocità. Attraverso il parabrezza diede un'occhiata al cielo: si stava oscurando per una tempesta di sabbia, cominciavano a giungere folate di vento che si levavano e si smorzavano in soffi roventi. Luglio era un brutto mese in Iraq, e lei desiderava ardentemente sfuggire al caldo rifugiandosi in vacanza sulle montagne libanesi, ma non aveva più soldi da spendere in svaghi, perciò accantonò quei pensieri. Parcheggiò l'auto e salì sul marciapiede. Si piegò in avanti per proteggersi dal vento che le pungeva gli occhi e le irritava la gola e i polmoni, camminando svelta con una mano davanti alla bocca. Per fortuna la porta del negozio era aperta. I suoi zelanti dipendenti erano già all'opera. Aveva un gruppo di impiegati laboriosi, e non solo perché pagava loro uno stipendio più alto di quanto facessero tutti gli altri studi grafici: semplicemente, erano una squadra di persone serie e istruite.

Mayada lanciò un rapido sguardo nell'ufficio. Hussain, Adel e Wissam erano già davanti al computer. I suoi occhi corsero alla minuscola cucina sul retro, da dove Nahla, che stava facendo il caffè, si diresse sorridendo verso di lei con una tazza in mano. Prima che Mayada potesse portarsela alle labbra fu avvicinata da Hussain e Shermeen, che la aggiornarono contemporaneamente sui progetti grafici ai quali stavano lavorando. Furono interrotti da un cliente che entrò frettoloso dalla porta rimasta aperta, impaziente di parlare con la titolare. Il giovane disse di essere uno studente tunisino e di essere stato indirizzato a lei dal proprietario di un'altra tipografia della zona: voleva che gli traducesse e gli preparasse un questionario. Mayada stava discutendo del lavoro, quando di colpo la porta si aprì e tre uomini fecero il loro ingresso nel piccolo locale. Il suo cuore perse un colpo, e all'istante capì che quegli individui erano troppo rigidi per essere clienti.

Il più alto dei tre le chiese: «È lei Mayada Nizar Jafar Mustafà Al-Askari?»

La domanda la lasciò sbalordita, perché pochi conoscevano il suo nome per intero; usava infatti di rado «Mustafà», per quanto ne andasse fiera, dato che risaliva al suo bisnonno, Mustafà Al-Askari, il quale, come il nonno Jafar, era stato un alto ufficiale del formidabile esercito ottomano.

Mayada rimase in silenzio, fissando negli occhi gli uomini che aveva di fronte. Per un attimo pensò di fuggire o di aggredirli, ma suo padre era morto e lei era divorziata, perciò non aveva in famiglia un uomo che avrebbe potuto proteggerla. Emise un debole mormorio che suonava abbastanza simile a un «sì».

L'uomo alto la informò seccamente: «Sono il tenente colonnello Muhammed Jassim Raheem, e questi sono i miei colleghi. Dobbiamo effettuare una perquisizione».

Questa volta la donna ritrovò la voce, riuscendo a porre una semplice domanda: «Cosa cercate?»

Il militare raddrizzò solo di poco il collo, e la pelle flaccida gli ballonzolò da una parte e dall'altra prima che rispondesse, sputando ogni parola come una raffica di pallottole: «Ce lo dica lei».

Mayada era ammutolita. Non sapeva che cosa dire o fare per salvarsi, mentre gli intrusi buttavano all'aria il suo studio: svuotarono i cestini della carta straccia, esaminarono l'imbottitura delle poltrone, aprirono i telefoni con il cacciavite, poi si impadronirono dei suoi preziosi computer e delle stampanti. Mentre li guardava caricare il materiale nel bagagliaio delle due Toyota Corolla bianche, l'auto preferita dalla polizia segreta irachena, sapeva che non avrebbe più trovato i capitali per sostituirlo. Impotente, stropicciava lentamente i fogli che lo studente tunisino le aveva affidato, fissando gli uomini che le stavano distruggendo il futuro.

Lanciò un rapido sguardo agli impiegati atterriti, radunatisi in un angolo del locale senza nemmeno più avere il coraggio di fiatare. Il giovane tunisino ridacchiava nervosamente, torcendosi le mani con un'espressione colma di rammarico per essere entrato in quel negozio.

Mayada non aveva dubbi che sarebbe stata lei la prossima a essere caricata su quell'auto del malaugurio, e pregò il tenente colonnello di lasciarle fare una telefonata: «Per favore, posso chiamare i miei figli per dire loro dove mi portate?»

Lui le diede un'occhiata sinistra, poi urlò: «No!»

«Per cortesia, devo avvertirli, hanno soltanto me», ribatté lei con tutta la gentilezza che poté trovare.

La sua accorata richiesta non riuscì a smuoverlo. «No!» Il militare schioccò le dita e gli altri due uomini le si misero al fianco e la condussero via. Sulla porta dell'ufficio Mayada si voltò indietro, domandandosi se sarebbe mai tornata lì.

Dal sedile posteriore della Toyota vide un passante lanciarle uno sguardo intimorito e compassionevole, per poi allontanarsi frettolosamente.

Mentre la macchina sfrecciava nel traffico di Baghdad, la donna fu colta dalle vertigini. Si sforzò di concentrarsi sul cielo giallo e arancio che turbinava gonfio di polvere sopra di loro: ormai la tempesta di sabbia aveva completamente investito la città. Guardando dal finestrino, osservava gli iracheni male in arnese ma un tempo orgogliosi: vent'anni prima, quando lei era giovane, il Paese era colmo di promesse, vantava splendidi viali, negozi di lusso, belle case e un futuro ricco di prospettive. Sotto Saddam, invece, era decaduto e andato in rovina. La corruzione regnava in tutti gli enti statali; in seguito alla risoluzione 661 delle Nazioni Unite, la popolazione era ormai ridotta a fare lunghe file per un barattolo di farina, olio o zucchero, distribuiti in misere razioni in cambio delle esportazioni di petrolio.

Erano tempi duri per quasi tutti gli iracheni. Anche la madre di Mayada, Salwa Al-Husri, una donna forte e intelligente, totalmente dedita alla causa della patria, non credeva più che il Paese sarebbe stato liberato in tempi brevi e aveva deciso di trasferirsi nella confinante Giordania.

Per Mayada i guai seri erano cominciati nel 1988, dopo il divorzio da Salam. L'anno seguente aveva rinunciato al posto di cronista per aprire una propria tipografia, ma il dinaro iracheno si era drasticamente svalutato e lei aveva perso tutto, così si era rimessa in cerca di un impiego, in un mercato del lavoro molto fiacco. Dopo la guerra e le sanzioni, pochi iracheni avevano un lavoro, e per le donne trovarlo era un'impresa particolarmente difficile: la tacita politica governativa teneva infatti occupati più uomini possibile ma non manifestava alcuna sollecitudine per le cittadine che non avevano un uomo accanto. Con due figli a carico e sull'orlo della bancarotta, Mayada aveva pregato Dio di fare un piccolo miracolo.

Il miracolo si era manifestato sotto le sembianze di Michael Simpkin, un produttore televisivo dell'inglese Channel 4, il quale aveva incontrato la madre di Mayada ad Amman e le aveva chiesto di aiutarlo a incontrare il primo ministro Tareq Aziz o il ministro della Difesa Sultan Hashim. Le relazioni e l'influenza di Salwa in Iraq erano grandi, e aveva ancora i numeri di telefono privati di parecchi alti funzionari. Aveva fatto qualche chiamata, presentando Michael Simpkin come una persona che i burocrati governativi avrebbero dovuto incontrare. Il giornalista britannico aveva ottenuto colloqui con Aziz, Hashim e Saad Kassem Hamudi, il ministro degli Esteri di Saddam.

Salwa aveva incoraggiato Simpkin anche a incontrare la

figlia Mayada, mentre si trovava in Iraq, e lui le aveva fatto visita a Baghdad nella casa di piazza Wazihiya. Le aveva spiegato che gli serviva un interprete e, appena era venuto a conoscenza della sua esperienza di cronista e aveva sentito il suo ottimo inglese, l'aveva assunta, accordandosi per versarle lo stipendio in dollari americani.

Il programma televisivo curato da Simpkin, *War for the Gulf* (Guerra per il Golfo), aveva riscosso un notevole successo e, quando il giornalista aveva lasciato Baghdad, Mayada aveva elaborato un progetto per rimettersi al lavoro. In passato era già riuscita a gestire un'attività propria, fallita soltanto a causa della precaria situazione finanziaria irachena, perciò era decisa a ritentare.

Non era mai stata felice come la mattina in cui aveva infilato nella borsa i suoi dollari ed era entrata in un negozio per acquistare sei computer e tre stampanti. La sua gioia aveva superato perfino quella del giorno delle nozze, quando, avvolta in un elegante abito bianco, per la prima volta in vita sua si era sentita bella.

Con il denaro e la determinazione, Mayada aveva rifatto il suo ingresso nel giro delle tipografie. A poco a poco, dopo moltissime giornate lavorative estenuanti, la sua piccola impresa era diventata redditizia e lei aveva potuto mantenere e far studiare i figli senza l'aiuto di nessuno. Grazie all'affermazione professionale, la donna aveva cominciato a credere di essersi ormai lasciata il peggio alle spalle.

Invece avrebbe dovuto avere più buonsenso, si disse ora. Nel corso degli ultimi anni, i pezzi grossi del partito Baath erano diventati sempre più sospettosi sulle tipografie, perché i manifestini si erano dimostrati un sistema diffuso per attaccare il traballante potere di Saddam. Per quanto Mayada stesse ben attenta a tenere il proprio lavoro lontano dalle critiche del potere, l'innocenza, di per sé, non era una garanzia di immunità per nessuno.

Quando si piegò un po' in avanti per guardare attraverso il parabrezza dell'auto, la sua mente fu stretta in una morsa di terrore mai provato prima: era diretta verso la *Darb Al-Sad Ma red*, «la strada da dove nessuno ritorna». Dal tragitto percorso fin lì aveva infatti intuito che la stavano portando a Baladiyat, il quartier generale della polizia segreta, che fungeva anche da complesso carcerario.

Mayada non era mai stata prima all'interno di quella prigione ma, nel periodo in cui l'edificio era in costruzione, era passata di frequente davanti al cantiere, recandosi al lavoro. Nemmeno nel peggiore dei suoi incubi aveva immaginato che un giorno vi sarebbe stata rinchiusa; adesso, però, quel giorno impensabile si era abbattuto su di lei, e temeva che a Baladiyat la aspettasse la morte.

Dopo qualche minuto scorse l'ingresso principale del carcere. La macchina varcò un massiccio, grottesco cancello nero decorato da due dipinti murali placcati d'oro, dall'alto dei quali Saddam osservava gli iracheni al lavoro nei campi, nelle fabbriche e negli uffici.

L'autista si fermò davanti a un grande palazzo con minuscole finestre collocate molto in alto. Mayada si sentì venire meno dalla paura e, quando i due uomini la fecero uscire di peso dalla Toyota, notò che nere nubi di sabbia avevano completamente oscurato il cielo. Il terrore le faceva girare la testa, ma chiuse gli occhi e trasse un profondo respiro, imponendosi di mantenere la calma. Riacquistò il controllo dei muscoli e si costrinse a sollevare lo sguardo. La faccia del dittatore iracheno guardava in giù da ogni punto dell'orizzonte.

Più di una volta Mayada era stata alla presenza di Saddam, abbastanza vicina da notare il tatuaggio tribale verde scuro che un tempo aveva sulla punta del naso.

Gli slogan del partito Baath spiccavano sui manifesti affissi ovunque: «Chi non pianta non mangia». La donna si domandò se in futuro avrebbe ancora avuto fame. Quando la sospinsero all'interno dell'edificio alzò gli occhi e mormorò una breve preghiera: «Dio, proteggi Fay e Ali e fammi tornare da loro».

I due individui che la affiancavano la guidarono su per le scale; in cima erano accovacciati sul pavimento uomini emaciati, con gli abiti a brandelli, le mani legate dietro la schiena, il volto nero di lividi che in alcuni casi stillava ancora sangue. Nessuno di coloro che erano accucciati nel corridoio parlò, ma lei avvertì un'aura di sincera compassione seguire il suo passaggio stentato, mentre veniva trascinata al di là di una porta.

Mayada inciampò e scoppiò in lacrime, in preda al panico. A differenza di molte donne arabe che per lungo tempo avevano dovuto subire i soprusi maschili, lei non aveva mai conosciuto prepotenze né oltraggi. Suo padre era sempre stato dolce e non aveva mai preferito i figli alle figlie, anche se in Iraq un uomo circondato da femmine è spesso commiserato. Lì, nel cuore del quartier generale della polizia segreta di Saddam, fu improvvisamente sopraffatta dal desiderio di trovarsi a fianco il suo calmo papà. Nei quarantatré anni che aveva vissuto non si era mai sentita così sola come in quel momento.

Qualcuno le diede uno spintone da dietro, e Mayada fu scaraventata nella stanza con tanta brutalità da perdere i sandali, riuscendo a stento a mantenere l'equilibrio. Dietro una scrivania c'era un uomo in piedi, intento a sbraitare al telefono; aveva il viso giovanile ma i capelli erano completamente bianchi. Sbatté giù la cornetta e fissò la donna appena entrata, poi le urlò: «Cosa credi di avere ottenuto con questo tradimento?»

A quest'ultima parola Mayada si mise a piangere ancora più convulsamente, consapevole che un'accusa del genere in Iraq comportava la pena capitale. Si strinse la gola con una mano e balbettò: «Che intende dire?»

Lui ringhiò: «Voialtri, canaglie, avete il coraggio di stampare volantini contro il governo!»

Mayada non capiva. La sua piccola tipografia non aveva mai ricevuto richieste di preparare manifesti critici nei confronti del potere e, se mai fosse accaduto, lei avrebbe rifiutato. Sapeva che ciò avrebbe attirato l'attenzione della polizia segreta di Saddam e che avrebbe significato la morte di ogni uomo, donna e bambino che avesse avuto a che fare con il negozio. Soltanto i rivoluzionari che progettavano di rovesciare il dittatore erano implicati in attività illegali; lei, invece, era una cittadina rispettosa della legge, e prestava la massima attenzione a tenersi alla larga dalle questioni politiche.

Mentre stava lì impietrita, l'uomo con i capelli bianchi abbaiò: «Portate via questa schifosa! Mi occuperò di lei più tardi!» Mayada temeva le conseguenze di quelle parole, ma i suoi pensieri corsero a Fay e Ali. In Iraq, quando un membro della famiglia viene arrestato, non di rado anche i bambini sono portati via e torturati. Raccolse quindi tutto il suo coraggio e chiese all'interlocutore: «Dove mi manda?» Lui la squadrò e gridò: «In cella!»

L'ambiente da cui Mayada proveniva le diede l'ardire di domandare: «Per favore, potrei fare una telefonata?»

Lei apparteneva a una famiglia il cui prestigio era ben noto a ogni iracheno. Obbedendo all'istinto, usò a sua volta un tono minaccioso, aggiungendo: «Mia madre è Salwa Al-Husri».

L'uomo con i capelli bianchi teneva un piede sollevato a qualche centimetro dal pavimento e, mentre rifletteva sulla risposta da darle, rimase a fissarla in quella posizione assurda.

In un'altra circostanza Mayada avrebbe riso di quell'atteggiamento buffo, ma il momento che stava vivendo era assolutamente privo di comicità. Provò tuttavia un tenue barlume di speranza: com'era possibile che quell'individuo non sapesse chi era lei? La sua sorpresa, apparentemente assoluta, le fece sperare di poter cambiare il proprio destino. Disse: «Presto o tardi dovrà rispondere a qualcuno delle sue azioni. Mia madre ha molte conoscenze ai più alti livelli».

Come al rallentatore, lui posò a terra il piede, ma Mayada intuì che stava ancora riflettendo. Senza una parola, le porse il telefono.

Le mani tremanti della donna erano così bianche che si domandò se il sangue avesse cessato di fluirle in corpo. Afferrò l'apparecchio e compose il numero di casa, pregando che i figli rispondessero, che non fossero stati portati via anche loro. Gli squilli continuavano a risuonare a vuoto.

Evitando di guardare in faccia l'uomo che aveva di fronte, Mayada lottò contro il panico e rifece il numero, sperando di averlo sbagliato per via della confusione che l'aveva invasa.

Mentre il telefono continuava a suonare, l'uomo rimase lì a guardarla, scuotendo la testa, poi, all'improvviso, le strappò di mano la cornetta.

La paura provata durante la guerra a ogni bombardamento aereo non era neanche lontanamente paragonabile al terrore che le incuteva l'idea che la polizia segreta avesse arrestato Fay e Ali. Ma il suo dubbio rimase senza risposta; ammiccando, il tizio con i capelli bianchi le fece cenno di andarsene.

Mayada dovette passare per la seconda volta fra i prigionieri ancora accucciati nel corridoio, facendosi forza al pensiero che ormai era una di loro. La cosa peggiore era però che nessuno, fuori di quella prigione, sapeva dove fosse.

Le due guardie estrassero dalla tasca dei pantaloni un paio di occhiali da sole con le lenti nere e se li infilarono. Si strinsero intorno a lei, avanzando con aria solenne, spingendola per le spalle, e la scortarono fuori dell'edificio, attraverso il cortile della prigione.

Non essendo mai stata lì, si trovò a paragonare il nuovo centro operativo al vecchio quartier generale della polizia segreta, che aveva visitato molte volte negli anni Ottanta, quando a dirigerlo era il dottor Fadil Al-Barrak, amico e protettore della sua famiglia. Allora non aveva idea che il luogo in cui andava in visita racchiudesse simili orrori. Per quanto ne sapeva, il dottor Fadil, come lo chiamava lei, era incaricato di badare alla sicurezza dell'Iraq, di proteggere la patria dai pericolosi gruppi di oppositori e di terroristi. Quando andava a trovare Al-Barrak al comando di polizia, era per parlare dei suoi libri o della carriera di scrittrice che lei sperava di intraprendere.

Ora, però, Mayada provava uno sconvolgente senso di colpa per il legame della sua famiglia con Fadil: capiva, infatti, che quell'uomo era stato a capo di un posto in cui migliaia di iracheni venivano torturati a morte. Si rese conto di avere ingannato se stessa sulla realtà delle ignobili attività del governo e che, nella sua giovanile ingenuità, non aveva visto le cose come avrebbe dovuto. Si trovò a confrontare molti particolari del precedente quartier generale, da tempo dimenticati ma che d'un tratto le tornarono alla memoria, con ciò che vedeva in quel momento. Tutto era diverso, e i nuovi edifici riflettevano quei mutamenti.

Quando il dottor Fadil era il direttore – o, come veniva

definito dagli uomini dei servizi di sicurezza, *Al-Sayid Al-Aam*, «signor generale» – il comando della polizia segreta era ad Al-Masbah, vicino al parco Al-Sadun, in un quartiere di Baghdad un tempo abitato da ebrei e cristiani dove le case erano costruite secondo i vecchi canoni architettonici cittadini, con imposte cariche di fregi, spaziose balconate e rigogliosi giardini nei quali i bambini si divertivano a giocare a nascondino e ai quattro cantoni.

Un bel mattino, senza preavviso, erano arrivati dei funzionari dello Stato e avevano confiscato ai proprietari le belle dimore antiche, poi avevano eretto un alto steccato tutt'intorno alla zona, trasformandola in un recinto pieno di costruzioni e di strade che nascondevano le abitazioni.

Fadil, che controllava il dipartimento e rispondeva soltanto a Saddam, aveva allestito per sé un moderno ufficio in mezzo a quelle vecchie case. Il pianterreno del fabbricato in cui si trovava era occupato da un'autorimessa piena di automobili giapponesi nuove di zecca che, Mayada lo sapeva, erano regali del dittatore.

L'ufficio di Al-Barrak era arredato con una massiccia scrivania di mogano, un divano di pelle scura, due maestose poltrone e alcuni tavolini di vetro. Il soffitto era costituito da piccoli quadrati metallici, in uno stile pop art così bizzarro da sembrare più adatto a una discoteca. Il vasto ambiente era dotato di tutte le comodità, compresi parecchi monitor sui quali Fadil poteva sorvegliare ogni angolo dell'edificio, ma vantava anche lussi come diversi videoregistratori, allora una vera rarità in Iraq, e uno schermo cinematografico su cui il dottore e i suoi più intimi amici vedevano gli ultimi film di Hollywood. Accanto all'ufficio c'era addirittura una grande piscina.

Nella primavera del 1984 Al-Barrak era stato promosso e trasferito ai servizi segreti, con nuovi uffici a Sahat Al-

Nosur, nella zona di Al-Mansur. Più volte Mayada gli aveva fatto visita al nuovo quartier generale, fino al 1990, quando Saddam Hussein aveva ordinato l'arresto del dottore. Mayada sapeva che se Fadil fosse ancora stato al suo posto, lei sarebbe stata un'ospite benvenuta a Baladiyat, invece di una prigioniera atterrita.

La donna e le due guardie giunsero a un massiccio gruppo di edifici di cemento. Appena varcata la soglia, fu condotta in una stanza rotonda, situata a destra dell'atrio. Qui, dietro una scrivania circolare, sedeva un ometto ossuto, dalla faccia rugosa. Mayada lo scrutò attentamente: le sue erano rughe di sofferenza, non di età. Non avrebbe potuto dire perché fosse certa che quell'uomo era invecchiato a causa di ciò che aveva visto, anziché del passare degli anni, ma in qualche modo lo sapeva.

D'un tratto lui parlò, ordinandole di consegnargli ciò che possedeva. Registrò con calma ogni oggetto: un anello, un orologio, un portafoglio con ventimila dinari (circa dieci dollari americani), un manuale di tipografia e grafica, una rubrica telefonica, l'obbligatoria carta d'identità, le chiavi e, infine, un bigliettino di sua figlia Fay che le raccomandava di non dimenticare l'appuntamento che si erano date quel giorno a pranzo.

All'improvviso comparve un altro individuo, che le prese la mano destra e le premette il pollice su un tampone inchiostrato, quindi le fece lasciare l'impronta del dito sull'elenco degli effetti personali. Poi entrò un secondo uomo, e le due guardie la condussero fuori di lì.

Oltrepassata una doppia porta, Mayada si ritrovò in un lungo corridoio, fiancheggiato dalle celle. Si fermarono davanti alla terza porta a destra. Lei attese nervosamente, mentre un uomo tarchiato inseriva una chiave nella pesante serratura e le faceva cenno di entrare. Poi vide il numero 52. Terrorizzata, urlò: «Nooo!»

Si protese verso quelle cifre tremante di incredulità. Gli occhi cominciarono a bruciarle, poi il calore si estese dalla punta dei piedi a quella dei capelli: il 52 era un numero sfortunato, che perseguitava la sua famiglia da generazioni. Il suo adorato padre era morto all'età di 52 anni, nella stanza 52 del Nun's Hospital. Il padre di suo padre, Jafar Pasha Al-Askari, era stato assassinato a 52 anni, e ora lei veniva rinchiusa nella cella 52.

Mayada fu certa che il suo arresto equivalesse a una condanna a morte. No! Non poteva entrare in quella cella, nessuno sarebbe riuscito a costringerla a farlo. Puntò i piedi con tutte le forze, guardandosi attorno in cerca di qualcosa cui aggrapparsi.

La guardia con il viso butterato gridò: «Dentro!»

La voce di Mayada era isterica, le parole che pronunciava pressoché incomprensibili: «Non posso, non posso».

La mascella dell'uomo s'irrigidì. «*Dentro, ho detto!*»

Il secondo carceriere le diede un violento spintone, scaraventandola nella cella 52. Per un istante barcollò, tentando di non cadere e, mentre faceva scivolare le mani sulla fredda parete, la vista le si oscurò.

Udì la porta sbattere e lo scatto metallico del chiavistello richiuso alle sue spalle: era in trappola. Mayada riacquistò l'equilibrio, premendo forte contro il muro i palmi delle mani. Si trovava in un'angusta stanza rettangolare.

Era affannata, ansimante, confusa dalle luci al neon sul soffitto e dalle ombre che danzavano tutt'intorno a lei, ma quando si rese conto che in realtà le ombre non erano affatto ombre scoppiò in lacrime. Le immagini confuse presero forma di figure femminili, e una di loro andò verso di lei, chiedendole in tono gentile: «Perché sei qui?»

La donna che le si era avvicinata rimase in silenzio, lasciando in sospeso la domanda per dare a Mayada il tempo di riprendersi. Quest'ultima fece uno sforzo per rispondere ma non riuscì a parlare e si limitò ad agitare le mani su e giù. Non sapeva perché reagisse in quel modo, ed era preoccupata da ciò che dovevano pensare le persone che la circondavano: angosciata, temeva che chiamassero i secondini per farla portare in un manicomio.

Fece uno sforzo intenso per liberarsi i polmoni, che le bruciavano per la tensione, poi lottò per riversarsi un po' di saliva sulla lingua gonfia e nella bocca arida, non avendo ricevuto acqua da quando era stata arrestata quel mattino. Sbatté più volte le palpebre, nel tentativo di abituarsi alla luce. Era troppo confusa dall'interno scarsamente illuminato della cella per identificare le sagome indistinte che adesso sapeva essere altre detenute, ma le parve che fossero più di una dozzina. Per qualche motivo, la loro presenza le diede un senso di inatteso conforto.

Più tardi venne a sapere di essere la prigioniera numero diciotto in una cella che poteva contenerne otto ma, in quei primi momenti, mentre si guardava attorno nella stanzetta sovraffollata, le «donne-ombra» sarebbero potute essere anche ottanta. Una toilette era stata piazzata non a caso in direzione della Kaaba alla Mecca, il punto verso il quale si dovevano rivolgere le cinque preghiere quotidiane: era un deliberato affronto a ogni vero musulmano, infatti in tutte le architetture islamiche si presta molta attenzione a collocare i gabinetti il più lontano possibile da quella direzione.

La mente di Mayada fu distolta dal pensiero della preghiera da un tanfo orribile. Non aveva mai avvertito un odore tanto disgustoso, nemmeno nei peggiori momenti della guerra, quando i soccorritori estraevano i cadaveri carbonizzati rimasti per giorni sotto le macerie di cemento. Il puzzo era così forte che la donna riuscì a immaginare soltanto che potesse levarsi dal vomito che copriva il pavimento. Convintissima di trovarsi in piedi su cumuli di sudiciume, sollevò i sandali per esaminarne le suole, ma erano pulite. Respirò con cautela, stabilendo che la puzza proveniva da un altro luogo, e non poté fare altro che supporre che l'odore nauseabondo delle lenticchie cotte nella cucina della prigione filtrasse nella cella attraverso il cemento, mescolandosi con il fetore dei corpi non lavati e con quello del gabinetto.

Prima di rivolgere la propria attenzione alla donna che aveva parlato, Mayada fece scorrere un'altra lunga occhiata intorno a sé. Graffiti rossi, neri e grigi erano scarabocchiati sulle pareti, e si augurò che i messaggi in rosso non fossero stati scritti con il sangue. Vide un barlume di sole attraversare una finestrella munita di sbarre, in alto sul muro di fondo. Due panche metalliche, che pensò fossero brande, correvano lungo i lati del locale.

La proprietaria della voce amichevole si fece più vicina e una mano sfiorò garbatamente una spalla di Mayada. «Perché sei qui, colombella?» domandò.

Mayada la guardò, notandone la bellezza delicata: aveva la pelle chiarissima, con qualche lentiggine sul naso dalla linea elegante, e vivaci occhi verdi che brillavano.

La donna si affrettò ad aggiungere: «Mi chiamo Samira. Come mai sei qui?»

Altre prigioniere si avvicinarono per ascoltare, e l'espressione dei loro volti era piena di compassione per Mayada. Lei le guardò e comunicò loro la spiegazione ufficiale del suo arresto: «L'uomo con i capelli bianchi ha detto che la mia tipografia ha stampato qualcosa contro il governo, ma non è vero. Non ho stampato nulla contro il governo».

Udire le sue stesse parole provocò a Mayada una crisi. Le

balenarono davanti agli occhi i visi dei suoi bambini. Avrebbe dovuto portare Fay a pranzo, accompagnare lei dal dentista e Ali dal barbiere, poi sarebbero andati a fare la spesa. Impazziva al pensiero che la figlia soffrisse per il dente cariato.

Solo due giorni prima avevano festeggiato il sedicesimo compleanno di Fay, e Mayada aveva speso più soldi di quanti ne possedesse per farla felice. La festa di compleanno era stata tenuta all'*Alwiya Club*, un locale alla moda di Baghdad. I nonni e i genitori di Mayada avevano dato molte feste in quel circolo, perciò era sempre divertente ritrovarsi lì: un piccolo espediente per ancorare saldamente Mayada, Fay e Ali al loro passato.

Adesso, con il suo arresto, le loro vite erano messe a repentaglio in un modo che solo il giorno precedente sarebbe parso inconcepibile. Mayada non riuscì più a soffocare la disperazione e, mordendosi le mani, gridò: «I miei figli! Non c'è nessuno che si prenda cura di loro!»

Samira le prese una mano e disse: «Dammi retta, devi costruire un muro intorno a ciò che ti sei lasciata dietro. Per ora, devi pensare soltanto a salvarti, altrimenti impazzirai».

Mayada era incapace di riflettere in modo razionale, non poteva fare a meno di angosciarsi per i suoi bambini; qualcosa, però, le suggeriva di respirare a fondo e ascoltare. Quella donna avrebbe potuto aiutarla. Si sforzò di annuire, ma le lacrime non cessavano di scorrerle sul viso. Trasalì, accorgendosi per la prima volta che, come quella di Samira, tutte le altre facce apparivano pallide e disperate.

Fu subito chiaro che Samira era una persona pratica, infatti ignorò il pianto di Mayada, continuando: «Hai fame? Divideremo con te ciò che abbiamo».

«No, grazie. No, no.» La sola idea di mangiare le dava la nausea.

Ma la donna insistette, premurosa: «Devi mantenerti in forze. Durante gli interrogatori cercano di spezzarti lo spirito, oltre che le ossa».

Quando vide un'espressione di puro terrore dipingersi sul volto di Mayada, Samira le posò una mano sulla schiena. «Per ora metti in un angolino il pensiero dei tuoi figli. Di sicuro qualcuno si occuperà di loro. Concentrati soltanto su te stessa, finché non uscirai di qui. Presto ci porteranno un po' di riso e lenticchie e, se non ti vanno adesso, te ne metterò da parte un piatto. Però devo darti un consiglio.» Si chinò verso di lei, sussurrandole in tono da cospiratrice: «Non mangiare mai le melanzane. Un mese fa ci hanno dato una zuppa di melanzane e siamo rimaste tutte intossicate, senza poter fare altro per diversi giorni che rimanere distese per terra a torcerci dal dolore. In seguito abbiamo saputo che parecchi prigionieri erano morti, anche se nella nostra cella siamo sopravvissute tutte».

Le parole di Samira gelarono il sangue nelle vene di Mayada, che si sentì sul punto di svenire. Quindi, dapprima bassa, poi sempre più forte, sentì una stupenda voce maschile aleggiare fra le mura di cemento della prigione: recitava la sura 36 del Corano, *Al-Yasin*. Nella fede musulmana, si crede che a chiunque reciti quei particolari versetti sia garantito l'avverarsi di un desiderio. Lo sconosciuto salmodiava: «Il Signore mi ha perdonato e mi ha collocato fra coloro che onora!»

Mayada e le altre prigioniere appoggiarono la testa alla ruvida parete della cella, ascoltando quelle frasi consolanti. Una donna alta, con grandi occhi scuri, mormorò: «Lo uccideranno, quel povero disgraziato, se non la smette».

Samira la guardò e replicò: «Prega per lui, Rula».

La curiosità di Mayada era stata ridestata dalla splendida voce che udiva, così alzò lo sguardo e domandò: «Chi è?»

«Un ragazzo di nome Ahmed», rispose Samira. «È uno sciita ed è stato arrestato perché si è convertito alla setta dei wahabiti.»

La setta wahabi era originaria dell'Arabia Saudita, e il governo iracheno aveva proibito alla popolazione di entrare a farne parte, essendo considerata pericolosamente radicale dalla maggior parte degli altri musulmani.

Una terza donna-ombra, che sedeva sulla branda metallica spazzolandosi la lunga chioma rossa, aggiunse: «Ahmed è qui da sei mesi. Ogni sera recita il Corano, e ogni sera lo portano via e lo picchiano. Le sue urla fanno tremare i muri della nostra cella ma, appena lo riportano nella sua, ricomincia a recitare. È molto coraggioso». E annuì tristemente.

«Sì, Wafae», osservò Samira, «recita imperterrito, anche mentre lo picchiano.»

Mayada era ormai così esausta che le gambe non la reggevano più. Si afflosciò lentamente fino a sedersi, accovacciata sul cemento freddo come i mendicanti seduti sui marciapiedi delle strade di Baghdad. Tutte le altre prigioniere si radunarono intorno a lei, mentre tre o quattro la sollevavano dal pavimento, trasportandola come una neonata su una delle panche di ferro. La fecero accomodare con tenerezza, poi avvertì il confortevole contatto di una coperta di cotone che le veniva distesa sul corpo squassato dai brividi.

Gli iracheni valutano con facilità la condizione sociale di un compatriota, ed è un'intuizione che nessuna cella di prigione può eliminare. Mayada udì una donna-ombra, che un'altra aveva chiamato Asia, bisbigliare: «Potrebbe essere la nostra sera fortunata. Con una signora dell'alta società qui con noi, magari le guardie ci aumentano la razione».

Mayada era prostrata al punto da giacere in silenzio mentre le compagne di sventura continuavano a interrogarla dolcemente. Non voleva sembrare scortese, però non riusciva a trovare la forza di pronunciare una sola parola.

Samira sedette per terra accanto al letto di ferro e iniziò a raccontare la sua storia alla nuova arrivata. «Sono sciita. Nonostante le indiscutibili difficoltà che gli sciiti incontrano a ogni angolo ufficiale dell'Iraq, sono orgogliosa di esserlo.

«I miei famigliari mi ripetevano sempre che ero una bambina eccezionalmente bella. Il nonno materno mi predilesse fin dal primo momento, perciò chiese a mio padre di consentire che portassi per primo il suo nome. I miei genitori accettarono, perché avevano altri bambini da mantenere.» Samira sorrise. «D'altronde, non ero che una figlia, valevo meno dei miei fratelli. Così, i documenti d'identità mi furono rilasciati con il nome del nonno, invece che con quello di mio padre.» E aggiunse con orgoglio: «Crescendo, diventai una specie di leggenda nella mia regione, perché molti dicevano che ero bellissima».

Mayada annuì, comprendendo. A niente la società irachena attribuisce tanto valore quanto a una grande bellezza, e quella donna-ombra ne era sicuramente dotata.

«Appena giunsi alla pubertà, parecchi uomini mi chiesero in moglie al nonno, perciò quando ero ancora molto giovane mi fecero sposare. Conoscevo mio marito dall'infanzia, era una brava persona e, per quanto poveri fossimo, non avevamo problemi, finché scoppiò la guerra Iran-Iraq. Come sai, gli sciiti non godono di alcun beneficio da parte dello Stato, eppure ci si aspetta che i nostri uomini indossino l'uniforme dell'esercito con lo stesso entusiasmo di chi è allettato da un tesoro.»

La donna fissò gli occhi verdi in quelli di Mayada. «Come ogni altro uomo del villaggio, mio marito fece il suo dovere e andò a combattere. Ero lieta che gli fosse concesso di tornare a casa diverse volte l'anno, ma le sue licenze significavano che rimanevo incinta ogni volta che lui rientrava dal fronte.» D'un tratto i suoi occhi si restrinsero. «Alcuni giorni dopo la nascita del terzo figlio, ricevetti la notizia che il mio sposo era rimasto ucciso nel corso di una grande battaglia. Che la battaglia fosse importante o no, a me non importava niente, se non il fatto che mio marito era morto. Ero giovane, ed ero rimasta sola con tre bambini da mantenere. Persi il sonno per la disperazione.

«Qualche settimana dopo il governo ci restituì una bara che, dicevano, conteneva il suo corpo. L'ufficiale che la accompagnava ci mise in guardia dall'aprire il feretro. Pensammo che non volesse turbare la nostra sensibilità, che il cadavere fosse mutilato. Non volevo vedere mio marito, nel timore che fosse così sfigurato che ne sarei rimasta sconvolta. Uno dei suoi fratelli, però, insistette perché la bara venisse aperta.» Samira continuò a guardare Mayada. «Quando i miei cognati, contravvenendo alle disposizioni del governo, aprirono la bara, cosa credi che ci trovarono dentro?»

Mayada scosse la testa, domandando: «Che cosa?»

«Era piena di immondizia.»

«Immondizia?»

Il volto di Samira si contrasse. «Già, immondizia. Ci crederesti?»

«Che faceste, allora?»

La donna alzò una mano. «E cosa potevamo fare? Se ci fossimo lamentati per quella porcheria, ci avrebbero arrestati tutti per avere disobbedito a ordini precisi.»

«La famiglia fece celebrare il funerale, e tutti piansero», continuò Samira. «Non smettemmo mai di portare il lutto, non sapendo se mio marito fosse morto davvero o fosse invece stato fatto prigioniero dagli iraniani e stesse marcendo in una prigione iraniana. Finora, la verità sul suo corpo continua a rimanere un mistero.»

Il ricordo le faceva ancora rizzare i capelli in testa. «Questo è l'Iraq.»

Mayada sedeva in silenzio, immobile, oppressa da un'immensa tristezza.

«Poi un secondo uomo mi propose di sposarlo, poco dopo che avevamo seppellito quella schifezza. Fui di nuovo fortunata: il mio secondo marito era un uomo assennato, che fu buono con i miei poveri figli senza padre.»

Mayada guardò pensierosa Samira. La maggior parte delle donne arabe rimaste vedove con tre bambini avevano difficoltà a trovare un marito disposto ad assumersi la responsabilità dei figli di un altro; tuttavia, la perfetta bellezza di quella donna era così sorprendente che, Mayada ne era certa, molti uomini avrebbero voluto sposarla.

«Avevamo soltanto un problema. Il mio secondo marito era infastidito dal fatto che portassi il nome di mio nonno, anziché quello di mio padre. Secondo lui, era una vergogna per mio padre che sua figlia avesse il più stretto legame di parentela con un altro, foss'anche il padre di sua madre. Perciò, per farlo contento, cambiai i miei documenti, esattamente come consigliavano le autorità cittadine.»

Per un momento solo, sul volto di Samira si disegnò un'espressione di tristezza, ma poi sorrise e accarezzò un braccio di Mayada. «Vedi, dopo la guerra Iran-Iraq, quella del Golfo e le sanzioni dell'ONU, per mio marito era impossibile trovare lavoro. Nel 1997 eravamo talmente disperati che decidemmo di lasciare i bambini alla famiglia del mio primo marito, e andare in Giordania. Avevamo sentito che altre coppie lo avevano fatto. Vendevamo sigarette a basso prezzo, seduti in terra ad Al-Hashimi, nel centro di Amman. Guadagnavamo bene con le sigarette: non solo eravamo in grado di mantenerci, ma avevamo anche abbastanza denaro da mandarne in Iraq, per aiutare la sua famiglia e la mia. Eravamo due stupidi, però. Eravamo così impegnati a mettere insieme il denaro necessario per mantenere tutti che ci scordammo dei documenti e ci trattenemmo più a lungo del periodo concesso dal visto: così ci ritrovammo bloccati in Giordania. Non sapevamo che cosa fare. Tuttavia, dopo la morte di Sua Maestà re Hussein, nel febbraio del 1999, suo figlio Abdullah, il nuovo sovrano, graziò tutti gli iracheni senza documenti in regola. Nel nostro desiderio di metterci a posto con la legge, decidemmo di tornare in Iraq a farci timbrare il passaporto. Dopo avere fatto visita alla nostra famiglia, desideravamo tornare ad Amman.» La sua voce si fece malinconica. «Amman ci piaceva. Là, mi sentivo libera come un fringuello.»

Samira emise un profondo sospiro. «Rientrammo perciò in Iraq. Ricordo quel viaggio come se fosse ieri, anche se da allora sono avvenute molte cose. Riconosco che quel giorno mio marito e io ci sentivamo particolarmente felici. Per noi era un sollievo avere i documenti in regola, e sapevamo che entro breve avremmo rivisto i nostri cari: erano passati quasi due anni, sai. Pensavamo di offrire alla sua famiglia e alla mia pesce e riso speciali. Ma i nostri sogni crollarono miseramente. Nello stesso momento in cui mettevamo piede in Iraq, ci venne chiesto di fermarci alla stazione di polizia sulla frontiera irachena. Eravamo entrambi sbalorditi e spaventati. A dispetto delle nostre proteste di innocenza, fummo arrestati e portati in galera. Ci chiusero in una cella comune, al comando della polizia segreta di Al-Ramadi, quello presso il confine fra Iraq e Giordania. Per sei settimane. Durante il soggiorno ad Al-Ramadi io non fui torturata, ma il mio povero marito veniva picchiato ogni giorno. Dopo due settimane le sue torture divennero ancora peggiori; in quel posto, gli aguzzini lo appendevano al soffitto per le mani. Certi giorni lo ributtavano in cella privo di conoscenza. Io non avevo nulla, neppure acqua, niente. Ricordo che dovevo sputargli in faccia per rianimarlo.»

Samira guardò Mayada. «L'ho fatto sul serio. Ho sputato in faccia al mio povero marito. Ma quello sputo era un atto d'amore, non di disprezzo.» Piegò la testa, fissando il soffitto. «Avremmo fatto di tutto purché smettessero di torturarlo. Ma come potevamo far cessare le torture, se non avevamo idea di quale accusa pesava nei nostri confronti? Stranamente, non lo sapevano neppure le guardie. Quando mio marito chiese che cosa avesse fatto, gli risposero che non ne erano al corrente; sapevano soltanto che gli ordini erano di arrestarci, ma nemmeno a loro era stato comunicato il motivo del fermo.

«Credetti seriamente che mio marito avrebbe finito con il morire, tanto lo pestavano. Ma proprio quando pensavo che per lui fosse vicina la fine, fummo trasferiti qui, a Baladiyat. Poi, però, ci fu un altro terribile choc: ci separarono. Ormai è da marzo che non lo vedo.» Samira contò sulle dita. «Quattro mesi, quattro mesi adesso. Non so se è vivo o morto. E, per quel che riesco a immaginare, nessun membro della mia famiglia, o della sua, sa dove siamo. Probabilmente ci credono morti. O forse il governo gli ha restituito un paio di bare piene di immondizia, sostenendo che dentro ci sono i nostri corpi.» Si chinò, bisbigliando: «Durante il mio primo interrogatorio qui a Baladiyat, finalmente scoprii perché ci avevano arrestati».

Samira fece una pausa e prese un bicchiere d'acqua offertole da Wafae, la donna-ombra dai lunghi capelli rossi, accostandolo alle labbra di Mayada. Quest'ultima insistette: «No, no, davvero. Non riesco a bere nulla. Più tardi».

Samira si accigliò, ma prima di continuare la sua storia

bevve un sorso d'acqua dal bicchiere, guardando attorno a sé le pareti scrostate. «Quando fui chiamata per l'interrogatorio, pensai che forse le autorità avevano scoperto che eravamo innocenti. L'ufficiale che mi faceva le domande era gentilissimo ed educato, niente affatto simile agli uomini che ci avevano incarcerato nella prigione al confine. Mi disse persino di sedermi e bere una tazza di tè. Mi trattava come se fossi la padrona di casa, e lui un domestico. Ecco che cosa mi chiese», continuò Samira, «'Mi dica, preferisce portare orecchini o indossare un paio di pantaloni?' Io cominciai a rilassarmi: il suo comportamento m'aveva persuasa che volesse offrirmi un regalo da parte del governo, per risarcirmi di tutte le disgrazie che avevo subito. Il discorso sui pantaloni, però, mi metteva in imbarazzo. Gli risposi che nella mia regione le signore non portano i pantaloni, ma che avrei gradito gli orecchini, che avrei potuto rivendere a Baghdad per comprare regali per i miei figli.

«L'uomo parve rilassarsi a sua volta. Si chinò sull'orlo della scrivania, mi sorrise e si alzò. Pensai che volesse darmi gli orecchini, e il cuore mi si gonfiò di speranza quando disse: 'La nostra stimata ospite desidera gli orecchini, e orecchini saranno'.

«Io stavo lì seduta come un'idiota, con un gran sorriso, ma il sorriso svanì presto dalla mia faccia. L'uomo chiamò i suoi aiutanti, che mi immobilizzarono, legandomi mani e piedi alla sedia. Poi, immagina il mio orrore quando mi applicarono alle orecchie dei morsetti elettrici. Prima che potessi protestare, quell'uomo tanto gentile diede corrente a piena potenza, e rimase lì a sghignazzare del mio dolore e del mio terrore. Il dolore della tortura era decisamente peggiore di quello del parto; ogni volta che diminuiva un poco, lui azionava l'interruttore, più e più volte. Improvvisamente si arrestò, e credetti che l'incubo fosse finito; lui però disse che, a suo parere, i miei piedi richiedevano qualche attenzione.»

Samira sollevò un piede minuto, e Mayada pensò di non avere mai veduto un piede così delicato e bianco; ma quando Samira lo girò di lato, ebbe un sussulto di orrore: la pianta era straziata da un intrico di cicatrici rosso cupo, che affondavano nella carne..

Samira disse: «I pantaloni di cui aveva parlato si rivelarono allora una sorpresa. Mentre sedevo accasciata, in attesa che svanisse il sapore di legno che mi sentivo in bocca, uno dei suoi aiutanti entrò con un grosso paio di brache simili a pantaloni, che mi infilarono sulle gambe. Venni sollevata e distesa su un tavolo speciale. I pantaloni furono usati per immobilizzarmi le gambe; poi i piedi furono uniti insieme in un dispositivo di bloccaggio di legno. Quell'uomo perverso, sempre lui, prese a colpirmi sulle piante con un bastone, e presto scoprii che cosa credevano che avessi fatto. Mentre continuava a picchiarmi, infatti, urlava: «Perché ti sei cambiata il nome? Perché hai cambiato i documenti? Per chi fai la spia? Per Israele? Per l'Iran?»

Samira sorprese Mayada con un sorriso e continuò: «Per molte settimane sono rimasta a letto come un bambino piccolo, senza nemmeno potermi trascinare fino al gabinetto, perché a furia di picchiarmi mi avevano portato via tutta la carne dalla pianta dei piedi. Poi le ferite s'infettarono e credetti che sarei morta. Invece piano piano mi ripresi, e ora riesco di nuovo a camminare. Da quel primo giorno,mi chiamano tutti i giorni. Qualche volta si limitano a farmi domande, altre mi picchiano sulla schiena. L'altro giorno, poi, mi hanno di nuovo picchiata sui piedi; a volte mi danno l'elettricità. Mi fanno sempre le stesse domande, e io do sempre le stesse risposte».

Samira chinò la testa sulle ginocchia, che si era accostata al petto. «Gliel'ho detto un sacco di volte: sono una donna qualsiasi. Il destino fece di me la prediletta di un nonno che mi adorava, e che volle che portassi il suo nome. Il mio secondo marito mi chiese di cambiarlo con il nome di mio padre, e questa è l'unica ragione per cui ho modificato i documenti. La mia storia è tutta qui.»

Il suo volto si raggrinzì. «Mi hanno detto che rimarrò qui dentro finché non confesserò di essere una spia, ma io non ho nulla da confessare. Non sono una spia, e per quante volte mi diano l'elettricità o mi pestino, non dirò mai di essere qualcosa che non sono.»

Samira si trovava in una situazione impossibile: a Baladiyat non avrebbero cessato di torturarla finché non avesse confessato di fare la spia per l'Iran o per Israele, ma se avesse ammesso una cosa del genere, vera o falsa che fosse, sarebbe stata messa a morte.

Samira guardò Mayada e fece un largo sorriso. «L'unica cosa positiva che mi è capitata nell'ultima settimana è che il mio torturatore è stato trasferito a dirigere una prigione a Bassora, e l'uomo che lo ha sostituito non è un fanatico del bastone o della corrente elettrica. Sii contenta, perché il primo era perverso al punto che credo che, se fosse stato morso da un serpente velenoso, sarebbe morto il serpente!»

In quel momento Mayada avvertì un dolore percorrerle il braccio e il petto. Era la prima volta che sentiva un male così lancinante, ma sapeva che quelle fitte erano i sintomi di un attacco cardiaco. Il secondo successivo le sue dita cominciarono a intorpidirsi. Si protese verso Samira, dicendole: «Credo di avere un infarto. Puoi chiamare un medico, per favore?»

Samira balzò in piedi, afferrò un recipiente vuoto di ferro, corse alla porta metallica e prese a picchiarvi sopra con questo, urlando: «Abbiamo bisogno di aiuto!»

Dopo un bel pezzo qualcuno arrivò alla porta e aprì lo spioncino. «Che problema c'è?»

Samira gridò: «Credo che questa donna stia per avere un infarto!»

D'un tratto Mayada si rese conto che nessuna delle donne-ombra conosceva il suo nome. Si sforzò di sollevarsi sulle braccia, per attirare la loro attenzione: voleva dire loro qualcosa di sé, in modo che, se fosse morta, avrebbe potuto affidare a qualunque donna fosse stata scarcerata il compito di cercare i suoi figli per liberarli dall'ansia che dovevano provare ignorando in che modo la loro infelice madre avesse lasciato questa terra. Perciò disse loro: «Per favore, per favore, ascoltatemi: sono Mayada Al-Askari e abito in Wazihiya Place, e il mio numero di telefono è 425-7956. Se muoio, o se non faccio ritorno, vi prego di chiamare mia figlia Fay e dirle che cosa mi è accaduto».

Una delle donne-ombra si affrettò a cercare un pezzetto di legno carbonizzato che conservavano per quello scopo. Samira glielo strappò dalle mani, chiedendo: «Ripeti l'informazione», e scrisse indirizzo e numero telefonico sul muro, con il bastoncino annerito. Poi disse a Mayada: «Non ti preoccupare, tornerai dai tuoi figli. Ma se per qualche motivo non lo farai, la prima donna a tornare libera li informerà che sei qui».

La guardia se n'era andata senza dire che cosa avrebbe fatto, e Mayada provava la sensazione avvilente che volessero lasciarla morire. Qualche minuto dopo, però, arrivarono altri due uomini, sebbene apparisse chiaro che erano stati disturbati mentre mangiavano: uno masticava ancora e l'altro si serviva delle dita per liberarsi di un pezzetto di cibo rimastogli fra due denti. Quello che masticava inghiottì e chiese: «Chi è la piantagrane?»

«Non è uno scherzo», disse Samira, indicandogli Mayada. «Quella donna ha problemi di cuore.»

L'uomo emise uno sbuffo di irritazione, e si diresse verso Mayada. Rimase a scrutarla in viso per un minuto, poi le picchiettò sul petto con un dito, come se volesse verificare la serietà delle sue condizioni. Le urlò di alzarsi e seguirlo. Samira e un'altra donna-ombra, alta e forte, vennero a rimettere in piedi Mayada, accompagnandola poi fino alla porta prima di lasciarla nelle mani dei due uomini.

L'infermeria era a un solo edificio di distanza, ma Mayada doveva misurare i passi, a causa dell'intensificarsi dei dolori al petto. Uno degli uomini si lagnava che gli si raffreddava la minestra e il secondo protestò per la sua lentezza, chiedendole perché una donna giovane camminasse con l'andatura di una vecchia.

Credendosi ormai sul punto di cadere fulminata da un infarto, Mayada espresse la sua opinione su di loro, dicendo che si sarebbero dovuti vergognare di trattare a quel modo una donna sofferente. Le sue parole impulsive le valsero un ceffone da parte di un uomo e un urlaccio da parte del secondo.

Finalmente giunsero all'infermeria. Sebbene l'esterno dell'edificio fosse nuovo e moderno, l'interno era sporco e in disordine. I due uomini la condussero in un ambulatorio, e prima di andarsene uno dei due disse: «Vado a cercare il dottor Hadi Hameed». L'altra guardia rimase sulla porta a sorvegliarla.

Il secondino tornò poco dopo in compagnia di un medico in camice bianco, che camminava dietro di lui a testa bassa, guardandosi i piedi. Il suo atteggiamento diede a Mayada l'impressione che fosse anziano, ma quando levò il viso verso di lei vide che si trattava di un giovane dal volto gradevole e dagli occhi scuri. Il dottore stupì Mayada dimostrando sollecitudine per le sue condizioni; quindi la invitò educatamente a sedersi sul lettino e le misurò la pressione. Osservandola con occhi gentili e colmi di preoccupazione, le disse ciò che lei già sapeva: aveva la pressione pericolosamente alta. Nel fissare il suo viso premuroso, Mayada rammentò a se stessa che quell'esperienza di detenzione poteva indurla ad adottare un modo irrazionalmente semplicistico di giudicare la natura umana: doveva piuttosto tenere presente che molti iracheni erano stati costretti ad aderire al partito Baath contro la loro volontà, e lo Stato li aveva obbligati ad accettare incarichi che sarebbero riusciti intollerabili per chiunque avesse un animo sensibile alla pietà. Ritenne che il dottore fosse uno di quelli.

Il medico confermò a Mayada che era nel giusto quando, gettatosi uno sguardo sopra la spalla, notò che i secondini si erano allontanati. Allora le disse a bassa voce: «Lei non ha nulla che un rilascio da qui non possa curare. Però, dato che la sua sorte non dipende da me, le darò qualche compressa che ritengo le rimetta a posto il cuore». Quindi si voltò ad aprire un cassetto di un armadietto metallico, scegliendo una scatola di minuscole pillole rosa, che consegnò a Mayada con le istruzioni: «Ne metta una sotto la lingua e lasci che si sciolga. Dovrebbe fare lo stesso ogni volta che avverte un dolore al petto». Tuttavia l'ammonì: «Non prenda più di una sola pillola ogni pochi giorni, se può evitarlo, perché queste compresse provocano forti mali di testa».

Mayada aveva già una pillola in bocca. Annuì.

Il dottore si mise a scrivere un rapporto sulla visita.

Mentre la pillola si scioglieva, Mayada si guardava attorno nella stanza. Notò che il lettino di visita era coperto di plastica nera, sopra la quale si era formato uno spesso strato della polvere depositata dalla tempesta di sabbia di quel mattino; adesso però quella polvere poteva tornarle utile, si disse. I modi cortesi del medico le avevano suggerito un'idea. Fidandosi di lui abbastanza da correre il rischio, con un dito scrisse sulla polvere il numero di telefono del nonno dei suoi figli, che era rimasto in buoni rapporti con lei e i ragazzi anche dopo il divorzio. Quindi, facendo appello al buon cuore del medico, disse: «Per favore, dottor Hameed, telefoni a questo numero, e dica a chiunque risponda che Mayada è stata portata a Baladiyat. Gli dica di chiamare mia madre, Salwa, ad Amman. Lei saprà che cosa fare».

Mayada rimase a fissare il giovane medico. Il dottor Hameed la squadrò per un lungo momento, con un'espressione che tradiva un conflitto interiore fra la mente, la quale lo metteva in guardia contro le terribili conseguenze di essere scoperto, e il cuore, sconvolto dalla disperazione di un essere umano, di cui era testimone obbligato. Il dottore guardò il numero che Mayada aveva scritto sulla polvere. Senza fiato, lei fissava le sue labbra muoversi: si rendeva conto che lo stava imparando a memoria. Il medico si sbirciò un'altra volta alle spalle, poi prese uno straccio e ripulì la plastica dalla polvere e dalle cifre. Non diede modo di capire se avesse prevalso la mente o il cuore, eppure Mayada sapeva che, telefonasse o no, quell'uomo *voleva* avere il coraggio di fare quella cosa per lei. Dovette ricordare che entrambi, come pure tutti gli iracheni, vivevano un momento terribile, e che quel brav'uomo poteva essere torturato a morte per non avere obbedito alle imposizioni del partito Baath.

Mayada aprì la bocca per chiedergli se poteva fare affidamento sulla sua umanità, ma in quel momento le guardie tornarono, insistendo che dovevano riportarla in cella. Mayada rabbrividì, temendo che il dottor Hameed potesse avere a cuore l'incolumità dei propri cari al punto da rivelare a quegli uomini la sua richiesta di aiuto; ma il medico non disse nulla. La fissò invece dritto negli occhi, dicendo: «Si sentirà meglio, perciò torni in cella e cerchi di dormire un po'». Le sue parole diedero a Mayada la speranza che avrebbe fatto la telefonata capace di salvarle la vita.

Poi i due secondini la riaccompagnarono frettolosamente nella cella 52, quantunque lei li pregasse di camminare più lentamente, in considerazione dei suoi dolori al petto; neppure le badarono. Il passo rapido le faceva palpitare il cuore, e si meravigliò del senso di sollievo che provò rientrando nella cella 52.

Samira si precipitò accanto a Mayada, aiutandola ad adagiarsi sulla branda, mentre diverse donne-ombra le si facevano attorno per farla stare più comoda. Le diedero una coperta ripiegata per cuscino, e un'altra venne distesa fra lei e il giaciglio freddo. Con una terza la coprirono. Mentre lei era in infermeria le donne avevano ricevuto il cibo; come promesso, Samira le aveva messo da parte un piatto, ma Mayada non riuscì a mangiare.

Le donne si misero a parlare delle loro vite. Mayada apprese che quella di nome Rasha era una sciita del Sud; un'altra, Safana, era curda. Un'altra donna senza nome era una sunnita di Baghdad. Costoro domandarono a Mayada di raccontare tutto ciò che aveva visto mentre era fuori della cella. Mayada, che aveva il respiro affannoso, replicò di non essere ancora in grado di parlare; il giorno dopo, tuttavia, sarebbe stata lieta di rispondere a tutte le domande.

Una delle donne-ombra prese la parola, ponendole la domanda che Mayada si era aspettata fin da quando aveva fatto il proprio nome di famiglia: «Dicci, sei parente del grande Jafar Pasha Al-Askari?»

Mayada esitò, riflettendo per un momento sulla risposta da dare. Prese in esame l'opportunità di negare, perché potevano anche comportarsi come se lei si ritesse migliore delle altre, cosa che non era; qualcuna, poi, venendo a sapere della sua parentela, poteva divenire un'acerrima nemica, pur senza alcun motivo. Oppure altre avrebbero cambiato i loro modi abituali e trattato Mayada con deferenza, come se fosse membro di una famiglia reale.

Tuttavia, guardando gli occhi buoni di quelle donne semplici, con le quali divideva la cella, Mayada avvertì dentro di sé una profonda certezza: di qualunque colore fosse il sangue che le scorreva nelle vene, sarebbero rimaste le medesime donne affettuose. «Sì», ammise con un debole sorriso, «Jafar Pasha era mio nonno, il padre di mio padre, Nizar Al-Askari.»

La donna-ombra protese una mano verso di lei, sfiorandole una guancia con indubbia tenerezza, e disse: «Una volta mio nonno incontrò il tuo, quando andò nel Sud per raccogliere voti a favore di re Faysal I. Diceva sempre che Jafar Al-Askari era un grande iracheno. Molte volte lo udii ripetere: 'Se solo avessimo ancora avuto tra i vivi uomini come Jafar Pasha, noi iracheni avremmo potuto evitare questo incubo'».

Come se quelle parole avessero dato la libertà alle loro voci, altre donne-ombra presero a scambiarsi ricordi di un tempo in cui l'Iraq nutriva speranze per un futuro migliore. Mayada sentì anche parecchie altre affermare tranquille che Jafar Pasha aveva fatto del bene alle loro famiglie. Samira guardò Mayada e sorrise. «Ripagheremo quel grand'uomo prendendoci cura di sua nipote», disse.

2
Le quattro porte nere

In ogni periodo storico, nei frangenti più importanti ci sono stati grandi uomini. Durante e dopo la prima guerra mondiale, in Iraq ci furono Jafar Al-Askari, Nuri Al-Said, re Faysal I, Lawrence d'Arabia e Sati Al-Husri. Tre di loro erano strettamente imparentati con Mayada, che conosceva benissimo le loro vicende.

Nel 1918, alla conclusione della grande guerra, quattrocento anni di potenza ottomana giunsero finalmente al termine. Nessuno più governava il Paese, e il popolo iracheno ebbe la possibilità di un nuovo inizio. I governi inglese e francese, che avevano contribuito alla sconfitta dei turchi, promisero la libertà a tutti gli arabi; animati da quel sogno, Jafar, Nuri, Lawrence d'Arabia e Faysal rischiarono molte volte la vita. Nessuno, però, fu più intrepido del nonno di Mayada.

Forse fu un segno del destino che Jafar Al-Askari nascesse nello stesso momento in cui l'impero ottomano moriva: vide infatti la luce il 13 giugno 1885. I suoi genitori, Mustafà e Fatima, vivevano a Baghdad, dove il padre era governatore militare e capo di stato maggiore della IV armata. Come figlio di un ufficiale di così alto grado, Jafar ricevette la migliore educazione e la sua formazione fu naturalmente incentrata sul mestiere delle armi. Mentre frequentava l'accademia militare, incontrò colui che sarebbe diventato il suo migliore amico, Nuri Al-Said. I due divennero così intimi che fecero il patto di sposare l'uno la sorella dell'altro, e lo rispettarono: Nuri prese in moglie la sorella minore di Jafar, Naima, mentre Jafar chiese la mano della sorella di Nuri, Fakhriya.

Allo scoppio della prima guerra mondiale, Al-Askari combatté a fianco dei turchi e dei tedeschi, diventando presto un generale pluridecorato; il suo, però, era un talento così unico che gli inglesi tentarono di convincerlo a passare dalla loro parte. Lui rifiutò ogni appello finché il sultano Mohammed Resat fece giustiziare parecchi suoi amici. A quel punto Jafar perse la fede nella causa ottomana e accettò la proposta di T.E. Lawrence (Lawrence d'Arabia) e del principe Faysal dell'Higiaz (il futuro re Faysal I di Siria e Iraq) di entrare nell'esercito arabo. Durante il conflitto nacque una salda amicizia fra il principe e Al-Askari; quest'ultimo prese il comando delle forze regolari arabe, e fu l'unico uomo nella prima guerra mondiale a essere insignito delle più alte decorazioni militari sia da parte dei tedeschi sia degli inglesi.

Per pacificare l'Iraq, l'Inghilterra decise di esercitare un dominio indiretto, insediandovi una monarchia controllata dal governo britannico. Dopo molte discussioni e con l'incoraggiamento dei rappresentanti inglesi che si trovavano sul posto, Winston Churchill stabilì che Faysal, il cui padre regnava sulla Mecca e su Medina, sarebbe stato il nuovo sovrano, benché il principe non avesse mai messo piede nel Paese.

Quando il re giunse in Iraq per assumere il potere, i suoi amici ed ex capi militari Jafar Al-Askari e Nuri Al-Said erano in attesa di mettersi al suo servizio. Jafar fu nominato ministro della Difesa e Nuri capo di stato maggiore. Fin dal primo giorno scoppiarono molti conflitti, ma i tre uomini mantennero unito il Paese con ferrea determinazione. Poi, nel 1933, dopo soli dodici anni di regno, Faysal si ammalò gravemente di cuore, si recò in Svizzera e là morì, a quarantotto anni. Gli succedette l'unico figlio, Ghazi.

Al-Askari era vissuto a Londra per parecchi anni, ma nel 1934 il suo amico e cognato Nuri, che adesso era il primo ministro iracheno, si rivolse a lui perché tornasse e lo aiutasse a governare, spiegandogli che in Iraq aveva a che fare con così tanti avversari che gli occorreva avere al proprio fianco la forza di Jafar.

Due anni dopo, nell'ottobre 1936, Al-Askari ordinò all'esercito alcune esercitazioni di routine, ma ebbe una sorpresa: un uomo che credeva fosse dalla sua parte, il generale Bakir Sidqi, comandante della II divisione dell'esercito, organizzò un colpo di stato, il primo dell'Iraq moderno.

Tre bombardieri entrarono in azione: un ordigno cadde nel Tigri senza causare danni, due colpirono rispettivamente il ministero degli Interni e il palazzo che ospitava il consiglio dei ministri, e un altro centrò la sede delle poste.

Jafar decise di andare incontro all'esercito, per impedirgli di marciare su Baghdad. L'ambasciatore inglese, sir Clark Keer, era presente quando Al-Askari prese quella decisione, e in seguito scrisse che la missione fu un gesto di straordinario valore, la manifestazione di un coraggio che nessun altro membro del governo aveva. Ghazi I temeva per l'incolumità di Jafar, ma lui ribadì che era suo dovere proteggere il re e la patria. Quando se ne andò, una sorta di presentimento fece rabbrividire il sovrano, che corse fuori dal palazzo per fermarlo. Ma era troppo tardi: ormai era partito.

Al-Askari non poteva immaginare che il suo amico Sidqi aveva ordinato a cinque complici di ucciderlo. Alla periferia di Baghdad Jafar incontrò un gruppo di soldati iracheni, i quali gli assicurarono che lo avrebbero scortato fino dal generale. Gli fu chiesto di accomodarsi sul sedile anteriore, e ben presto si accorse che c'era qualcosa di strano. Si girò, dicendo: «Sento che mi ammazzerete, ma non ho paura: la morte è l'esito naturale di ogni vita umana. Però sappiate che, se comincerete a uccidere, sarete ritenuti responsabili di tutti i mali che provocherete a questo Paese. Farete scorrere fiumi di sangue».

Poco dopo l'automobile si fermò al campo di Sidqi, Al-Askari scese e il capitano Jameel gli sparò alla schiena. In fretta e furia fu scavata una fossa nella sabbia e il corpo venne sepolto; Bakir Sidqi fece giurare ai propri uomini di mantenere il segreto.

Quando Jafar non tornò al palazzo, il Paese sprofondò nel caos: era lui il collante che teneva insieme il governo. Sidqi s'impadronì di Baghdad e costrinse Ghazi I a nominare un nuovo governo.

Il mondo arabo rimase scosso dalla morte di Al-Askari. Purtroppo, la sua predizione che l'Iraq sarebbe diventato un fiume di sangue si avverò: Sidqi fu presto assassinato da alcuni ufficiali fedeli a Jafar. I sovrani rimasero a capo di un carosello di parecchi governi, mentre i colpi di stato si susseguivano.

Nel 1958 la famiglia regnante invitò i genitori di Mayada ad accompagnarla in una vacanza prima di fare ritorno per il matrimonio di Faysal II. La madre di Mayada, Salwa, insistette però che la figlia indossasse un abito francese di Dior per svolgere la funzione di damigella nella cerimonia nuziale; si trovavano dunque tutti in Europa quando si seppe che il generale Abdul Karim Kassem, un ufficiale dell'esercito, aveva ordinato ai suoi uomini di circondare il palazzo reale. Con un altoparlante fu ordinato a tutti di uscire. Erano le 7.45. Poco dopo, la porta della cucina, situata sul retro dell'edificio, si aprì e i parenti del sovrano cominciarono a uscire. I militari urlarono loro di andare nel piccolo giardino accanto alla costruzione e di fermarsi presso un grande gelso. Loro obbedirono, come anche la servitù. Il giovanissimo monarca, perplesso, continuava a salutare gli ufficiali.

Un capitano di nome Al-Obusi gli sparò, sfracellandogli il cranio, poi tutti gli altri soldati aprirono il fuoco. Dopo il massacro, i corpi furono caricati su un camion e la folla saccheggiò il palazzo.

Il primo ministro Nuri Al-Said, zio del padre di Mayada, stava scappando: aveva sentito della strage e sapeva di non poter fare altro che tentare di mettersi in salvo. Anche se era anziano, la folla voleva ugualmente la sua testa. Un vicino, Um Abdul Ameer Al-Estarabadi, lo sollecitò a rifugiarsi dalle tribù ummara, che lo avrebbero sicuramente accolto. Per non essere riconosciuto, Al-Said indossò una *abaaya* (mantello) da donna; sfortunatamente, lui e il compagno di fuga decisero di fermarsi presso il fiume, ad Abu Nawas, e lì qualcuno, in mezzo alla folla che passava, notò le scarpe da uomo sotto il manto femminile. Intuendo che qualcosa non andava, catturarono Nuri, che fu legato dietro una macchina e trascinato per le strade di Baghdad.

Come aveva temuto Jafar, i colpi di stato continuarono, portando infine al potere il partito Baath, guidato da Ahmed Hassan al-Bakir e Saddam Hussein. Il loro obiettivo era uno Stato socialista, laico, che aspirava all'unità panaraba e all'autonomia dal dominio straniero.

Il partito Baath prese il potere nel febbraio 1963, ma prima della fine dell'anno fu rovesciato. Tornò nel 1968, più potente e capeggiato da Saddam Hussein. Per Mayada, quel movimento era diventato un incubo senza fine, la causa di tanti mali del Paese.

La prima notte in prigione fu la più lunga che Mayada avesse mai trascorso. Con gli occhi spalancati, pensò alla famiglia, a Fay e Ali, e si rammaricò di non essersene andata quando sua madre l'aveva messa in guardia. Ripercorse mentalmente la storia dell'Iraq di Saddam, rendendosi conto che, mentre la popolazione si cullava nella sicurezza ispirata dalla personalità carismatica del dittatore, lui fabbricava quattro porte nere per contenere e celare la propria malvagità.

Nel 1980 Saddam era presidente da appena un anno e molti credevano ancora nella sua grandezza, invece lui già stava architettando la prima delle due guerre che avrebbero portato la nazione alla rovina.

Era una tranquilla giornata di settembre e Baghdad era ancora avvolta dalla frescura mattutina; Mayada e il marito Salam stavano facendo colazione a casa della madre di lei. Da poco Salam era stato richiamato per la leva obbligatoria, e si trovava ancora a disagio nell'uniforme. Lei lo guardava mangiare, domandandosi come sarebbe stato da vecchio. Sperò di non vedere i suoi capelli neri diventare grigi e il suo corpo appesantirsi per tutte le uova, le fette di pane imburrato, il latte e lo zucchero che gli piacevano tanto. Durante la luna di miele Mayada aveva scoperto di avere commesso un errore accettando di sposarlo, e ora si trastullava spesso con l'idea di lasciarlo. In Medio Oriente, però, le donne affrontano il divorzio con estrema cautela, perciò aveva accettato di buon grado, come milioni di altre, di vivere un matrimonio senza amore.

Mentre indugiava in questi pensieri, la casa fu squassata da un boato, seguito da una serie di echi meno violenti. I piatti tintinnarono, le luci vacillarono e i tre fringuelli dal vivace piumaggio svolazzarono nervosamente da un lato all'altro della gabbia. La paura la invase, afferrandola allo stomaco. «Salam, sono aerei israeliani?»

Il viso del marito tradiva lo sbalordimento: la fronte gli si imperlò di sudore. La sua voce rauca aveva un timbro stranamente acuto: «No. No, non può essere».

Il cuore della donna cominciò ad accelerare il battito, in attesa del suono lacerante delle sirene; intorno a loro, però, regnava il silenzio. Salam si affrettò ad accendere la radio, ma i consueti programmi riempivano ancora l'etere.

Mayada lavorava in un giornale di Baghdad, *Al-Jumhuriya*, perciò decise di telefonare in ufficio. Appena allungò la mano, l'apparecchio la sorprese mettendosi a squillare. Alzato il ricevitore, udì la voce di Fadil Al-Barrak, una conoscenza recente della sua famiglia. Il dottor Fadil era il capo della polizia segreta, l'uomo che, come tutti sapevano, rispondeva soltanto a Saddam Hussein. Era singolare che un gentiluomo dalle parole pacate come lui ricoprisse una carica che ne faceva il responsabile della sicurezza interna ma, poco dopo essersi imposto, Saddam aveva riorganizzato i servizi segreti. Sostenendo che un ignorante era meno affidabile di un uomo intelligente, aveva collocato in posizioni di grandissimo rilievo molti iracheni di cultura superiore. In Iraq il dottor Fadil aveva un enorme potere: sovrintendeva a vari dipartimenti della sicurezza, fra cui quelli addetti al controspionaggio, ai movimenti islamici, ai disertori, alla sicurezza economica, ai gruppi di opposizione, alla lotta contro gli stupefacenti, per non citarne che alcuni.

Pochi, in Iraq, conoscevano uomini in posizioni così influenti, ma allora Mayada non lo sapeva, perché i genitori e i nonni avevano sempre avuto contatti con importanti statisti di tutto il mondo.

Per la verità, tuttavia, Fadil aveva con la sua famiglia un legame fuori del comune: era diventato un amico anche se la madre di Mayada, Salwa, non aveva mai fatto nulla perché ciò succedesse. Al-Barrak era uno scrittore, e si era avvicinato a loro per chiedere di vedere i libri e le carte appartenute al famoso nonno materno di Mayada, Sati Al-Husri. Da quel semplice inizio, il dottore era diventato un ospite assiduo della loro casa.

Quel giorno cruciale Fadil tagliò corto con le solite cortesie: «Salam è di stanza a Baghdad?»

Lei ebbe un sussulto di meraviglia per la preoccupazione dimostrata nei confronti del marito. Al-Barrak aveva disapprovato il suo matrimonio fin dal primo momento, perché Salam apparteneva a una nota famiglia di feudatari; suo padre aveva posseduto schiavi fino al 1960, e un rivoluzionario baathista come il dottore evitava di proposito gli ex schiavisti. Ciò nonostante, la sua amicizia con gli Al-Askari era continuata, e il giorno delle nozze aveva perfino regalato un prezioso gioiello alla sposa.

«No, è di stanza ad Al-Mahaweel», rispose Mayada, riferendosi a una base militare situata nell'Iraq meridionale. Sentendo che c'era qualcosa di strano nell'aria, si informò su che cosa stesse succedendo.

Fadil sussurrò in tono lugubre: «Il tuo eroe del poster ci ha dichiarato guerra».

Lei capì immediatamente, e comprese anche che gli aerei non avevano niente a che vedere con i conflitti interni iracheni, ma erano da riferire piuttosto alla crescente tensione fra la sua patria e l'Iran. Nonostante la gravità del momento, l'accenno all'«eroe del poster» la fece quasi scoppiare a ridere, perché si rese conto di quanto uno stupido incidente, che non significava nulla, avesse mandato in collera un uomo che si riteneva un leale protettore della sua famiglia.

Il fatto si era verificato nel 1979, al tempo del suo fidanzamento, ed era direttamente connesso al raduno degli studenti all'università Al-Mustansiriya di Baghdad. Durante l'assemblea erano esplose alcune bombe, che avevano ucciso due ragazzi e ne avevano feriti molti altri. Una settimana dopo c'era stata una grande dimostrazione, snodatasi dall'ateneo fino al cimitero di Bab Al-Muaadam, dove sarebbero state sepolte le vittime dell'attentato. Il corteo aveva attraversato la città, passando anche sotto le finestre della madre di Mayada, che si affacciavano sulla via principale. Alla testa degli studenti c'erano due ministri, perciò la zona era pattugliata da molte auto della polizia e dei servizi segreti. Mentre la gente sfilava davanti alla casa di sua madre, qualcuno aveva lanciato due bombe a mano contro il corteo. L'edificio adiacente era occupato dal consolato iraniano, perciò la polizia segreta aveva immediatamente concluso che l'attacco fosse partito di lì.

La casa di famiglia di Mayada era bella, con grandi terrazze. La sua camera da letto aveva un'ampia veranda che si affacciava sul giardino e guardava verso il consolato dell'Iran. Gli uomini dei servizi di sicurezza dovevano passare dalla sua stanza per raggiungere il balcone dal quale intendevano sparare contro la sede della rappresentanza iraniana.

Qualche settimana prima, Mayada aveva ritagliato e appeso alla parete una bella fotografia dell'ayatollah Khomeini, ponendo l'immagine del torvo religioso, con il suo turbante nero, su uno sfondo color fucsia.

Quando gli agenti della polizia segreta irruppero e scorsero il ritratto del loro nemico, ne rimasero talmente sbalorditi da dimenticare di essere a caccia di pericolosi ribelli, e si affrettarono invece a riferire alle autorità il tradimento appena scoperto.

Quel giorno, dunque, gli iraniani si salvarono da una grandinata di pallottole perché una ragazza di nome Mayada Al-Askari aveva in camera un poster di Khomeini. Un affronto del genere era considerato un tradimento dalla minoranza sunnita al potere, ma la ragazza era troppo giovane e sicura di sé per pensare che attaccare una fotografia al muro potesse procurarle seri guai.

Appena l'incidente fu riferito al dottor Fadil, lui le telefonò. L'abituale calore della sua voce era svanito, mentre la informava che quella sera alle dieci sarebbe passato a casa loro e le raccomandava di non portare in giro il suo prezioso cofanetto dei gioielli, perché in tal caso tutti lo avrebbero visto. Mayada capì subito l'allusione, dal momento che in Iraq quando s'intende manifestare disprezzo per una persona se ne dice il contrario: sebbene Al-Barrak avesse definito Khomeini «cofanetto dei gioielli», in realtà intendeva che l'ayatollah era un rifiuto.

Il dottore fu di parola e arrivò puntuale. Nonostante l'espressione calma, i suoi modi tradivano un'inequivocabile freddezza. Squadrò Mayada dall'alto in basso, e lei notò che aveva l'occhio sinistro più piccolo del destro. Per la prima volta sentì che Fadil non era esattamente la persona gentile che fingeva di essere. L'ospite strinse le labbra, quindi chiese un whisky a Sawa. Ne bevve un lungo sorso, poi rivolse nuovamente tutta la sua attenzione alla ragazza.

Essendo così vicino a Saddam, Al-Barrak occupava una posizione di grande prestigio nella gerarchia del potere, perciò avrebbe potuto schiacciare Mayada come un insetto. Invece, dopo avere sorbito lo scotch, si ammorbidì un poco. Come un maestro, le tenne una lezione sui loro vicini iraniani, mentre si rigirava il bicchiere fra le mani: «Avresti dovuto vedere Khomeini quando fu esiliato. Non aveva nulla, e noi gli aprimmo le porte del nostro Paese. Visse per molti anni in Iraq come un profugo benvenuto ma, quando Saddam gli chiese di parlare agli sciiti contro lo scià, il quale continuava a tentare di rovesciare il nostro governo, lui rifiutò». Fadil, che abitualmente parlava in maniera misurata, sbalordì le due donne con uno scatto improvviso: «Quell'uomo è soltanto un persiano con le ossa piene di merda!» Lottando visibilmente per riprendere il controllo, si schiarì la gola e abbassò la voce: «Dietro le sue apparenze devote», aggiunse, «cospira tuttora con gli imperialisti».

Mayada era ancora ingenua e credeva che nulla le sarebbe potuto accadere; lottò per trattenere una risata, poi però intuì che il dottore era sul punto di esplodere. Ciò nonostante, trovò il coraggio di ribattere: «Credevo che il partito Baath predicasse la democrazia. Se è così, perché non posso appendere un ritratto del nemico? Dovrei avere il diritto di mettere tutte le fotografie che voglio, nella mia camera». Al-Barrak fece un gran sospiro, e lei si rese conto che stava diventando sempre più severo, quindi provò a sdrammatizzare: «Mi piace il contrasto di colore fra il rosa e il nero», continuò ridendo. «È per questo che ho scelto quell'immagine, non per il soggetto.»

Alle sue parole imprudenti il dottor Fadil s'infuriò, rinfacciandole la mancanza di lealtà contro quelle bestie di persiani. Salwa, però, era una persona accorta, e sapeva come trattare gli uomini. Gli riempì nuovamente il bicchiere di whisky, mormorando: «È un bene che lei sia qui a fare da guida a mia figlia. Come sa, non ha un padre».

Mayada provò un impeto di rabbia contro la mamma: la irritava l'idea che qualcuno potesse considerarsi un sostituto del suo papà, che aveva amato moltissimo. Il 2 marzo 1974, quando lui era mancato dopo una lunga lotta contro un tumore al colon, era stato il giorno più triste della sua vita. Mentre le parole di Salwa le riecheggiavano in testa, la ragazza avvertì un odio imprevisto anche nei confronti di Fadil, perché era vivo mentre suo padre era morto. Sapeva però che quelle riflessioni erano sbagliate: certe scelte spettavano soltanto a Dio.

Guardò la madre ammansire abilmente il dottore, pur nella convinzione che non fosse possibile placare la crudeltà per molto tempo. Per la prima volta ebbe il sospetto che nella personalità di Al-Barrak ci fosse qualcosa di spietato che fino ad allora non aveva intuito. Ripensò a come gli altri iracheni reagivano al suo nome e al fatto che lei lo conoscesse: alcuni abbassavano gli occhi e distoglievano lo sguardo, ricordando improvvisamente impegni dimenticati da tempo che richiedevano la loro attenzione, mentre altri le manifestavano un rispetto che non si era guadagnata… e un istante dopo la pregavano di intervenire per aiutarli a trovare un lavoro o a ottenere un pezzo di terra.

Naturalmente, Fadil apprezzò la possibilità di essere il protettore e la guida della nipote del leggendario Sati Al-Husri: sorrise e bevve un altro po' di scotch. Scherzò con Salwa sulle sciocchezze che commettono i figli. Prima di andarsene, ricordò a Mayada che, senza la sua protezione, la scoperta del poster avrebbe trascinato tutta la famiglia in prigione per un bel pezzo. Quando finalmente il dottore uscì, a mezzanotte, la giovane ammise con una certa riluttanza che sua madre era abilissima a cavarsela nelle situazioni più imbarazzanti.

Adesso era proprio il dottor Fadil, che ancora ricordava l'incidente, a informarla che Iran e Iraq erano in guerra. Le disse che gli aerei iraniani avevano violato lo spazio aereo iracheno, sorvolando Baghdad, anche se si affrettò a proclamare che gli eroici patrioti li avevano ricacciati al di là della frontiera.

Dopo avere riagganciato, Mayada riferì a Salam ciò che aveva appreso, poi rimase a guardarlo mentre barcollava qua e là per la casa, mettendo insieme qualche provvista da portare con sé al fronte. Una sensazione sgradevole s'impadronì di lei: suo marito avrebbe potuto essere il primo caduto di quella guerra. Sebbene non desiderasse rimanere al suo fianco, non voleva nemmeno che morisse.

In genere le donne mediorientali si adattano senza obiezioni ai doveri del matrimonio e della cura dei figli, e Mayada non faceva eccezione. A ventitré anni, aveva preso più volte in considerazione l'idea di sposarsi. Quando Salam Al-Haimus, un uomo attraente, era entrato nel suo ufficio al giornale per pubblicare un'inserzione, la sua timidezza l'aveva colpita. Appena l'aveva vista, Salam le aveva detto che erano vicini di casa. Affascinata dal suo bel viso, la ragazza si era domandata come avesse fatto a non notarlo; da allora in poi, però, era diventata un'osservatrice più attenta. Da quel giorno, tornando dal lavoro, aveva sempre trovato Salam davanti casa ad aspettarla per un saluto. A dispetto dei cattivi presentimenti di Salwa, in pochi mesi i due giovani avevano ottenuto la benedizione dei rispettivi genitori.

Subito dopo la cerimonia nuziale, la coppia felice aveva lasciato Baghdad per una lunga luna di miele in Europa. Mayada aveva girato il mondo fin da bambina, ma lui non era mai uscito dall'Iraq. Un'ora dopo essersi imbarcati sull'aereo, Salam aveva messo bene in chiaro che lui era uno sceicco arabo, insistendo perché la moglie nascondesse le sue conoscenze di fronte agli estranei. Le aveva spiegato con un sogghigno: «Penserò io a tutto. Sono io l'uomo».

In Italia, lui avrebbe voluto viaggiare continuamente in

treno, mentre Mayada adorava i musei. A Salam piaceva giocare nei casinò; la moglie preferiva frequentare le biblioteche. Un Paese dopo l'altro, il loro legame aveva rapidamente cominciato a deteriorarsi. In Spagna, Mayada aveva scoperto che, secondo suo marito, Picasso era il nome di un piatto tipico. A quel punto, la ragazza si era accorta di avere commesso il più grande errore della sua vita.

Ciò nonostante, ora Mayada tremava al pensiero che Salam rischiasse di morire in guerra.

Quel mattino di settembre segnò l'inizio di un bagno di sangue lungo anni. Il conflitto fra Saddam e Khomeini provocò la morte di un milione e mezzo di uomini, donne e bambini.

L'inimicizia fra i due Paesi aveva avuto origine quando Mayada era ancora piccola. Allora il futuro ayatollah era un religioso appassionato ma sconosciuto; convinto che il regime laico dello scià danneggiasse la vita religiosa della società sciita iraniana, non risparmiava critiche al sovrano. Insofferente, lo scià decise di esiliarlo, e lui si rifugiò oltre confine, in Iraq; visse quindici anni ad An-Najaf, la città santa degli sciiti, continuando ad aizzare i dissidenti contro qualunque governante non si attenesse scrupolosamente ai precetti della fazione sciita, stigmatizzando anche il regime di cui era ospite. In Medio Oriente, dittatori e re sono estremamente prudenti nel trattare i religiosi, perché molti musulmani sono disposti a morire per loro.

Un anno prima del bombardamento di settembre, Saddam ricevette dallo scià la richiesta di cacciare Khomeini; in cambio sarebbero cessati i rifornimenti di armi agli sciiti iracheni. La promessa fece presa sul nuovo dittatore dell'Iraq, che apparteneva alla minoranza sunnita e diffidava della maggioranza sciita, e che vide in quella semplice richiesta un modo per consolidare facilmente il proprio potere.

Inoltre, già in collera per il rifiuto di Khomeini di prendere le sue parti contro lo scià, Saddam non perse tempo a espellere dall'Iraq lo scomodo religioso. Un anno dopo, quando Khomeini tornò dall'esilio parigino e assunse la guida del governo iraniano, dimostrò con i fatti di essere un acerrimo nemico di Saddam Hussein. La tensione continuò a crescere e, quando gli sciiti iracheni costituirono un movimento denominato al-Da'wah al Islamiyah (appello islamico), il cui obiettivo era scatenare disordini e rivendicare un governo fondamentalista basato sul modello iraniano, il tiranno iracheno intervenne contro la popolazione sciita del suo Paese, ordinando arresti in massa e l'esecuzione dei capi più in vista. Al-Da'wah rispose tentando di assassinare il ministro degli Esteri, Tareq Aziz.

L'annosa frattura tra i due ostinati avversari (Khomeini e lo scià) esasperò anche l'ostilità fra il governo iraniano e quello iracheno. Sentendosi minacciato da quel nuovo e litigioso nemico ai confini, Saddam giustificò un'azione militare rinnegando l'accordo stipulato nel 1975 ad Algeri con l'Iran, che aveva assegnato a quest'ultimo lo Shatt-al-Arab, il fiume che costituiva l'unico accesso iracheno al Golfo Persico. Per secoli i due Paesi avevano litigato su chi avesse diritto a quel corso d'acqua, perciò il problema era decisamente familiare a Saddam.

La guerra fu un incubo lungo otto anni. Al pari di molti altri, Mayada e i suoi figli vissero come animali spaventati: si nascondevano tremanti sotto il tavolo o dietro il divano mentre i bombardieri iraniani sbucavano dalle nubi, bramosi di uccidere. Quei giorni terribili non sarebbero mai svaniti dalla sua memoria. Mai avrebbe dimenticato la violenza di quegli attacchi, quando in tutta Baghdad si diffondeva la voce che il nemico si era impossessato della città e lei gridava ai bambini terrorizzati di stare giù, di nascondersi sotto i letti, correndo intanto qua e là per la casa a chiudere le porte e a spingere i mobili più pesanti contro le finestre, convinta che da un momento all'altro tutti loro sarebbero stati massacrati.

La guerra giunse infine a una stanca pausa il 20 agosto 1988, quando Iran e Iraq accettarono la risoluzione n. 598 del Consiglio di sicurezza delle Nazioni Unite, che imponeva un cessate il fuoco. Gli iracheni provarono un tale sollievo che per oltre un mese festeggiarono ballando per le strade.

L'Iraq era ancora impegnato a riparare i danni subiti, quando si aprì una seconda porta nera e Saddam lanciò le truppe in una marcia nel deserto da Baghdad con l'ordine di invadere il loro minuscolo vicino, il Kuwait. L'iniziativa scatenò sul Paese il furore delle nazioni occidentali, schiacciandolo sotto il peso di un'altra guerra e inducendo Mayada a credere che presto i suoi connazionali avrebbero nuotato in fiumi di sangue. Questo secondo conflitto, però, giunse e passò rapidamente: il grosso delle bombe alleate colpì con precisione gli obiettivi militari, deviando raramente sulle zone residenziali, tanto che a Mayada sembrò una semplice scaramuccia, se paragonata alla guerra con l'Iran. Tuttavia, quando le ostilità si conclusero, scoppiarono tumulti diffusi: rivolte di sciiti nel Sud e di curdi nel Nord.

Mayada non sapeva che cosa aspettarsi. Il suo matrimonio era stato un'ipocrisia sfociata nel divorzio, e adesso lei era l'unica che potesse proteggere i suoi due bambini. Si preparò ad assistere agli scontri per le strade di Baghdad e si affrettò a procurarsi scorte di pane, uova e acqua. Con sua grande sorpresa, però, i soldati della coalizione mollarono la presa e rinunciarono alla vittoria, evitando di entrare nella capitale. Seguì un breve periodo di calma idilliaca che, dopo l'orrore di due guerre in dieci anni, le parve tanto strano quanto meraviglioso.

Poco dopo, purtroppo, la tranquillità lasciò il posto alla disperazione, perché le sanzioni dell'ONU erano in agguato dietro la terza porta nera. Per Mayada, l'embargo fu più disastroso della guerra: la fatica quotidiana di trovare generi alimentari a un prezzo ragionevole fu l'impresa più estenuante della sua vita. Nessuna sofferenza è più atroce che guardare in viso i propri figli affamati e non avere nulla da offrire loro.

C'era però una quarta porta nera in attesa di spalancarsi, come un'ombra che si faceva sempre più cupa, e Mayada ne aveva avvertito la presenza fin dall'avvento al potere di Saddam. Minacciosamente celato dietro una spirale di conflitti e di violenza che sembrava non avere fine, c'era l'apparato della sicurezza interna del partito socialista iracheno Baath, la polizia segreta istituita da Saddam nel 1968, quando Mayada aveva solo tredici anni. La polizia politica era cresciuta con lei, perseguitando ogni cittadino che passasse per Baladiyat o altre carceri, fonte dei sussurri di milioni di iracheni: «*Allah yostur*. Dio ce ne scampi e ci protegga».

Mentre giaceva al buio, Mayada si maledisse per quell'ingannevole impressione di sicurezza. Molti iracheni avevano il terrore di essere accusati di crimini mai commessi senza avere la possibilità di dimostrare la propria innocenza. Quella prima notte a Baladiyat le chiarì le idee e si ripromise che, se fosse uscita viva di lì, non si sarebbe trattenuta più del tempo necessario a fare le valigie e portare via i figli: avrebbe lasciato la casa e la patria e non sarebbe mai più tornata, anche se fosse stata costretta a vendere sigarette agli angoli delle strade di Amman, come aveva fatto Samira.

Nella cella tutte le donne dormivano. Udì dei passi nel corridoio, poi alcune porte cominciarono ad aprirsi e chiudersi. Mentre le voci si facevano sempre più incalzanti, Mayada credette che fosse scoppiato un incendio nella prigione e si aspettò di vedere il fumo insinuarsi attraverso lo spioncino. Per la quarta volta in sole dodici ore, temette che il suo soggiorno terreno fosse giunto al termine, invece non successe nulla. Cominciava appena a rilassarsi, quando sentì un grido che le fece rizzare i capelli. Subito ne seguì un secondo, poi un terzo, allora si tirò su, appoggiandosi sui gomiti.

Samira accorse al suo fianco e sussurrò: «Non preoccuparti. Stanotte è arrivata una nuova squadra di torturatori».

In quel momento un urlo straziante echeggiò nella prigione. Samira premette una mano sulla bocca di Mayada e le disse: «So che è difficile ma, se ci riesci, cerca di dormire. Non sai che cosa potrebbe succedere domani e, se sei riposata, sarai più preparata».

Lei, però, non ce la fece e rimase sveglia per il resto della notte. Anche in carcere c'era un muezzin, così allo spuntare dell'alba udì la familiare cantilena dell'appello alla preghiera, che dava conforto al cuore di ogni musulmano: «Dio è grande. Non c'è dio se non Dio e Maometto è il suo profeta. Venite alla preghiera, venite alla preghiera. Dio è grande. Non c'è dio se non Dio».

Mayada si alzò dalla branda di ferro e si genuflesse, tentando invano di scansare il fetore del gabinetto. Si girò in direzione della Mecca e pregò Allah di risolvere il suo dramma e di farla uscire da Baladiyat il più presto possibile.

Mentre portava a termine il rito fu distribuita la colazione. Osservò le altre prigioniere trascinarsi fino alla porta per ricevere misere porzioni di lenticchie e di pane, tazzine di tè e bicchieri d'acqua. Samira le disse: «Aspetta, ti porto qualcosa».

Lei rispose che non aveva fame ma le chiese di tenerle un cucchiaio di zucchero, che le avrebbe dato un po' di forza. Notò però che la donna metteva da parte un piatto di lenticchie e una fetta di pane, ovviamente nella speranza di convincerla a mangiare.

Improvvisamente lo spioncino della porta fu spinto di lato e una voce aspra echeggiò in tutta la cella: «Mayada Nizar Jafar Mustafà Al-Askari».

La paura le fiaccò le ginocchia al punto che non si reggeva in piedi, ma Samira le si avvicinò bisbigliando: «È un miracolo! Non mandano mai a chiamare una detenuta il primo giorno, di solito la lasciano due o tre settimane a penare in questo buco».

A Mayada non sembrava un miracolo, ma la compagna di sventura cercò di confortarla: «Non torturano di mattina presto. *Mai! Mai!* Sarai interrogata, ma non ti tortureranno, vedrai».

Mayada si sentiva il corpo così pesante che, se non fosse stata lucida, avrebbe creduto che durante la notte le avessero colato piombo nelle ossa. Samira dovette strattonarla per farla andare alla porta.

L'uomo all'esterno le bendò gli occhi, rendendola quasi isterica. Deglutì in fretta tre o quattro volte, rammentando a se stessa le parole di Samira: al mattino non si praticavano torture. La notte insonne e lo stomaco vuoto le facevano tremare le gambe, perciò sbatteva di continuo contro le pareti del corridoio. Qualcuno dietro di lei l'afferrò per le spalle per spingerla nella direzione giusta, ma anche così le era impossibile camminare con sicurezza. Alla fine un secondino imprecò con violenza, le strappò la benda dagli occhi e con un gesto irritato le fece cenno di entrare in una stanza.

Il locale aveva le dimensioni di un piccolo auditorium. Tre uomini con indosso l'uniforme dei servizi di sicurezza, tutti e tre baffuti, con i capelli scuri e la faccia da mastino, talmente simili che Mayada dovette quasi mordersi la lingua per non domandare loro se fossero parenti, sedevano dietro un lungo tavolo. Intuì immediatamente che l'individuo al centro, con lo sguardo arrogante, era il capo, e seppe di avere indovinato quando costui ordinò all'uomo seduto alla sua destra di aprire una nuova pratica. La squadrò, dicendole di sedersi. «Qual è il tuo nome?» le chiese, come se non sapesse chi aveva mandato a chiamare.

Lei fu presa dal panico, credendo che l'avrebbero processata senza assistenza legale, anzi senza nemmeno spiegarle di che cosa fosse accusata, ma rispose diligentemente. L'incaricato di trascrivere appuntò le sue generalità, mentre il capo sbraitava: «Questa donna è nota come Um Ali nei quartieri Mutanabi e Al-Battawiyeen», riferendosi alle zone di Baghdad dove si trovavano le tipografie. D'un tratto gridò così forte da farla sobbalzare: «Scrivi che è una sunnita attiva sostenitrice degli sciiti». Continuando a fissarla, proseguì: «Saresti dovuta venire qui già due anni fa, ma il dottor A. Al-Hadithi ti ha risparmiata, per riguardo al tuo grande nonno, che fece onore all'Iraq».

Mayada sapeva che il dottor A. Al-Hadithi occupava una posizione di rilievo nel governo, e che nella tesi di dottorato aveva discusso i metodi educativi impiegati dal suo illustre nonno, Sati Al-Husri.

Con un ghigno, l'inquisitore aggiunse: «Un peccato, certamente, perché noi non vedevamo l'ora di interrogare la nipote di quel bastardo di Nuri Al-Said».

Mayada si sforzò di non muovere un solo muscolo del

volto. Non la sorprendeva udirlo insultare lo zio di suo padre: parecchi le avevano detto che, mentre suo nonno Jafar era amatissimo da quasi tutti gli iracheni (veniva ricordato con tale affetto che sarebbe stato difficile trovare qualcuno che pronunciasse anche una sola parola contro di lui), Nuri era un'altra storia. Era stato un leader energico e pragmatico, aveva fatto ciò che riteneva necessario per tutelare la neonata nazione irachena e, nel corso dei lunghi anni in cui aveva ricoperto la carica di primo ministro, si era fatto molti nemici.

Il capo si chinò a bisbigliare rumorosamente qualcosa all'orecchio del segretario, e Mayada approfittò di quel momento per guardarsi intorno. Se ne pentì immediatamente. Le pareti erano schizzate di sangue, c'erano sedie con legacci, tavoli stracarichi di strumenti di tortura, cavi elettrici con morsetti e uno strano aggeggio simile a un arco privo di corda. Gli arnesi più spaventosi, però, erano i ganci che pendevano dal soffitto. Quando sbirciò il pavimento, vide chiazze di sangue fresco, che ritenne fossero state lasciate dalle torture precedenti, udite durante la notte.

L'uomo le urlava una domanda dopo l'altra: «Hai dei computer in casa? Hai stampato volantini che incitavano a rovesciare il nostro presidente? Hai assoldato dei ribelli per fare il tuo sporco lavoro?»

Mayada rispose più volte, quasi senza fiato: «No, no». Aggiunse: «Il mio studio si occupa di grafica commerciale, e i miei dipendenti sono tecnici informatici. Sono molto preparati, e non rischierebbero mai la vita svolgendo attività illegali».

Il capo la colse alla sprovvista, cambiando improvvisamente argomento. Abbassò bruscamente la voce e cominciò a interrogarla su sua madre. Voleva sapere dove abitava Salwa, quale incarico statale avesse svolto per ultimo, se avesse intenzione di tornare e mettersi di nuovo al servizio dell'Iraq e se Mayada le avesse parlato di recente; in caso affermativo, com'era la famiglia reale giordana?

Lei balbettò: «Prima di andare in pensione era direttore generale degli studi e delle ricerche presso l'ufficio delle relazioni internazionali. Tutti sanno che adesso vive ad Amman. Non sono sicura che abbia in programma di farmi visita, ma sarò lieta di telefonarle e chiederglielo, se lo desidera».

L'aguzzino rise forte e ribatté: «Vedo che sei furba come lo zio di tuo padre, Nuri, un uomo capace di mettere nel sacco tutti i suoi avversari fino all'ultimo giorno di vita. Però travestirsi vigliaccamente da donna velata non lo salvò dalla morte». Senza nemmeno rifiatare, le ordinò di rivelargli tutte le informazioni illegali contenute nei suoi computer.

Mayada disse: «Vi ripeto che non ci sono documenti illegali in nessuno dei miei computer».

Il capo la scrutò da sotto le palpebre pesanti. «Giusto. Li abbiamo già esaminati tutti, e così anche i tuoi dischetti, e non abbiamo trovato nulla.»

La donna sedeva in preda al terrore, pur sapendo che nei suoi file c'erano soltanto comuni lavori di grafica, ma le parole di quell'individuo la fecero afflosciare come un pallone bucato. Udire il suo inquisitore ammettere una cosa del genere era un sollievo, un dono prezioso quanto il più raro dei diamanti. Per la prima volta Mayada avvertì un barlume di speranza di farcela, e ciò la rese ardita. «Quando sarò rilasciata?» domandò.

L'uomo sghignazzò: «*Rilasciata?* Chi ha detto che sarai rilasciata?»

Lei rimase confusa, continuando a fissarlo costernata. Poi il capo aggiunse: «Però puoi renderti conto di quanto sei fortunata, perché il nostro beneamato presidente Saddam ci ha dato ordine di non usare metodi violenti quando interroghiamo le donne. Sono istruzioni arrivate stamattina, e ti hanno salvata».

D'un tratto il terzo uomo, che fino a quel momento non aveva parlato, si raddrizzò sulla sedia e nella sua voce risuonarono dapprima il disappunto, poi l'indignazione nell'apprendere la novità. Mayada lo vide talmente infuriato da poter supporre soltanto che fosse il responsabile delle torture e che fino a quel momento avesse pregustato i vari sistemi che l'avrebbero fatta urlare di dolore e di disperazione. Incapace di frenare la frustrazione, le gridò: «Presto ti friggerò in padella con il grasso», una minaccia abituale in Iraq quando si vuole informare qualcuno che sarà ucciso lentamente.

Il capo lo squadrò, e per un attimo Mayada pensò che fossero sul punto di scontrarsi sulla sua sorte; l'uomo, però, abbassò gli occhi sotto lo sguardo del superiore, il quale ordinò: «Torna in cella. Con te non abbiamo ancora finito, ti richiameremo domani».

Lei si sentiva audace a sufficienza da mettere alla prova la sua decisione: «Se non avete trovato niente di illegale», osservò, «allora perché sono qui?»

«Forse è stato trascurato qualcosa.»

«Ho due figli, e li tiro su da sola», insistette. «Hanno bisogno di me, devo tornare a casa a occuparmi di loro.»

L'inquisitore ruotò la sedia, fissandola dritto negli occhi, e ribatté in tono sprezzante: «La tua famiglia ha perso ogni potere. Jafar è morto. Nuri è morto. Sati è morto. Nizar è morto. Salwa ti ha abbandonata. Qui non c'è nessuno a difenderti».

Mayada si rassegnò, ben sapendo che aveva ragione. Da quando Saddam si era impadronito del potere, l'Iraq era diventato un Paese in cui gli aguzzini del dittatore avrebbero potuto inserire false prove nei suoi computer e presentarle ai loro capi, dando così a poco a poco la scalata alle posizioni di comando, convincendo chi di dovere che lei fosse senza dubbio colpevole e meritasse di essere torturata. E, realisticamente, chi avrebbe potuto aiutarla? Nessuno. Non c'era nessuno cui potesse rivolgersi, pensò con amarezza.

Le tornò in mente la faccia di Saddam Hussein, e si domandò quale sarebbe stata la sua reazione se gli avesse telefonato a palazzo, chiedendogli cortesemente aiuto per ottenere il rilascio dalla prigione. Lo aveva incontrato cinque o sei volte, ed era stata perfino lodata e premiata da lui per i suoi scritti. In particolare, era stata scelta per tradurre le profezie di Nostradamus per il piacere del despota, che nutriva un vivo interesse per quel libro, convinto com'era di essere uno dei grandi uomini menzionati nelle predizioni dell'astrologo. In precedenza Mayada aveva anche salvato alcune vite, appellandosi personalmente al tiranno perché concedesse la grazia. Tuttavia, scartò subito l'idea di chiamarlo, perché l'agendina sulla quale era scritto il suo numero era nascosta in casa, in un luogo segreto e, anche se l'avesse avuta in tasca e fosse riuscita a mettersi in contatto con l'ufficio del dittatore, suppose che lui avrebbe rifiutato di rispondere, dal momento che Mayada non gli aveva più parlato da quando il dottor Fadil era stato condannato per tradimento e giustiziato.

Per un momento la donna fissò i tre individui che aveva di fronte, cercando di immaginare che cosa avrebbero detto se avessero saputo che aveva il numero di telefono privato di Saddam. Sapeva bene, però, di non essere un'amica intima della famiglia Hussein e che il presidente non si sarebbe certo scomodato a difenderla. Inoltre, quell'uomo era un paranoico che aveva ingannato e ucciso i suoi stessi parenti: se gli capitava di scoprire che qualcuno non era leale nei suoi confronti, accettava senza discutere che fosse accusato di tradimento. Mayada ricordò che il despota si era fidato di Fadil per oltre vent'anni ma, quando contro di lui erano state mosse false imputazioni, non aveva avuto alcuna pietà.

«Via!» urlò il capo. «Fuori dai piedi!»

Per un attimo la donna lo guardò intensamente, tentata di domandargli come fosse possibile odiare una persona che neppure si conosceva, ma non osò farlo. Si fece forza, respirando più volte a fondo, poi si alzò e si diresse verso la porta con studiata lentezza: era importante nascondere la sua paura agli inquisitori.

Fuori l'aspettavano gli stessi secondini per ricondurla in cella. Uno dei due sembrava dormire con la testa appoggiata al muro; Mayada si schiarì la voce ed entrambi balzarono in piedi. Mentre usciva, scorse un altro prigioniero accovacciato sul pavimento in attesa di entrare per l'interrogatorio: era magrissimo, quasi un fantasma. Quando la sentì passare, il detenuto alzò la testa. Lei pensò allora che, più che uno spettro, sembrava una palma oscillante: aveva il viso pieno di lividi e gli occhi più tristi che avesse mai visto. Una guardia lo sospinse rudemente verso la stanza dalla quale era appena uscita. Era un individuo straordinariamente crudele: quando apparve chiaro che l'uomo non aveva la forza di reggersi in piedi, lo insultò ordinandogli di muoversi. Mayada e il prigioniero si scambiarono un'occhiata, e lei ebbe la netta sensazione che quello fosse l'ultimo giorno di vita del poveretto, però gli sorrise, nella speranza di fargli un po' di coraggio. Lui dovette pensare la stessa cosa, perché, correndo un grosso rischio, che gli procurò un pugno sul volto tumefatto, disse: «Contatti la mia famiglia. Sono il professor...» ma le sue parole furono interrotte. Fu sollevato di peso e scaraventato al di là della porta come una balla di paglia.

Quando Mayada fu di nuovo in cella, vi trovò un'atmosfera eccitata. Erano appena arrivate due nuove detenute, portando così il loro numero a venti. Appena seppe la novità, frugò con gli occhi il locale in cerca delle facce nuove, ma Samira la sospinse sulla branda, domandandole ogni particolare dell'interrogatorio. «Raccontami tutto», la pregò.

Dopo che le ebbe fatto un resoconto completo, Samira balzò in piedi e ringraziò Allah: «La nostra Mayada ha appena ricevuto tre miracoli. Sono a Baladiyat da quattro mesi e non ho mai sentito niente del genere».

Lei sorrise: la sua compagna di prigionia era così teatrale… Samira si mise una mano su un fianco, mentre con l'altra gesticolava. «Eccoli, i tre miracoli», esclamò. «Numero uno: l'hanno mandata a chiamare il giorno dopo l'arresto, cosa che, a quanto mi risulta, non capita mai. Numero due: non ha subito violenze, e anche questo non succede mai, perché a quelli piace molto torturare. Numero tre: non le hanno fatto nessuna vera domanda. L'uomo che la interrogava ha addirittura riconosciuto che nei suoi computer non c'era niente.»

Poi Samira batté le mani. «Tre miracoli. Questo significa che la nostra amica non rimarrà a lungo nella cella 52.» Fece un largo sorriso. «Pensate tutte a ciò che volete dire alla vostra famiglia. Presto Mayada sarà rilasciata.» Si girò verso di lei. «Sarai il nostro piccione viaggiatore. A Baladiyat, i detenuti liberati sono l'unico mezzo per inviare messaggi all'esterno.»

L'animo di Mayada si era appena rasserenato al pensiero che presto avrebbe rivisto Fay e Ali, quando le donne udirono un rumore di stivali che correvano su e giù per il corridoio e gli agenti della polizia segreta urlare: «Gli si è fermato il cuore».

Era proibito, ma Mayada s'inginocchiò e aprì lo sportello attraverso il quale il cibo veniva introdotto nella cella. Si trattava del professore, che giaceva disteso sul pavimento del corridoio. Fu colta da una profonda tristezza per non essere stata in grado di sapere il suo nome, in modo che qualcuno potesse avvertire i suoi cari.

Guardò Samira. «Perché li sconvolge tanto che sia morto?» le domandò. «Sono stati loro a ucciderlo.»

La donna alzò le spalle e rispose ciò che lei già supponeva: «Da certi prigionieri vogliono ottenere altre informazioni. Sono esperti nel tenere chi viene interrogato a un soffio dalla morte: per loro è un gioco vedere se riescono a spingere e tirare un essere umano avanti e indietro, dentro e fuori la fossa. Se un detenuto muore un attimo prima di quando vogliono loro, lo considerano un fallimento».

La tragica fine del professore cambiò immediatamente l'umore di Mayada: la trepidante attesa si trasformò in amara tristezza. Tornò a distendersi in silenzio sulla branda. Era in prigione soltanto da un giorno, eppure le sembrava già una vita intera.

Il brusio delle altre diciannove donne-ombra che chiacchieravano, accalcate in quello spazio angusto, si fece sempre più intenso. Il puzzo del gabinetto si appiccicava agli abiti, alla pelle e ai capelli. Benché la giornata fosse appena iniziata, Mayada era già stanca. Chiuse gli occhi. Trasportata dalla forza dei ricordi, pensò a nonno Sati, l'uomo diventato una leggenda nel mondo arabo, e si chiese che cosa avrebbe detto se avesse saputo che la sua cara nipotina era rinchiusa nel famigerato carcere di Baladiyat.

3
Jido Sati

GIACENDO in silenzio sulla dura branda di ferro, Mayada ricordò il modo in cui il nonno materno, da lei chiamato Jido Sati, si stringeva le mani dietro la schiena quando andava su e giù nel suo ufficio o passeggiava in giardino. Rammentò la sua abitudine di appoggiarsi l'indice al viso mentre rifletteva seduto alla scrivania, cercando una soluzione a gravi problemi. Era talmente ordinato che ogni foglio, nel suo ampio studio, era perfettamente a posto, nonostante l'abbondanza di libri e di appunti. Ripensò anche a quanto le piacesse osservarlo raccogliere metodicamente i documenti e le penne quando si preparava a un viaggio.

Mayada chiuse gli occhi a Baladiyat per riaprirli nel villaggio di Beit Meri, la tranquilla località sulle montagne libanesi dove Jido Sati conduceva sempre la famiglia per le vacanze estive. Improvvisamente giunse il 1962: Mayada viveva a Beirut con i genitori e la sorella minore. Era una bambina, anni prima che la guerra civile in Libano mandasse tutto in frantumi.

Era un giorno d'estate speciale. Lei aveva sette anni, Jido Sati ottantadue ma, nonostante l'età, aveva le energie fisiche e la salute di un uomo di sessanta.

Jido Sati era noto come la sveglia di famiglia, perché era sempre il primo ad alzarsi, alle 6.30 in punto. Quella mattina entrò piano piano nella stanza in cui Mayada dormiva con la sorellina Abdiya. Quando vide gli occhi della nipote sbattere le palpebre, le chiese se avesse voglia di fare colazione con lui, sussurrando per non svegliare la piccolina. Lusingata da quell'invito rivolto a lei sola, Mayada scese silenziosamente dal letto e si infilò la lucida vestaglietta che il papà aveva acquistato per lei in un negozio di Ginevra specializzato in abbigliamento per bambini.

Quell'indumento di seta rosa la faceva sentire raffinata come la sua affascinante mamma quando indossava un abito da sera per qualche occasione mondana. Con quell'immagine in mente, Mayada fece un teatrale ingresso in cucina, spazzando il pavimento con la vestaglia. Rise felice quando Jido Sati le offrì una sedia, invitando la sua principessina a sedere al tavolo. Adesso era finalmente una ragazza grande, e fu orgogliosa di ricordare come bere il succo d'arancia senza fare rumori e di deglutire i bocconi prima di parlare. Il nonno fece colazione con pane tostato, formaggio e tè, parlando di argomenti che sapeva interessavano alla nipotina, come i suoi libri, i suoi disegni e i suoi dipinti.

Subito dopo uscirono sulla terrazza ad ammirare il panorama. Una volta Mayada aveva sentito una signora commentare che Jido Sati non era un uomo attraente, ma pochi lo notavano, perché la sua straordinaria intelligenza, la saggezza delle sue azioni e le maniere garbate creavano intorno a lui un'aura di prestigio e di piacevole autorità. La bambina ascoltava attenta mentre il nonno le teneva una piccola lezione di storia. Le disse che il villaggio di Beit Meri era abitato sin dai tempi dei fenici e che c'erano splendide rovine risalenti al periodo romano e bizantino che lei adesso era abbastanza grande da apprezzare; le promise che durante le vacanze sarebbero andati a visitarle. Beit Meri era a diciassette chilometri dal centro di Beirut e a ottocento metri sul livello del mare, e la residenza estiva di Jido Sati si trovava in una posizione perfetta per offrire, dal balcone sulla facciata dell'edificio, una vista completa sulla città. Dalla piccola terrazza sul retro si poteva invece godere il magnifico paesaggio della profonda valle di Hanr al-Jamani.

Il nonno aveva sempre fatto passeggiate mattutine e, dopo avere assaporato la bellezza dello scenario che li circondava, chiamò la tata di Mayada, una cristiana di rito siriano di nome Anna, pregandola di vestire la nipotina in maniera adatta. Una volta pronta, la piccola seguì felice Jido Sati fuori della villa e giù per la scalinata, lungo la strada tortuosa che conduceva a Brummana, un paesino poco distante famoso per i piccoli caffè pittoreschi, i negozi e i ristoranti.

Sati e Mayada passarono accanto a una fila di variopinte aiuole fiorite e, quando lei si chinò a cogliere un bel fiore giallo nel suo pieno splendore, il nonno le ricordò con dolcezza che non era carino prendere nemmeno il fiorellino più insignificante senza prima chiedere il permesso al proprietario. Le disse tuttavia di non crucciarsi, perché a Brummana gliene avrebbe comprato un mazzo, che avrebbe potuto dividere con Abdiya; suggerì anzi che le due sorelle preparassero una bella composizione da sistemare sul tavolo da pranzo.

Non senza riluttanza, la bimba ritirò la mano dal fiore che l'attirava, rammentando di avere udito una conversazione fra i suoi genitori. La mamma sosteneva che suo padre Sati era l'uomo più rispettato di tutto il Medio Oriente perché in vita sua non aveva mai detto una menzogna e aveva difeso i principi del nazionalismo con una fermezza tale da guadagnarsi la devozione e l'affetto di ogni arabo, mentre le autorità britanniche, nel timore della sua influenza, gli avevano ritirato il passaporto, espellendo dall'Iraq lui, la moglie e i figli, con il severo monito di non tornare mai più nella terra che amava. Ogni leader arabo aveva allora offerto a Sati la cittadinanza del rispettivo Paese, ma lui aveva cortesemente rifiutato, spiegando che gli arabi avrebbero dovuto poter viaggiare senza restrizioni da uno Stato arabo all'altro. Anche senza passaporto, Al-Husri veniva ricevuto calorosamente in tutte le nazioni arabe non controllate dagli inglesi.

Benché Jido Sati avesse insistito perché non cogliesse quel fiore colorato e profumato, alla nipote la passeggiata piacque immensamente. Quando poi lui si accorse che la nipotina faticava un po', rallentò il passo, approfittandone per farle qualche domanda sulle materie scolastiche che preferiva.

Mayada era una bimba piuttosto indisciplinata. Parecchi anni prima, Sati aveva suggerito ai genitori che i suoi modi sarebbero migliorati se fosse stata iscritta all'asilo e alla scuola elementare tedeschi a Beirut, e il suo consiglio era stato seguito. Sebbene le insegnanti fossero molto severe, la piccola aveva tratto profitto dalla disciplina.

Lei conservava ancora il ricordo di quella perfetta mattinata d'estate a Beit Meri, e andava fiera di essere stata la sola compagnia di Jido Sati nella sua camminata, anche se ogni volta che passavano davanti a una villa o incontravano qualcuno, le persone s'inchinavano e ossequiavano Sati. Mayada non se ne meravigliava, perché, da quando aveva memoria, era sempre stato così.

Dopo che gli inglesi erano stati costretti a lasciare il Paese, gli iracheni avevano richiamato in patria Sati Al-Husri, il quale aveva fatto ritorno nelle strade di Baghdad stracolme di ammiratori che reggevano cartelli; le manifestazioni di giubilo si erano diffuse ovunque. Ogni volta che Sati andava a trovare la figlia Salwa si faceva festa e, dalla mattina presto fino a tarda sera, la loro casa in riva al Tigri era piena di visitatori che desideravano porgere i loro omaggi all'uomo da loro salutato con affetto come «il padre del nazionalismo arabo».

Mayada divideva quasi il compleanno con il nonno: lui era nato il 5 agosto 1879, lei il 6 agosto 1955. Questo particolare era però solo una componente del bellissimo rapporto fra i due: Al-Husri era sempre stato straordinariamente affezionato alla nipote, e questo per lei aveva un valore particolare, essendo Sati l'unico nonno che avesse conosciuto. Quello paterno, Jafar Pasha Al-Askari, era stato assassinato diciannove anni prima della sua nascita e, benché papà Nizar, che la bambina amava con tutto il cuore, si dedicasse totalmente al culto della memoria paterna, i suoi racconti non potevano sostituire Jido Sati, che era lì in carne e ossa e nutriva un grande interesse per ogni aspetto della sua giovane vita.

Il padre di Sati, Hilal, uno dei più fidati consiglieri del sultano Abdul Hamid II, era un uomo di grande cultura. Si era laureato presso la prestigiosa università egiziana di Al-Azhar, e alla nascita del figlio ricopriva la carica di giudice supremo e presidente della corte d'appello dello Yemen. L'autorevole albero genealogico della famiglia di Hilal Al-Husri risaliva ad Al-Hassan bin Ali Bin Abi Talib, nipote di Maometto, e quel legame ininterrotto con la famiglia del profeta era stato autenticato nel XVI secolo alla Al-Azhar.

Sati era originario della città di Lahaj, nello Yemen, dove il padre aveva un importante incarico governativo. Fin dalla più tenera età era stato affezionatissimo alla mamma, che adorava; il papà, invece, lo affliggeva portando di continuo a casa altre mogli.

Ogni volta che si celebrava un nuovo matrimonio, Sati

preparava la vendetta: si intrufolava sulle terrazze dei piani superiori con dei secchi d'acqua e aspettava che le spose passassero per rovesciarglieli addosso. Sua madre era una brava donna, e supplicava il figlio di moderare le sue bricconate.

L'esuberanza del ragazzino si dimostrò eccessiva, al punto che il padre decise di mandarlo a scuola prima degli altri. Quando si diplomò con il massimo dei voti, Sati era il più giovane diplomato di tutto l'impero ottomano; a soli tredici anni fu accettato all'Istituto Reale Shahany di Istanbul, una delle scuole più esclusive, dove nel giro di qualche anno conseguì la laurea in scienze politiche. A quel tempo la sua fama di intellettuale si era ormai diffusa fino a giungere al trono del sultano. Appena laureato, Sati fu nominato governatore di Bayna in Iugoslavia e, mentre svolgeva le sue funzioni, assunse anche la direzione delle locali strutture scolastiche.

Il periodo che trascorse lontano da Istanbul costituì la fase più fertile e ricca di ispirazione della sua vita culturale. Viaggiò nelle vicine nazioni europee, frequentandone le librerie, visitò le biblioteche di Roma e di Parigi, partecipando a molti incontri su temi educativi. Fece amicizia con i massimi studiosi di pedagogia, dei quali assorbì le teorie. Il suo maggiore interesse era analizzare le caratteristiche peculiari di altri popoli, in modo che i nazionalisti arabi fossero preparati ad adottare forme di governo e istituzioni adeguate.

Nel 1908 Sati fece ritorno a Istanbul: era un giovane di ventotto anni che conosceva il mondo, ma era avvilito dal dover assistere al declino dell'impero ottomano. In quegli ultimi anni, mentre Jafar lavorava alla creazione di un regime stabile, Sati si adoperava per un vasto miglioramento dell'istruzione.

Ebbe un successo tale che, dopo la caduta dell'impero, il presidente Mustafà Kemal Ataturk, fondatore della Turchia moderna, ripeteva spesso: «Il mio unico desiderio è governare il Paese con la medesima efficienza con cui Sati Al-Husri gestiva le sue scuole!»

Le esperienze infantili di Sati con le numerose matrigne avevano allontanato dal suo animo l'idea di sposarsi presto. Tutte le sue energie erano dedicate al lavoro, il suo unico svago mondano era ascoltare l'opera e la musica sinfonica. Tuttavia, la sua professione di educatore doveva portarlo all'amore, sia pure per una via tortuosa. A Istanbul dirigeva le *Yeni mektebi* (nuove scuole) e incontrava grosse difficoltà nel trovare insegnanti che parlassero correntemente l'inglese, il francese e il tedesco. Un giorno uno dei suoi migliori amici, Jalal Hussain, disse che la sua unica sorella, Jamila, era istruitissima. Sebbene la ragazza fosse enormemente ricca, era stanca e insofferente di una vita fatta solo di lusso inutile. Jalal riteneva che la giovane fosse perfetta per il nuovo sistema scolastico approntato dal suo amico dalle idee progressiste.

Sati s'innamorò di Jamila Hussain Pasha fin dal primo incontro e, finché lei non accettò di sposarlo, dedicò tutte le sue energie a corteggiare quella donna eccezionale. Quel matrimonio con una bella turca il cui padre era ministro della Marina e la madre una principessa alla corte del sultano, meravigliò tutti coloro che lo conoscevano.

Jamila era l'unica femmina di sei figli ed era la prediletta del papà Hussain Husni Porsun, originario del Kosovo, allora sotto il dominio ottomano. Sua madre Melek era turca, cugina prima del sultano dal lato materno, e faceva parte della famiglia imperiale. La ragazza era fortunata, perché suo padre non soltanto era un uomo colto, ma era anche affettuoso e desideroso che la figlia ricevesse la stessa istruzione dei fratelli. Jamila fu perciò educata con grande cura, imparò alla perfezione varie lingue e divenne esperta di sociologia, fisiologia e psicologia. Mayada sapeva che quello era l'elemento più forte nell'amore di Sati per lei, perché era un uomo culturalmente così vivace che una donna non colta non sarebbe stata capace di attirare la sua attenzione, né di guadagnarsi un affetto e una dedizione incrollabili.

Jamila intuì facilmente che Al-Husri non era un uomo come gli altri, e ricambiò i suoi sentimenti. La coppia si sposò ed ebbe due figli: una femmina, Salwa, la madre di Mayada, e un maschio, Khaldun.

Il collasso dell'impero turco produsse una frattura così repentina con le tradizioni che molti antichi costumi vennero meno, ma spianò anche la strada a idee nuove, sostenute da persone come Sati Al-Husri, un ingegno tanto brillante che i sovrani richiedevano il suo consiglio, conferendogli una posizione di grande autorità.

I ricordi di nonno Sati furono interrotti dal pianto di una compagna di cella. A Mayada occorsero parecchi minuti per abituarsi alla luce al neon sul soffitto ma, mentre si strofinava gli occhi e si guardava intorno, si avvide che a disperarsi era la più giovane delle due donne incarcerate quel giorno.

Intanto altre detenute si erano radunate in torno alla ragazza, Aliya. Quest'ultima era costernata al punto che nulla di ciò che facevano o dicevano le arrecava il minimo conforto. Quando era scoppiata in lacrime, Samira le aveva preso il viso fra le mani, mormorandole con fermezza: «*Devi* controllarti, tesoro. Per le guardie i tuoi singhiozzi saranno come l'odore di un coniglio per dei segugi. Non vorrai che ti portino via per un po' di divertimento notturno, vero?»

Quelle parole fecero rabbrividire Mayada, ma riuscirono a calmare Aliya.

Quando Mayada era tornata in cella, qualche ora prima, era troppo sconvolta dalla sua situazione personale per fare molto caso alle due nuove donne-ombra; adesso, però, studiava incuriosita la giovane. Era arrivata con provviste sufficienti a un lungo assedio: aveva coperte, cuscini, vestiti, copie del Corano e di alcuni altri libri islamici di preghiere, e perfino una scorta di cibo decente, che di rado si vedeva fra le mura della prigione di Baladiyat. Mayada credeva che nessun'altra prigioniera potesse essere più bella di Samira, ma Aliya era alta e snella e aveva un viso incantevole. Il suo tratto più affascinante erano gli occhi, neri, grandissimi ed espressivi.

La ragazza sedeva sul pavimento a gambe incrociate, secondo la consuetudine irachena, affiancata dalle altre donne-ombra.

Mayada si unì a loro, ma non era abituata a stare in quella posizione, perché sua madre sosteneva che solo una serva stava seduta in quel modo, e aveva insegnato alle figlie ad accomodarsi sulle poltrone e sui divani tenendo le gambe in modo decoroso. Di conseguenza non si meravigliò che, dopo qualche minuto, le s'intorpidissero i muscoli, e cominciò a dimenarsi a destra e a manca. Aliya la guardò interessata, domandandole: «Sei nuova, qui?»

«Non tanto. Sono arrivata un giorno prima di te», rispose Mayada.

La giovane chinò la testa. «Sono in galera da più di due anni», le spiegò. «Mi hanno avvertita di aspettarmi una condanna a quindici anni.»

Adesso Mayada comprendeva la sua immensa tristezza, dato che la sola idea di rimanere a Baladiyat per altre ventiquattro ore la faceva inorridire. Decise che, se le avessero detto che sarebbe stata in carcere per quindici anni, si sarebbe tolta la vita mordendosi le carni fino a piantarsi i denti nelle vene, quantunque l'Islam consideri il suicidio un grave peccato.

Aliya parlava con voce bassa e dolce. «Vengo da Sud, dal governatorato di Bassora. Mio marito era ingegnere, ma rimase disoccupato per molto tempo. Dopo la nascita del nostro primo figlio era talmente oppresso dalle preoccupazioni che lasciò Bassora ed emigrò in Giordania in cerca di lavoro. Non riuscì a trovare nulla nel suo campo e, quando finalmente trovò un posto come fornaio, lo considerammo un miracolo.

«Nel giro di due anni mise da parte abbastanza soldi da prendere in affitto una stanza ad Amman; appena l'ebbe arredata con un letto, un tavolo, due sedie, un piccolo frigorifero e un fornello, mandò a chiamare me e la nostra bimba, Suzan. Disse di avere sofferto talmente per la nostra mancanza che il suo lavoro di panettiere ne aveva risentito: confessò di avere lasciato bruciare parecchie pagnotte mentre si disperava pensando alla figlia, che cresceva senza la guida di un padre. Convinto che presto la malinconia gli avrebbe fatto carbonizzare l'intera panetteria, si mise in contatto con mio fratello, che era generale dell'esercito iracheno. So che non è frequente che uno sciita diventi un ufficiale di così alto grado, ma non gli offrivano mai comandi importanti né aumenti di stipendio, come capita invece ai sunniti.

«Mio marito chiese a mio fratello di procurarci i documenti, e lui lo fece. Mio fratello è generoso, perciò ci diede anche settecentomila dinari [trecentocinquanta dollari] per pagare la tassa sul passaporto, e me ne offrì altri centomila [cinquanta dollari] per il viaggio. Accettò anche di accompagnarmi in qualità di *mahram*.»

Dopo la morte in guerra di molti mariti e padri e la crisi

economica provocata dalle sanzioni, alcune irachene avevano passato clandestinamente la frontiera con la Giordania, andando a prostituirsi per guadagnare il denaro necessario a mantenere i figli. Quando Saddam scoprì che quelle donne disonoravano la patria vendendo il loro corpo, ordinò che tutte le persone di sesso femminile viaggiassero con un *mahram*, che poteva essere il marito oppure qualunque parente maschio con il quale una musulmana non potesse essere sposata, come il padre, il fratello, lo zio, il nipote, il patrigno, il cognato o il genero.

Aliya continuò la sua storia. «Alla dogana irachena di Traibeel i nostri passaporti furono portati via per essere timbrati, e mi fu detto di aspettare da una parte, con mia figlia e mio fratello. Poi scoppiò un pandemonio: due agenti della polizia segreta presero a pugni mio fratello, che perse i sensi perché uno di loro lo colpì con una verga elettrica. La mia bambina di tre anni si mise a strillare di paura, mentre gli altri viaggiatori gridavano e si allontanavano da noi. Finalmente, per riportare l'ordine, le guardie ci trasferirono in un piccolo ufficio. Qui urlarono e strepitarono, pretendendo di sapere dove avessi preso il passaporto. Io ero incapace di parlare per il terrore ma, grazie ad Allah, nel frattempo mio fratello era rinvenuto, e spiegò loro di essersi rivolto a un rispettabile ufficio di Bassora per ottenere il documento. Quando era tornato a ritirarlo, non c'era nulla di anormale.

«Quell'uomo orribile con la verga elettrica ribatté che avevo un passaporto rubato. Era talmente infuriato da sconvolgere tanto me quanto mio fratello.

«Gli agenti non credettero alla nostra innocenza e ci portarono tutti e tre nel carcere di Al-Ramadi, dove rimanemmo chiusi per tre settimane. Nessuno ci interrogò né ci torturò: sembrava che si fossero dimenticati di noi. Alla fine mio fratello fu rilasciato senza spiegazioni, dato che l'intestataria del passaporto ero io; rimasi in quella prigione per sei mesi, con mia figlia. La mia povera bimba veniva portata nella stanza degli interrogatori con me e costretta ad assistere mentre venivo picchiata.» A quel ricordo, il viso di Aliya si colmò di sgomento. «La cosa più difficile che abbia mai fatto in vita mia è stata soffocare le grida quando mi torturavano. Mi pestavano, ma io mi mordevo la lingua fino a farmela sanguinare, volendo risparmiare alla mia piccola il terrore di sentire la mamma urlare. Una volta uno di quegli aguzzini immobilizzò Suzan su un tavolo, tormentandomi con la minaccia di farle del male. Io ero legata a una sedia, perciò non potevo fare nulla se non guardare mentre la frustavano. Mia figlia gridò talmente che le si estroflesse l'ombelico e, quando quelli se ne accorsero, quasi morirono per il gran ridere.

«Non avevo mai visto l'ombelico di un bambino sporgere come il suo. Volevo che chiamassero un dottore, ma naturalmente rifiutarono, perciò le avvolsi il mio foulard intorno al ventre. Pensavo che l'ombelico rientrasse al suo posto, ma non accadde. Il peggio, però, venne più avanti: durante una seduta di tortura, due uomini minacciarono di violentare me e Suzan. Grazie a Dio, non stuprarono la mia bimba.»

Fece una pausa, accennando con un gesto in direzione di un'altra donna-ombra seduta da sola in un angolo, poi disse: «Rasha è stata con me nei momenti peggiori».

Tutte le detenute si girarono a guardare Rasha; Mayada pensò che era strano che quella ragazza sembrasse indifferente alle condizioni di Aliya.

Quest'ultima voleva che confermasse il suo racconto, ma Rasha non fece altro che gettarle un'occhiata, prima di rivolgere la propria attenzione al tappetino da preghiera, scuotendolo e rifiutandosi di fornire qualsiasi conferma.

Aliya sospirò e riprese: «La povera Rasha è innocente quanto me. Per tutta la vita siamo rimaste estranee l'una all'altra, e ora siamo legate come mai avremmo immaginato». Poi tornò a rivolgersi a Rasha: «Posso raccontare io la tua storia?»

Lei non rispose ma emise un borbottio; prendendo quel verso irritato come un assenso, Aliya proseguì: «Un giorno me ne stavo in cella con in braccio la mia piccola Suzan, quando la porta fu aperta con grande violenza. Mi strinsi in un angolo, credendo che mi portassero via per un altro pestaggio, invece fu sbattuta sul pavimento una donna che era stata torturata fin quasi a morire. Aveva il viso devastato da tagli profondi e il cranio incrinato: il sangue le sgorgava da un foro in testa che sembrava essere stato fatto con un trapano elettrico. Le avevano anche strappato tre unghie e le avevano spento così tante sigarette sulle gambe che ben presto la puzza di carne bruciata riempì la stanza. Quella poveretta era Rasha.

«Tutte noi ci prendemmo cura di lei, tentando di salvarle la vita. Due o tre volte rischiò di morire, finché finalmente qualcuno convinse le guardie a portarla in infermeria. Il giorno dopo fu ricondotta in cella, ma era quasi incosciente, e ci volle tutto il nostro impegno per rianimarla.

«Tre giorni dopo Rasha si riprese. Dal momento in cui aprì gli occhi, le nostre disgrazie aumentarono.

«Vedi, il mistero del mio passaporto confiscato a Traibeel era che, in realtà, si trattava del passaporto di Rasha, che ne aveva denunciato lo smarrimento un anno prima. Da quel giorno l'avevano messa in galera e la polizia segreta, credendo di essere sul punto di scoprire una grossa rete di spionaggio, voleva costringere con la forza una di noi due a testimoniare contro l'altra».

Aliya scosse la testa, sconsolata. «Gli interrogatori divennero ancora più brutali. Tutti i giorni lei e io venivamo messe separatamente sulla graticola, poi ci interrogavano insieme. I nostri torturatori strapparono le unghie a Rasha mentre le chiedevano a chi aveva venduto il passaporto, poi mi spensero sigarette sulle gambe nude, insistendo che confessassi di far parte di un giro di spie. Dato che nulla di ciò che sostenevano era vero, nessuna delle due parlò. Ma le nostre proteste di innocenza non facevano che provocare più furore e tormenti.»

Per dimostrare quanto avesse sofferto, Aliya si sollevò la manica fino al gomito e il vestito fino al ginocchio. Molte donne-ombra trasalirono di raccapriccio: aveva le braccia e le gambe coperte di piaghe profonde, ancora aperte. Disse però che le ferite peggiori le straziavano l'addome, le cosce e le natiche.

Con sgomento, Mayada si rese conto che i torturatori di Aliya l'avevano spogliata mentre la seviziavano, per umiliarla, e si domandò se fosse stata stuprata; non osò però chiederglielo, perché nessuna donna musulmana ammetterebbe mai di essere stata disonorata in quel modo.

Aliya disse: «Per lo stesso motivo Rasha e io siamo state trasferite da una prigione all'altra. La peggiore è stata nella mia città natale, Bassora. Essere così vicina a casa, ma impossibilitata ad andarci, era la tortura più terribile di tutte. Sapevo che la mia famiglia si trovava a pochi isolati dal carcere dov'ero rinchiusa».

Le lacrime le scorrevano lungo il viso, ma non interrupe il racconto. «Mentre eravamo in galera a Bassora ci fu una piccola rivolta, quando la popolazione incitò a rovesciare Saddam. Il governo dichiarò immediatamente tutti ribelli e catturò migliaia di persone, ordinando all'esercito di abbattere le case e arrestare gli abitanti. Famiglie intere furono imprigionate, uomini, donne e bambini furono stipati in celle che avrebbero dovuto accogliere la metà degli occupanti. Molti cominciarono a morire per il sovraffollamento, gli stenti e le malattie. Dovetti stare a guardare mentre più di una decina di bambini si disidratava piano piano, fino ad esalare l'ultimo respiro. Tentai di proteggere Suzan coprendole il faccino con la mia *abaaya*, ma era impossibile tenere una bimba della sua età così buona e tranquilla da stare giorno e notte in braccio alla mamma, perciò si prese un'infezione terribile. Un giorno si mise a tossire, poi le colò muco dal naso e gli occhi le s'incrostarono, e subito dopo iniziò a piangere ininterrottamente. Ben presto non reagì più alla mia voce: credevo che stesse per morire.

«Nonostante la malattia di mia figlia, venivo ancora portata fuori per essere picchiata, e allora altre donne di buon cuore si offrivano di badare a Suzan. Ormai non sentivo nemmeno più la frusta: volevo solo che si sbrigassero e la facessero finita, in modo da poter tornare dalla mia piccolina. Una notte lasciai sbalorditi i miei aguzzini, quando entrai nella stanza delle torture gridando: 'Frustatemi, frustatemi subito!' Di fatto, fu l'unica volta che un uomo decise di non pestarmi e mi riportò in cella. Ero come indemoniata, non riuscivo a pensare ad altro che alla mia bambina.

«Ringraziando Allah, Suzan sopravvisse. L'anno dopo la nostra vita migliorò un poco, quando mio fratello incontrò un tale che conosceva una guardia del corpo di Saddam e questi gli fornì informazioni su dov'eravamo detenute. Dopo avere pagato bustarelle per mesi, gli fu consentito di farmi visita.» Con un gesto della mano indicò il mucchio dei suoi effetti personali. «Mi portò abiti, tappetini da preghiera, coperte e cibo. Fu persino autorizzato a portare Suzan fuori della prigione, e ora mia figlia vive con mio fratello e sua moglie. Anche se non dimenticherò mai le grida della mia cara bimba quando mio fratello me la tolse dalle braccia e se ne andò con lei, per me è una vera benedizione che sia in salvo.»

La donna ricominciò a piangere e Samira le accarezzò la schiena, portando a termine la storia per lei. «La nostra Aliya è una persona istruita, una biochimica. Ha anche ricevuto diversi riconoscimenti. Siccome le avevano proibito di insegnare nelle scuole pubbliche perché non era iscritta al partito Baath, dava lezioni private.»

Aliya ricominciò a lamentarsi ad alta voce: «Mio marito è ingegnere, e fa il fornaio. Io sono un'insegnante, e adesso marcisco in prigione. Quando sarò fuori di qui, mia figlia sarà ormai cresciuta. E io non ho mai fatto niente contro il governo».

Nella cella, tutte avevano gli occhi colmi di lacrime di solidarietà per lei.

Attraverso i muri udirono Ahmed, il pio giovane convertito wahabita, dare inizio alla preghiera serale; d'un tratto, però, le sue orazioni si trasformarono in urla.

Questa volta Mayada era così inquieta che balzò in piedi e afferrò un braccio di Samira, esclamando: «Lo uccidono! Quelli lo uccidono!»

La compagna di prigionia replicò a bassa voce: «No. Ma gli fanno anche di peggio, soprattutto per un musulmano devoto».

Mayada non capiva, poi però sentì trascinare Ahmed lungo il corridoio, fin davanti alla porta della loro cella. Allora le guardie, a turno, lo violentarono. Mayada era inorridita. Il brutale stupro si protrasse per oltre un'ora, finché le donne-ombra sentirono un secondino sghignazzare come una iena, mentre diceva ad Ahmed: «Rilassati. Adesso sei la moglie di tre uomini, e ci devi soddisfare tutti».

4
Saddam Hussein

Mentre le grida di Ahmed le echeggiavano ancora nella testa, Mayada sedeva in silenzio a osservare le altre detenute che, a una a una, si allontanavano da Aliya. Quest'ultima stava immobile sul pavimento, incurante dell'esortazione di Samira a rimettere in ordine la branda e le sue cose, sparse qua e là nella piccola cella. Si fissava le mani, strette in grembo l'una nell'altra, con una tale concentrazione che Mayada si domandò se pensasse alla figlia e alla possibilità di rivederla e proteggerla. Con ogni probabilità, prima che Aliya fosse rilasciata da Baladiyat, Suzan sarebbe diventata a sua volta moglie e madre.

Con la mente occupata da queste riflessioni, Mayada si disse che non avrebbe mai potuto abbandonare quelle donne-ombra, perché in quel poco tempo si era già sinceramente affezionata a ognuna di loro. Proprio in quel momento Samira la stupì, portandole un piccolo secchio d'acqua per lavarsi la faccia e le mani. Mayada sentì il suo umor nero migliorare lievemente. Anche se ai prigionieri non era consentito possedere oggetti taglienti, era evidente che Samira faceva miracoli, perciò le chiese se ci fosse modo di avere uno specchietto.

Lei guardò le altre donne-ombra, poi annuì, prima di girarsi a rovistare fra i suoi effetti personali, che aveva avvolto in una ruvida coperta militare. Si voltò con un mormorio di soddisfazione, orgogliosa del minuscolo specchio rotto che teneva in mano, agitandolo entusiasta. Sussurrò: «Fino a una settimana fa qui c'era una ragazza molto bella, e una guardia aveva un interesse speciale per lei. Le diede di nascosto questo specchio, dietro la promessa che non lo avrebbe diviso con le compagne di cella. Quando il secondino fu trasferito a Bassora, ottenne di condurre là anche lei, che lasciò questo specchio a me».

Mayada pensò a quale prezzo dovesse pagare quella poveretta per l'interesse speciale della guardia, ma scacciò subito quel pensiero. Sapeva che nelle prigioni irachene lo stupro era una forma di tortura applicata ai detenuti di entrambi i sessi, ma le donne più attraenti venivano ripetutamente violentate da molti uomini. Per la prima volta in vita sua, si rallegrò di non essere una gran bellezza.

Con un sospiro amaro prese l'oggetto dalle mani di Samira, osservandovi la propria immagine riflessa. La sorpresa la fece trasalire e, incredula, girò e rigirò più volte lo specchio, guardandone dapprima il retro opaco, poi la parte riflettente, prima di trovare il coraggio di darsi una seconda occhiata. Sì, quell'estranea era proprio la figlia maggiore di Nizar e Salwa, nonché la madre di Fay e Ali.

Si sfiorò il viso con le dita, meravigliandosi che dal suo arresto fossero passate appena ventiquattro ore: la pelle le si era afflosciata e ora pendeva in piccole grinze. Rughe che mai aveva veduto prima le segnavano gli occhi.

Mentre era impegnata a scrutarsi, Mayada udì una donna-ombra esclamare che in Iraq persino i cani erano trattati meglio dei carcerati, e sentì la propria voce rispondere involontariamente: «Senza dubbio qualche cane è trattato meglio di noi, ma non Mukhtar, il doberman del nostro presidente!»

Alcune prigioniere mettevano in ordine le proprie cose, mentre altre si legavano i capelli in trecce o si rassettavano il foulard che portavano sulla testa ma, alle parole di Mayada, tutte, eccetto Aliya, interruppero le loro occupazioni per girarsi verso di lei.

Samira la squadrò e domandò in tono divertito: «Che sciocchezze stai dicendo?»

Rula, la più religiosa delle donne-ombra della cella 52, chiese incredula: «Un cane di nome Mukhtar?»

Lo scetticismo di Rula era giustificato, perché *mukhtar* significa «il prescelto», ed è uno dei numerosi appellativi con cui nel Corano Dio si rivolge a Maometto; chiamare in quel modo un cane è il peggiore insulto possibile per il grande profeta dell'Islam.

Senza badare alle conseguenze di mettere in discussione il dittatore, Mayada cominciò a raccontare ciò che sapeva. «Ma sì», ribadì, «è vero. I primi tempi, quando Saddam era ancora in buoni rapporti con la madre dei suoi figli, aveva regalato a Sajida un doberman chiamato Mukhtar, e quel nome sconveniente era stato scelto personalmente da lui. Ho visto di persona quel cane, dopo che Saddam lo aveva condannato a morte.» Poi continuò: «Credetemi, preferireste raddoppiare la vostra condanna in questa prigione, piuttosto che soffrire quanto quella povera bestia!»

«Attenta a come parli», la mise in guardia Samira, accennando con la testa verso la porta. «Se sentono, ti tagliano la lingua e ti lasciano morire dissanguata. E noi non potremo farci nulla.»

Ogni iracheno sapeva che criticare il presidente o un membro della sua famiglia comportava automaticamente la condanna al taglio della lingua, prima della morte, perciò

Mayada si allontanò dalla porta, accostandosi alla parete di fondo della cella. Qui sedette sul pavimento, abbassando la voce fino a un sussurro. Le donne-ombra erano curiose di udire la sua storia e, per la seconda volta quel giorno, si radunarono in cerchio.

Mayada proseguì piano: «Accadde nel 1979, nei primi giorni del regime. Sajida e Saddam non si odiavano ancora e lui, nella sua nuova posizione politica, si preoccupava della salvezza e dell'incolumità dei figli, così comprò un cucciolo di dobermann – solo Allah sa perché decise di chiamarlo Mukhtar – e lo fece addestrare in modo che balzasse all'attacco quando riceveva un semplice ordine: 'Vai, Mukhtar!' Un giorno la moglie di Saddam stava nuotando in piscina e, quando uscì dall'acqua e prese l'asciugamano, il cane stava a osservarla all'estremità della vasca. Sajida è una donna crudele, che maltratta la servitù, perciò non è certo il tipo da curarsi degli animali. Non volendo che la bestia le stesse tra i piedi, senza riflettere gli lanciò l'asciugamano e disse: 'Vai, Mukhtar!'

«Più tardi riconobbe con il suo dottore, che allora era anche il medico della mia famiglia, che il suo ordine aveva confuso il cane, che si era guardato attorno ma, non vedendo nessuno da aggredire, si era avventato su di lei. Sajida fu pronta ad appallottolare l'asciugamano e cacciarlo in bocca al cane; le guardie del corpo, intanto, avevano udito le sue grida di aiuto, erano accorse e avevano portato via Mukhtar. Lei non riportò nemmeno un graffio. Quando Saddam fu informato dell'incidente, s'infuriò al punto da sottoporre il cane a un piccolo processo fittizio. Mi fu riferito che sedette alla scrivania con il cane di fronte, mentre un uomo tratteneva l'animale con una catena. Giudice e giuria, Saddam condannò la bestia a morire di fame e di sete, sebbene avesse eseguito impeccabilmente il compito per cui era stata addestrata. Prima che Mukhtar fosse trascinato fuori per essere punito, per buona misura Saddam prese una verga elettrica e gli diede tre o quattro scosse.

«Il peggio, però, fu che Saddam non solo voleva che il cane fosse eliminato, ma affermò che il crimine di avere aggredito un membro della famiglia al potere esigeva una lunga tortura prima della morte, perciò decretò che l'animale soffrisse il più a lungo possibile, così ordinò agli agenti della sicurezza di incatenarlo a un palo metallico nel terreno presso la piscina. In seguito, le guardie stesse raccontarono che Saddam aveva detto che sarebbe stato buffo, per il cane, morire di sete a meno di un metro dall'acqua.

«La povera bestia era legata così strettamente da rimanere con il collo quasi premuto contro al palo, tanto da non potersi nemmeno sdraiare. Giorno dopo giorno, rimase lì sotto il sole ardente, mentre Saddam guardava e rideva dei suoi penosi guaiti. Una volta o due al giorno, lui e il figlio maggiore Uday, il quale, come ogni iracheno sa, è addirittura più crudele del padre, davano scosse al cane con la verga elettrica.

«In quella casa senza pietà tutti avevano un cuore di pietra, eccetto la figlia minore Hala, ma le sofferenze di Mukhtar erano così atroci che perfino Sajida rimase turbata da quella vista. Naturalmente, però, nessuno osava intervenire presso Saddam in favore dell'animale».

Mayada concluse la storia: «Quando il medico tornò a palazzo a visitare Sajida per un altro disturbo, vide l'animale che agonizzava penosamente e domandò a una guardia che cosa stesse succedendo. Gli fu risposto che Saddam aveva condannato a morte la bestia, allora lui chiamò a raccolta tutto il suo coraggio, tornò in casa e disse al dittatore che aveva bisogno di un cane da guardia, chiedendogli se poteva avere Mukhtar. Per qualche motivo, in quel particolare momento Saddam era di umore indifferente, perciò alzò le spalle e acconsentì. Il dottore andò dall'animale e, con l'aiuto di un uomo della sicurezza, tranciò la catena che lo strangolava. Mi riferì poi che, esercitando la professione, aveva assistito alle sofferenze più orribili, eppure aveva dovuto lottare per trattenere le lacrime quando aveva visto le condizioni di Mukhtar. A causa dei suoi sforzi per liberarsi, la catena gli aveva scavato la carne; il medico disse di pensare che fosse già morto ma, con le mani a coppa, attinse un po' d'acqua dalla piscina, facendola poi gocciolare sul muso della povera bestia, e scorse il fremito di una palpebra, allora lo prese fra le braccia, se lo caricò in macchina e lo portò a casa, dove lo curò fino alla completa guarigione.

«Circa un anno dopo, quando feci visita al dottore a Mosul, fui felicissima di vedere il cane, tutto allegro. Il medico mi spiegò fiero che il dobermann, al quale ora era stato dato un nome più adeguato, era un amico meraviglioso». Mayada rise. «Gli feci persino una fotografia, mentre era seduto in salotto con i membri della famiglia.»

Le donne-ombra sedevano in silenzio. Sebbene ognuna avesse patito a causa delle forze di sicurezza di Saddam, nutrivano ancora la speranza che, se il tiranno fosse venuto a conoscenza dei particolari delle loro vicende personali, sarebbe intervenuto per farle liberare. Quella novità, invece, per la prima volta fece comprendere loro che era proprio lui l'origine di tutte le atrocità commesse a Baladiyat e in ogni altra prigione irachena.

La riunione fu interrotta dalle grida di un uomo che implorava pietà mentre lo trascinavano lungo il corridoio. Quando passò davanti alla porta della loro cella, per un momento sfuggì alla presa dei carcerieri e picchiò freneticamente sul battente, supplicando che lo lasciassero entrare, come se credesse che quella fosse una possibile via di scampo. Ma le guardie gli saltarono addosso, e dal rumore apparve chiaro che i loro pugni si abbattevano sul viso e sul corpo del prigioniero. Dopo un'infinità di insulti e di percosse, il disgraziato fu trascinato via rantolante.

Per un breve istante gli occhi di Mayada incontrarono quelli di Samira, prima di chiederle perché torturassero tanto quel mattino, dal momento che aveva detto che di mattina non lo facevano.

Il volto di Samira s'imporporò e scosse le spalle, alzando le mani bianche e delicate: «A volte fanno un'eccezione».

Mayada provò un impulso di affetto, perché adesso sapeva che la compagna di sventura aveva mentito per calmare il suo terrore. Samira aggiunse: «Però, nella maggior parte dei casi torturano di notte».

Rula mormorò che era vero.

Tutte sedevano in silenzio, ascoltando le urla che piano piano si facevano più lontane. Poi una vecchia con un paio di occhiali dalle lenti spesse osservò: «Prima d'ora non avevo mai pensato alla crudeltà di Sajida: ero rimasta dispiaciuta per lei quando Saddam aveva preso Samira Shabendar come moglie più giovane, e allora avevo deciso che Sajida mi piaceva».

Mayada volle che tutte sapessero la verità sulla famiglia del despota. «Sajida è addirittura più stupida che crudele, e può ritenersi fortunata che Saddam non abbia divorziato», sussurrò. «Lui la odia, e lei odia lui. L'unica cosa che hanno in comune sono i figli e, per quanto siano ancora legalmente sposati, si vedono raramente.»

Una delle donne-ombra più giovani, Muna, le domandò in un soffio: «Hai incontrato Saddam?»

Questa volta perfino Aliya le prestava ascolto, e si aggiunse silenziosamente al gruppetto delle compagne di cella. La guardò e chiese: «Vuoi parlarci di lui?»

Mayada annuì senza esitazioni: sì, lo avrebbe fatto. Per lei, nelle ultime ventiquattro ore tutto era mutato, e si era lasciata alle spalle l'abituale precauzione di non rivelare ciò che sapeva sul dittatore, la sua famiglia e la cerchia più ristretta dei suoi collaboratori. Dal mattino del suo arresto era cambiata così radicalmente che il suo unico rammarico era di avere un pubblico troppo ristretto: avrebbe voluto che il mondo intero ascoltasse ciò che aveva da dire sul conto di Saddam Hussein.

«Bada soltanto di tenere bassa la voce», l'ammonì un'altra volta Samira, comprensibilmente inquieta. «Dobbiamo tenerci pronte se si apre la porta. Io fingerò di discutere sui miei cibi preferiti e tu, Anwar», fece un gesto in direzione di una donna-ombra più anziana, con i capelli biondi, che Mayada non conosceva ancora, «litiga con me, dicendo che non so neppure cosa sia un buon cibo. Le altre, invece, si metteranno a chiacchierare del più e del meno, in modo che non si capisca quale argomento stiamo trattando.» Guardò Mayada con un largo sorriso. «Quegli uomini credono che non siamo altro che un branco di stupide.»

Mayada spiegò che sua madre aveva incontrato Saddam nel 1969, un anno dopo l'impopolare colpo di stato militare baathista in seguito al quale era diventato presidente Ahmed Hassan al-Bakir. Rammentò loro che il partito Baath non piaceva agli intellettuali iracheni e che i suoi genitori non vi avevano mai aderito. Di fatto, quando i baathisti si erano impadroniti del potere, in Iraq regnava il caos politico e molti ex funzionari aspettavano che i nuovi governanti rivelassero il loro vero volto, prima di decidere se rimanere in patria oppure rifugiarsi in qualche Paese arabo vicino.

«Mio padre e mia madre erano stati invitati a un piccolo

ricevimento in un'ambasciata estera e, dato che era estate, fu servita una cena in piedi in giardino. Papà conversava con l'ospite, mentre la mamma si riempiva il piatto facendo compagnia alla moglie dell'ambasciatore del Libano. Era la solita riunione, con le donne che parlavano dell'imminente stagione mondana e i mariti che discutevano di politica, sebbene tutti stessero più in guardia del consueto, essendosi diffusa la voce a Baghdad che i membri del Baath non ammettevano critiche. Mio padre mi disse che i baathisti non tolleravano le amichevoli schermaglie politiche che, come sapete, sono una forma di innocuo passatempo comune nel mondo arabo: è noto che gli uomini siedono per ore al caffè, discutendo animatamente sul partito al potere.

«Qua e là nel giardino c'erano tavoli rotondi, con tovaglie bianche e composizioni floreali. La signora libanese suggerì a mia madre di trovare un posto dove sedersi e, appena videro due posti liberi, vi si diressero. Al tavolo sedevano già due uomini, impegnati in una conversazione. Più tardi la mamma me ne descrisse uno che, a suo dire, era giovane e bello. Masticava con lentezza e aveva maniere molto educate; lo notò solo perché la maggior parte degli iracheni mangia in un modo atroce, e il garbo di quel ragazzo lo distingueva dagli altri. A un certo punto lui alzò lo sguardo, le sorrise e la salutò, senza presentarsi. In seguito mia madre ricordò che i suoi occhi erano nerissimi, straordinariamente rotondi, e scintillavano di una lucentezza inconsueta che, per qualche motivo, le rammentò gli occhi di un animale.

«Mia madre continuò a discorrere con la libanese; dopo un po' passò al loro tavolo la moglie dell'ambasciatore del Kuwait, che strinse un braccio alla mamma, chinandosi a bisbigliare: 'Non sapevo che lo conoscesse. Mi telefoni domani e mi racconti tutto'. Perplessa, non sapendo di chi stesse parlando la signora, lei non replicò e riprese a mangiare. Qualche minuto dopo, il giovane dai grandi occhi le si avvicinò e le domandò: 'Come sta, *ustatha* [professoressa] Salwa?'

«Lei rispose che stava bene, e chiese come stesse lui. 'Be', è un fardello pesante', disse l'uomo, sibillino.

«Mia madre non aveva idea di quale fardello lo affaticasse, ma suppose che quel commento avesse a che fare con problemi famigliari o di lavoro. Poi il giovane fece qualche osservazione alla quale lei prestò scarsa attenzione, avendo già sentito cose del genere da ogni iracheno: 'Sono un grande ammiratore di Sati Al-Husri', le spiegò, 'andavo sempre da suo padre Sati, un venerdì sì e uno no, quando ero un povero studente di legge al Cairo. Gli facevo molte domande, ma quel grand'uomo non mi mandò mai via, né si stancò di rispondere ai miei interrogativi'. La mamma lo ringraziò, cercando di accantonare la tristezza: suo padre era morto un anno prima, quattro mesi dopo l'avvento al potere del partito Baath, e la sua scomparsa aveva lasciato un vuoto nel cuore della figlia. 'Ho sempre sostenuto che Sati Al-Husri sarebbe potuto essere l'uomo più ricco del Medio Oriente, se avesse guadagnato anche solo qualche spicciolo per ogni copia dei libri scolastici che scriveva', continuò frattanto l'uomo. 'Ma, invece di guadagnare per le sue opere, si guadagnò il cuore di milioni di persone.' Era di pubblico dominio che i manuali di Sati erano adottati in tutte le scuole arabe e che Al-Husri aveva rifiutato i diritti d'autore, affermando che il sapere era come l'aria e doveva essere libero, perciò aveva concesso a ogni istituto di stampare per conto proprio e usare tutti i suoi testi senza pagare nulla.

«Nel frattempo mia madre cominciava a sentirsi in imbarazzo e, pensando che lo sconosciuto avesse difficoltà sul lavoro, ritenne che mio padre potesse essergli utile; così alla fine invitò il giovane a venirci a trovare con la moglie, offrendogli l'aiuto di papà per risolvere i suoi problemi.

«La mamma mi raccontò che gli occhi del ragazzo brillarono subito di divertimento, prima che abbassasse le palpebre con un sorriso. In seguito, quando scoprì di avere parlato con Saddam Hussein, noto come 'il signor vice', si rese conto che Saddam aveva capito che lei non aveva riconosciuto l'uomo che ricopriva la seconda carica del Paese.»

Naturalmente, all'inizio Saddam preferiva non essere conosciuto ed evitava le luci della ribalta. Il partito Baath si era impadronito del potere per la prima volta nel 1963, ma era stata una parentesi così rapida che, quando tornò nel 1968, molti non lo presero sul serio, ritenendo che la sua parabola sarebbe stata breve come la prima.

Tutti, però, sottovalutavano Saddam Hussein.

Sebbene all'epoca del secondo avvento dei baathisti Saddam avesse solo trentun anni, aveva imparato dagli errori del 1963 ed era abbastanza intelligente da rimanere sullo sfondo finché il partito non avesse consolidato il proprio futuro. Adesso ogni iracheno sa che gettò le basi della sua ascesa nel partito servendosi dei servizi segreti: fin da principio il Mukhabarat, il braccio governativo del terrore e dell'intimidazione, aveva fatto capo a lui e, per quanto fosse l'unico artefice del terrore e avesse ucciso personalmente parecchie persone, Saddam fece uno sforzo ben architettato per presentarsi come un gentiluomo raffinato, dalle maniere educate.

Mayada disse alle donne-ombra che il suo primo incontro con il dittatore era avvenuto nel momento più triste della sua vita, perciò ne aveva deliberatamente rimosso dalla mente ogni ricordo.

«Mio padre morì nel 1974 per un tumore al colon e, prima del funerale, ricevemmo una telefonata da Saddam, che era ancora vicepresidente. Ci porse le sue condoglianze, dicendo che sperava di prendere parte alla *fattiha* [il compianto di un uomo].»

In Iraq, quando una famiglia è in lutto, le porte della sua casa rimangono aperte per sette giorni e la gente va e viene senza bussare né suonare il campanello. Un po' più tardi, quel giorno, qualcuno proveniente dal palazzo presidenziale si presentò alla residenza della madre di Mayada per consegnare una busta da parte di Saddam.

«Quando la mamma la aprì, vi trovò tremila dinari [diecimilanovecento dollari], una cifra con la quale si sarebbe potuta acquistare una casa; fortunatamente noi possedevamo già la nostra abitazione. Mia madre insistette che telefonassimo a Saddam per ringraziarlo, ma le ricordai che in Iraq non si risponde in questo modo a un simile gesto di cortesia; di solito si preferisce restituire il favore. Lei, però, fu irremovibile: sarebbe stato estremamente maleducato non ringraziare il vicepresidente per la sua gentilezza. Disse che non le importava che cosa potesse o non potesse fare un iracheno; la mamma, infatti, condivideva con tutto il cuore le convinzioni di suo padre Sati sul nazionalismo arabo, e affermava sempre che lei non era irachena o siriana o libanese, ma semplicemente araba. Si sarebbe perciò comportata come si deve, anche se io non lo avessi fatto.

«Dato che non avevo fratelli, toccava a me, in quanto figlia maggiore, rappresentare la famiglia. Non avevo voglia di fare quella telefonata. Fin da piccola ero stata influenzata da mio padre, al quale non piaceva il Baath, che non garbava neppure a me. Anche se molti miei compagni di scuola erano membri del partito, io non mi iscrissi mai. Come tutti sapevamo, i baathisti reclutavano chiunque si iscrivesse all'università, ma i figli e i nipoti di Sati Al-Husri godevano di un'automatica esenzione da quella regola. Pur non essendo tesserati, ci veniva data la precedenza in molte cose. Io non volevo parlare con Saddam Hussein, un uomo nel quale papà non aveva fiducia.

«Mia madre, però, non era una persona alla quale fosse facile rifiutare qualcosa, perciò dovetti eseguire i suoi ordini. Avevo solo diciotto anni, ma telefonai al vicepresidente sulla linea diretta. Notai che aveva una voce nasale, ma fu gentilissimo. Volevo sbrigarmela al più presto, perciò lo ringraziai per il suo gesto e attesi che mi salutasse. Lui si disse molto spiacente di non essere potuto venire alla *fattiha*, e ci pregò di scusarlo. Si mostrò così alla mano da conquistarmi.» Confessò alle donne-ombra: «Mi vergogno di dire che, quando riagganciai, ero diventata una sostenitrice di Saddam Hussein».

Samira annuì comprensiva, insieme con parecchie altre detenute. Nei primi tempi del suo dominio, molti iracheni avevano appoggiato Saddam, il quale era salito al potere con ambiziosi progetti di miglioramento del Paese e in breve tempo aveva effettuato cambiamenti dai quali molti avevano tratto profitto. Era stato influenzato dalle convinzioni di Sati sull'istruzione dei cittadini, e aveva varato un vasto programma per la costruzione di scuole in tutti i villaggi e per la formazione degli insegnanti. Si era quindi dedicato alla sanità pubblica, costruendo ospedali e cliniche. Nel giro di pochi anni aveva dato alle donne la possibilità di svolgere qualsiasi professione, creando un clima di pari opportunità sconosciuto in tutto il Medio Oriente. Per qualche tempo era sembrato che l'Iraq andasse verso la prosperità e, naturalmente, Saddam era stato così cauto nel creare un'organizzazione per la sicurezza interna che i comuni cittadini non avevano la minima idea di quale incubo poliziesco fosse all'orizzonte.

«Mia madre era considerata una delle donne più eleganti dell'Iraq, e spesso si recava a Parigi alle sfilate degli stilisti, dove sceglieva il guardaroba per l'autunno o per la primavera. Saddam ne era al corrente, perciò, poco dopo averla incontrata a quel ricevimento, le inviò un catalogo di abbigliamento maschile, insieme con un biglietto in cui le chiedeva la cortesia di esaminare i capi di abbigliamento e di segnalare quelli più adatti a un uomo nella sua posizione.

«Tutti quelli che lo conoscevano sapevano che amava vestirsi bene e cambiava completi firmati cinque volte al giorno. La mamma mi disse che quel ragazzo un tempo emarginato le era simpatico, ma che ora si trovava nella possibilità di comprarsi un'intera casa di moda, se lo desiderava. Perciò esaminò le pagine e i capi che Saddam aveva contrassegnato come suoi preferiti, rimanendo di stucco nel vedere che gli piacevano le giacche di velluto indossate dai croupier addetti alla roulette nei casinò, dove, per ovvie ragioni, le giacche sono prive di tasche. Mia madre aveva frequentato per tutta la vita uomini politici di ogni parte del mondo, perciò non si fece scrupolo di dire a Saddam che le sue scelte erano inopportune e che non avrebbe mai dovuto indossare una giacca di velluto senza tasche. In ogni caso, esaminò il catalogo e fece alcune scelte, poi mandò il nostro autista a palazzo. In seguito, quando il dittatore compariva in televisione per una cerimonia pubblica, la mamma e io notavamo sempre che indossava i vestiti scelti da lei.»

Le donne-ombra erano sbalordite, e insistettero perché Mayada continuasse.

«Nel 1980 mia madre fu scelta come curatrice di un libro sull'Iraq. Si trattava di una pubblicazione molto costosa, con fotografie a colori e, quando fu terminata, Saddam, che nel 1979 aveva esautorato Bakir autonominandosi presidente, ne ricevette una copia speciale. Rimase molto soddisfatto dell'opera e chiese alla mamma di andare da lui con le sue due figlie. A quel tempo Abdiya si era sposata da poco e si era trasferita a Tunisi, perciò andai solo io con mia madre.

«Quando arrivammo a palazzo fummo subito scortate negli uffici di Saddam. La guerra con l'Iran non era ancora iniziata, perciò il tiranno era in borghese. Indossava un abito bianco, una camicia nera e una cravatta bianca, e la mamma mi diede di gomito. Per poco non scoppiai a ridere quando la guardai e vidi che mi faceva una smorfia di traverso perché, vestito in quel modo, il presidente sembrava una versione più giovane di Al Capone. Più tardi mia madre mi disse che Saddam Hussein era l'unico uomo al quale non si sarebbe dovuto permettere di scegliersi i vestiti. Presto, però, il problema non si pose più: quando scoppiò la guerra, abbandonò del tutto gli abiti borghesi per l'uniforme militare, e una volta la mamma affermò che quello era l'unico effetto positivo di un conflitto terribile.

«Nel giugno del 1981 mi fu affidata una rubrica sul quotidiano *Al-Jumhuriya*, intitolata 'Itlalat' [Sguardi d'insieme], e scrissi un articolo sul concetto di tempo, paragonandolo al tempo di Allah, che è illimitato, e sfiorando la teoria di Einstein e l'effetto a ritroso del tempo; spiegai anche quanto desiderassi che le giornate avessero quarantotto ore, invece di ventiquattro.

«Al giornale tutti apprezzarono il pezzo, poi, all'improvviso, mia madre mi chiamò, pregandomi di correre subito a casa. Qualcuno aveva telefonato da palazzo e avrebbe richiamato presto. Riagganciai un po' impressionata, nel timore che il mio articolo non fosse piaciuto al presidente, il quale, dopo lo scoppio della guerra, era diventato sempre più irritabile; di conseguenza, non mi sentivo tranquilla. In pochi minuti tornai a casa, il telefono squillò e all'altro capo del filo c'era un certo Amjed. Era gentile, e si presentò come il segretario privato di Saddam. Disse che il presidente desiderava vedermi alle cinque del pomeriggio del giorno dopo ad Al-Qasr Al-Jumhuri, il palazzo della repubblica a Karadda, sul Tigri.

«Ero sempre più ansiosa e non credevo di riuscire a passare un'intera notte domandandomi per quale motivo fossi stata convocata, perciò chiesi schiettamente al segretario se qualcosa non andava. Lui ridacchiò e rispose: 'No, no, va tutto bene, cara sorella, perché lei è stata lodata dal presidente per il suo lavoro'.

«Le sue parole mi tranquillizzarono, così telefonai al mio redattore al giornale, Sahib Hussain Al-Samawi, per raccontargli l'accaduto. Naturalmente ne fu elettrizzato, e replicò che appena fossi uscita dal palazzo sarei dovuta andare nel suo ufficio a riferirgli tutto.

«A quel tempo ero sposata, ma con mio marito stava andando tutto male; lui fu ugualmente lieto della situazione e mi disse che avrebbe chiesto un permesso per accompagnarmi all'incontro con il presidente. Per un'occasione del genere il suo comandante gli concesse di assentarsi, perciò il mattino dopo alle 11.30 arrivò a casa, fece un bagno, si cambiò e mi garantì che sarebbe stato di ritorno alle 16 in punto.

«Il mio matrimonio andava a rotoli perché Salam aveva parecchie amichette e, quando non lo vidi arrivare nemmeno alle 16.30, capii che mi aveva mentito ancora una volta. Dovetti correre a prendere un taxi che mi portasse a palazzo, perché la mamma, convinta che potessi fare affidamento su mio marito, aveva preso l'auto e l'autista di famiglia per un impegno pomeridiano.

«Arrivai cinque minuti prima dell'appuntamento, scarmigliata e senza fiato, per quanto tentassi di rimettermi in ordine. Fui scortata da un segretario di grado inferiore da una stanza all'altra, finché finalmente giunsi in un salotto spazioso, affollato di persone in attesa di incontrare Saddam. Nonostante la guerra con l'Iran, a palazzo c'era di tutto in abbondanza. Agli ospiti furono offerti succhi di frutta e bibite di varie marche, serviti in alti bicchieri di cristallo che costavano più di quanto molti iracheni guadagnassero in una settimana. Dopo qualche minuto fummo introdotti in un altro salone apparecchiato per la cena, con un buffet su cui troneggiava ogni sorta di pietanze: al centro vi era perfino un mucchio del più costoso caviale Beluga, ma la maggior parte dei presenti era povera e non aveva mai visto il caviale, perciò rifiutò di mangiare quelle minuscole uova di pesce nere e lustre, anche dopo che ebbi assicurato a tutti che era una cosa commestibile, terribilmente costosa e considerata una prelibatezza in tutto il mondo. C'era anche un secondo tavolo, carico di dolci e frutti di ogni qualità, dagli ananas ai manghi, alle ciliegie.

«Dopo avere mangiato, il gruppo fu riaccompagnato in salotto, dove venne servito il tè. Sedemmo e aspettammo e, proprio quando cominciavo a pensare di essere stata dimenticata, entrò nella stanza un uomo in uniforme militare che pronunciò il mio nome. Quando uscii, mi parve di sentire addosso gli sguardi invidiosi degli altri.

«Fui condotta in un salotto più piccolo ma più elegante. Poco dopo udii un gran fracasso e alcuni soldati entrarono di corsa, urlando; compresi che Saddam era arrivato. Dopo circa un'ora si presentò un secondo militare, chiedendomi di seguirlo. A quel punto ero esausta, ma obbedii. Fui portata in un'altra stanza, con al centro una grande scrivania di legno e numerose poltrone imbottite azzurre, con il legno intagliato a motivi di foglie d'oro.

«L'uomo mi strinse la mano e si congratulò con me, poi

mi diede istruzioni su come comportarmi quando avessi incontrato il presidente. Fu terribilmente deciso quando disse che non dovevo parlare per prima, né essere io a porgere la mano; avrei però dovuto rispondere adeguatamente se fosse stato lui a offrirmela.

«Ne rimasi stupita perché, l'ultima volta che lo avevo incontrato, Saddam era stato molto semplice e modesto. Mi dissi che il suo nuovo volto stava venendo alla luce.»

Samira rise e mormorò: «Forse il suo vero volto era quello, e il vecchio era falso».

Mayada annuì, prima di concludere il racconto. «Un usciere aprì due alte porte di legno. Saddam sedeva a una scrivania, portava un paio di occhiali dalla montatura massiccia che non avevo mai visto prima ed era in uniforme, ma il suo aspetto era identico all'ultima volta che lo avevo incontrato: un uomo con la pelle scura, i capelli ricci e la mascella possente, virile. Sulla punta del naso aveva ancora il piccolo tatuaggio verde che qualche anno dopo si fece cancellare.

«Il presidente mi stupì con un sorriso, porgendomi la mano che io, obbedendo alle istruzioni ricevute, gli strinsi. Mi domandò: 'Come sta la nostra estrosa scrittrice?' Risposi, nell'appropriato modo iracheno, che finché lui era forte e stava bene, tutta la popolazione era prospera e felice. Mi domandò poi come andava al giornale, e gli riferii che tutti mi avevano pregata di porgergli l'espressione del loro amore e del loro rispetto.

«Saddam fece un largo sorriso, prima di dire: 'Ho letto il suo articolo sul tempo: era eccellente. Lei è una degna nipote di Sati Al-Husri, che di certo ne sarebbe soddisfatto'. Poi mi diede un colpetto su una spalla e aggiunse: 'Voglio che lei mi prometta che, non importa su quale argomento, una penna come la sua scriverà per la nostra grande rivoluzione. Scriva ciò che la sua onestà ritiene opportuno, e sarà sulla buona strada'.

«Lo ringraziai per la cordialità, e lui mi chiese se avevo un'automobile. Risposi di sì, perciò si informò se ero soddisfatta della mia casa. Gli assicurai che lo ero, e Saddam parve divertito. Replicò: 'Lei è figlia di Salwa. Non ha bisogno di niente e di nessuno'. Pensai che fosse un commento strano, ma dopo avere riflettuto sulle sue parole e sul tono che aveva usato, capii che mi aveva fatto un complimento, perché nonno Sati aveva educato la figlia a essere una donna forte, con le sue idee, insistendo perché ricevesse un'istruzione degna di lei, capace di renderla indipendente, e in Iraq è raro trovare qualità del genere in una donna.

«Quindi il presidente chiamò qualcuno al telefono e un fotografo entrò nella stanza, dove fece parecchi scatti. Saddam mi sorprese di nuovo, baciandomi sulla fronte e dicendomi di continuare a essere degna del grande Sati Al-Husri. Poi, all'ultimo momento, aggiunse: 'Soltanto pensare a suo nonno e a ciò per cui lottò mi rende orgoglioso di essere arabo'. Infine mi strinse la mano e mi accompagnò alla porta.

«Quando passai nella stanza accanto, l'uomo di nome Amjed, che mi aveva contattata all'inizio per organizzare l'incontro con Saddam, mi porse una busta e due scatole di pelle, dicendo che un'auto era mia disposizione per portarmi ovunque desiderassi. Mi feci condurre alla redazione di *Al-Jumhuriya*, dove, come promesso, incontrai il mio capo. Sahib rimase entusiasta dell'incontro e dell'apprezzamento del presidente, e pensò di ripubblicare il mio pezzo il giorno successivo, corredato addirittura da un editoriale sull'interesse di Saddam per il lavoro di Mayada Al-Askari, nonché sull'ammirazione che aveva manifestato per quel particolare articolo.

«Appena arrivai a casa aprii la busta, e ancora una volta dentro c'erano tremila dinari. Le scatolette di pelle contenevano invece due orologi: uno era un costoso Patek Philippe d'oro bianco tempestato di brillanti e il nome di Saddam inciso all'interno, mentre il secondo era un Omega d'oro con una fotografia di Saddam nel quadrante. Feci uno scherzo a mia madre: quando tornò a casa, avevo un orologio a ogni polso. Lei per poco non soffocò dal ridere. Portai uno degli orologi per qualche settimana, ma presto li riposi entrambi in un cassetto, perché non tolleravo di vedere ogni pochi minuti la faccia del dittatore o il suo nome.

«Qualche giorno dopo un funzionario di palazzo venne al giornale per consegnarmi una cartella di pelle con l'orlo dorato, contenente due fotografie che mi ritraevano con Saddam. Sahib ne incorniciò una per gli uffici del giornale, collocandola sulla propria scrivania, e la mamma prese l'altra, che mise sullo scaffale di una libreria in salotto.»

Fece una pausa, fissando i volti delle donne-ombra, le quali a loro volta la osservavano, desiderose di ascoltare altre storie. Samira disse che non poteva interrompersi e che doveva raccontare ogni particolare di tutti gli incontri con Saddam: Mayada obiettò ridendo che presto avrebbe perso la voce, ma che avrebbe riferito i punti salienti di due o tre altre occasioni in cui aveva visto il despota.

«Nel 1982», riprese, «avevo scritto un pezzo per la rivista *Fonun*, intitolato 'Quel meraviglioso silenzio', che riguardava la guerra, ma in primo luogo era la storia romantica di una donna che dice a un uomo di non avere bisogno di parole per esprimergli i propri sentimenti, perché il loro amore è come una grande poesia. Il giorno della pubblicazione Muhammed Al-Jazaeri, il caporedattore, mi telefonò. Emozionato, mi avvertì che il ministro dell'Informazione, Latiff Nusaif Jassim, mi avrebbe inviato una lettera e fatto omaggio di un'ingente somma di denaro e di un televisore. Mi sarei dovuta presentare al ministero il mattino seguente alle dieci. Quella notte non dormii», confessò Mayada. «Mi meravigliava che una novella sentimentale avesse attirato l'attenzione del presidente.»

«Perché ti stupivi?» le domandò Iman. «Tutti in Iraq sanno che è un romantico.»

«È vero», confermò Aliya. «Mio fratello, il generale, conosce una sua guardia del corpo, e sostiene che Saddam ha un debole per le storie d'amore di belle donne con un prode guerriero. Dev'essersi riconosciuto nel tuo articolo.»

«Sì, può darsi», convenne Mayada. «In ogni caso, il giorno dopo alle dieci mi presentai. Il ministro dell'Informazione fu straordinariamente gentile, e disse: 'I suoi scritti non mancano mai di piacere ad Abu Uday [padre di Uday, cioè Saddam], il nostro grande leader, che Allah lo protegga'. Jassim affermò di riferire le parole esatte del presidente, e che questi lo aveva pregato di farmi sapere che per lui era come una boccata d'aria fresca leggere i miei articoli mentre era impegnato a svolgere i doveri nazionali (la guerra contro l'Iran), e che era spiacente di non potermi consegnare personalmente il premio, dal momento che si trovava al fronte a comandare gli eroi iracheni.»

Mayada non riferì il resto della vicenda, che per lei si era conclusa dolorosamente. La settimana successiva il pezzo era stato pubblicato una seconda volta, con una nota sul riconoscimento da parte di Saddam, o *takreem*, come viene chiamato in Iraq. Mayada era presentata in quanto autrice, con tanto di fotografia, così aveva ricevuto sacchi di lettere dai soldati in guerra. Una lettera che non aveva mai dimenticato proveniva da un anonimo, il quale le confidava di avere sempre ricercato i suoi articoli, ma che adesso non lo avrebbe più fatto, perché ormai sapeva che lei era «una di loro», una seguace di Saddam, e scriveva soltanto ciò che le dicevano di scrivere. Mayada era rimasta profondamente ferita da quelle parole, perché sapeva bene che nessuno le aveva mai ordinato quali argomenti trattare. Evitava sempre i commenti politici, che dovevano sempre attenersi alla linea del partito, ma scriveva semplicemente ciò che sentiva sulla vita e sull'amore, e solo per caso Saddam gradiva i suoi testi.

Disse alle donne-ombra: «Il terzo *takreem* mi fu offerto nel 1983, dopo il mio ritorno da un lungo viaggio in Sudan per conto del governo, quando scrissi un pezzo intitolato 'Raggi di sole a picco', riferendomi all'intenso calore del Paese in cui ero stata, in cui parlavo della povertà che vi avevo visto: trovarmi lì mi aveva ricordato quanto amassi l'Iraq.

«Ancora una volta mi venne comunicato dal ministero dell'Informazione che avrei ricevuto un *takreem* dal presidente e che sarei dovuta andare a palazzo alle 16.45 del pomeriggio successivo.

«Era la fine di novembre, ma faceva ancora caldo. Quando arrivai, rimasi sbalordita nel vedere che i giardini della residenza traboccavano di folla, uomini, donne, bambini, e per un momento credetti che vi si tenesse una fiera o uno spettacolo pubblico. A una seconda occhiata, però, notai che la gente non era allegra, anzi, sembravano tutti disperati. Le donne erano vestite di nero, in lutto per un congiunto caduto al fronte. Pensai che il palazzo appariva malridotto come quegli infelici disseminati sul prato e, tenendo presente che tutti i profitti derivanti dalla vendita del petrolio erano assorbiti dallo sforzo bellico, la cosa non era certo sorprendente.

«D'un tratto capii che quelle persone erano lì per ricevere dei soldi. Sapevo dai giornali che ogni vedova, ogni famiglia che aveva perduto un figlio, riceveva cinquemila dinari [quindicimilacinquecento dollari] per il suo sacrificio. Tali pagamenti erano considerati una *diyya*, un risarcimento per la morte. Conoscevo la routine: Saddam avrebbe dato udienza a tutti i presenti, cinque per volta, ognuno gli avrebbe consegnato una lettera che spiegava dov'era rimasto ucciso il padre o il figlio. Il presidente l'avrebbe letta e vi avrebbe annotato a margine le istruzioni su quanto denaro si dovesse dare a ciascuno, quindi l'interessato avrebbe portato la missiva all'ufficio di ragioneria del palazzo, dove gli sarebbe stata versata la somma.

«Anche se in principio lo Stato pagava, ben presto i soldi finirono: c'erano troppi morti. In seguito mi spiegarono che erano i governi del Kuwait e dell'Arabia Saudita a procurare i fondi per quei pagamenti, perché l'Iran era diventato un vicino scomodo e la famiglia regnante del Kuwait, gli Al-Sabah, e quella saudita, gli Al-Sa'ud, finanziavano l'Iraq perché lo tenesse alla larga da loro.

«Quando entrai nel palazzo, un segretario m'introdusse nell'ufficio di Hussain Kamil, che a quel tempo era un ufficiale di grado inferiore ma che un giorno avrebbe sposato la figlia maggiore di Saddam, Raghad, e sarebbe diventato uno dei più fidati sicari del dittatore. Dopo tanta fortuna, però, venne anche il suo turno, e tutto finì quando Uday, il primogenito di Saddam, geloso delle enormi somme di denaro che Kamil si metteva in tasca sottraendole a svariati programmi governativi, divenne acerrimo nemico del cognato. Sapendo che Uday, il quale era notoriamente uno squilibrato, avrebbe finito con l'ucciderlo, Kamil scappò in Giordania e informò i nemici di tutto ciò che sapeva sul programma di armamenti iracheno, umiliando con un tradimento Saddam. Quest'ultimo, però, lo convinse a tornare in patria garantendogli l'incolumità e spingendosi fino a giurare con una mano sul Corano che mai avrebbe fatto del male al padre dei suoi nipoti. Stupidamente, Kamil ritornò e, naturalmente, nel giro di pochi giorni fu ucciso. Tuttavia, quando lo incontrai non era ancora entrato nei favori di Saddam, né li aveva perduti». Mayada si mise a ridere, coprendosi la bocca con una mano. «Riconosco che provai un'immediata avversione per Hussain. Non aveva nulla a che vedere con il fatto che fosse brutto, di bassa statura, con un lungo naso aquilino sopra un gran paio di folti baffi; fu dopo averlo guardato negli occhi che avvertii la repulsione, perché erano colmi di disprezzo per chiunque gli stesse intorno, me compresa.

«In ogni caso, svolgeva diligentemente il suo compito. Mi trovavo lì con un poeta e un musicista, invitati per ricevere un premio. Erano entrambi due tipi non comuni. Il musicista era un uomo alto, scuro di pelle, con un lampo di contentezza nello sguardo. Aveva scritto una popolarissima canzone patriottica, piuttosto orecchiabile, e Saddam aveva ordinato che fosse suonata in tutte le basi militari. I versi dicevano: 'Oh, patria, la tua terra è il mio *kafur* [la sostanza che i musulmani spargono intorno al sudario di un morto prima di seppellirlo]'. Ve la ricordate?»

Parecchie donne-ombra annuirono, e Samira mosse la testa canticchiando qualche nota.

«Il poeta era il contrario del musicista: un omino sparuto, con la pelle giallognola. Aveva scritto una poesia che celebrava la grandezza di Saddam, una composizione che esprimeva l'amore degli iracheni per il loro presidente.

«Poco dopo noi tre fummo condotti in un'altra stanza. Fui chiamata a comparire davanti a Saddam prima degli altri. Quando li lasciai, erano così frastornati dalla prospettiva di incontrare per la prima volta il dittatore che il musicista balzò in piedi cantando la sua canzone, mentre anche il poeta si era messo a declamare i suoi versi.»

Samira scoppiò a ridere, imitata da Mayada.

«Era un sollievo lasciarmeli alle spalle. Continuai però a sentire le loro voci risuonare sino in fondo al lungo corridoio.»

Tutte le prigioniere risero. Mayada si ricompose e proseguì: «Quell'incontro fu diverso da tutti i precedenti. Quando vidi Saddam, mi parve preoccupato. Comprendevo i motivi del suo malumore: in quei giorni la guerra con l'Iran non stava andando bene. Il presidente aveva sottovalutato Khomeini. Mi vengono ancora i brividi, quando ricordo che l'ayatollah si serviva dei bambini per bonificare i campi minati: come poteva l'Iraq sconfiggere un avversario del genere?

«Il presidente si complimentò con me per l'articolo e aggiunse che era lieto che fossi così libera nel mio pensiero; dalla nipote di Sati Al-Husri non si aspettava di meno. Cominciò a parlare in fretta, affermando che, indipendentemente da quanto ne pensassero gli altri, quando si trattava di scrittori lui voleva la diversità. Disse che quello era ciò che io davo al popolo; era soddisfatto di me, e l'ultima cosa che desiderava era che il giornalismo indossasse un'uniforme. Non ho mai dimenticato la sua affermazione che il popolo iracheno aveva bisogno di pensare ad altre cose, oltre che alla guerra, e aggiunse che l'amore di una donna fedele era il sogno di ogni uomo.

«Insomma, rimasi talmente stupefatta dal suo 'libero' discorso da essere a stento capace di rispondere. Poi lui sorrise e disse: 'Facciamo una fotografia'. Dopo esserci fatti ritrarre, mi domandò se avessi bisogno di qualcosa, perché voleva farmi un regalo speciale. Era di un umore così allegro che, impulsivamente, gli rivelai ciò che effettivamente desideravo: andare a Londra con mia figlia Fay per fare visita a mia madre, convalescente da un'operazione. Lui mi chiese se intendessi portare con noi Salam, ma gli risposi che mio marito combatteva al fronte e non intendevo sottrarlo a quell'importante dovere. Allora, così», e Mayada fece schioccare le dita, «Saddam mi assicurò che il mio desiderio poteva considerarsi esaudito. Non ero mai stata tanto meravigliata. Come tutti sappiamo, agli iracheni era proibito lasciare il Paese in tempo di guerra, a meno che si trattasse di un incarico di Stato. Rimasi senza parole, mentre lui chiamava il segretario e gli ordinava di procurare i biglietti aerei per me e per mia figlia. Andavamo a Londra! Poi mi stupì ancora di più, dando una seconda disposizione: mi sarebbero stati dati cinquemiladuecentocinquanta dinari [sedicimiladuecentosettantacinque dollari] per il viaggio. Non dimenticherò mai l'espressione del funzionario: io non facevo parte della cerchia più ristretta del dittatore, perciò era sbalordito che godessi di un tale privilegio.

«Anche se il mio stile piaceva a Saddam, sapevo che la parentela con Sati era la ragione principale per cui ero trattata con tanto riguardo. Quando lasciai il palazzo pensai a quanto il rispetto e l'ammirazione che il nonno si era guadagnato da parte di ogni iracheno, compreso il presidente, ora influisse positivamente sulla mia vita. Ringraziai il mio Jido Sati, nella speranza che potesse sentirmi.

«Da quella volta seppi che Saddam seguiva i miei scritti. Nel 1984 la Iraqi News Agency di Londra chiamò mia madre mentre lei e io visitavamo l'Inghilterra per informarla che i lavori di sua figlia erano stati indicati dal presidente Hussein come i migliori del 1983. Mi sorprese che a suscitare l'interesse di Saddam fossero i miei articoli sulla predizione del futuro. Erano i giorni più disperati della guerra, e predire il futuro stava diventando un'attività molto diffusa in Iraq: la gente cercava risposte in molte direzioni poco ortodosse. Avevo scritto anche un pezzo sulla parapsicologia. Un giorno ricevetti una telefonata dal palazzo presidenziale, con l'annuncio che Saddam voleva pormi alcune domande. Accettai, sperando che fosse di buon umore, invece era ancora depresso a causa della guerra con l'Iran. Andò subito dritto al punto: mi spiegò di nutrire un grande interesse per una cosa chiamata ESP, o percezione extrasensoriale, e voleva che svolgessi per lui una speciale ricerca sulle esperienze extracorporee. Mi confidò che in quel campo i russi avevano fatto un lavoro eccellente.

«Lavorai con quanto più impegno potevo, poi presentai i risultati a un comitato; da Saddam, però, non seppi nulla, e me ne dimenticai. Poi, nel 1986, ricevetti un messaggio dall'ordine dei giornalisti: mi comunicarono che il presidente era rimasto talmente colpito da premiarmi con due appezzamenti di terreno situati a Baghdad, in una località chiamata Saydiya. E quello fu il mio ultimo incontro privato con Saddam Hussein».

Non volendo che il racconto di Mayada terminasse, Samira intervenne: «Che cosa ci dici della moglie di Saddam? Avevi promesso di parlarci di lei».

Mayada annuì ma, prima che potesse narrare quegli aneddoti, un secondino irruppe nella cella con un ghigno malvagio e, quando urlò il nome di Samira, quest'ultima scoppiò in lacrime, sapendo che la portavano via per torturarla.

Quando uscì, le altre donne non avevano più voglia di spettegolare. Mayada si alzò dal pavimento, sedendo in silenzio sulla branda, mentre le compagne di detenzione facevano lentamente ritorno ai loro giacigli. Rimasero tutte in attesa, perché sapevano che, quando Samira fosse tornata, avrebbe avuto bisogno del loro aiuto. La consapevolezza di ciò che le stava accadendo era così terribile che Mayada non poté fare altro che disperarsi. Qualche ora dopo la porta della cella si aprì: Samira fu gettata dentro barcollante, e subito si afflosciò al suolo. I suoi singhiozzi soffocati le richiamarono intorno tutte le donne-ombra, che si chinarono sul suo corpo martoriato.

Con un rapido sguardo Mayada vide che Samira perdeva sangue dal naso e dalle orecchie e aveva le braccia coperte di ustioni causate dalle sigarette. Le lacrime cominciarono a scorrerle sul viso, mentre s'inginocchiava e aiutava le altre a risollevarla; per qualche motivo le si affacciò fulmineo alla mente il volto di suo padre, così dolce. Lui le aveva insegnato a essere gentile, assicurandole che, se non fosse stata litigiosa, nessuno al mondo se la sarebbe presa con lei. Mentre osservava Samira, però, seppe con assoluta certezza che suo padre si era sbagliato.

5

La moglie di Saddam, «la signora» Sajida

ANSIOSE di aiutare Samira, due o tre donne-ombra tentarono di risollevarla, ma la presa sfuggì loro e la poveretta scivolò di nuovo sul pavimento. Anche Mayada si chinò su di lei, però, con suo grande stupore, le si oscurò la vista, mentre il braccio di Samira sembrava diventare dapprima esile e lontano, poi crescere improvvisamente, facendosi grosso e vicinissimo. Turbata, Mayada si appoggiò alla parete, restando immobile e in silenzio. Avvertiva sul viso e sul corpo il freddo del cemento, ma intorno a lei l'oscurità era pressoché totale e le altre detenute le apparivano come immagini nebbiose, simili a spirali di fumo che si dissolvevano rapidamente.

Il suo raggio visivo si restrinse ulteriormente e Mayada cercò conforto addossandosi ancora di più al muro pieno di crepe, dove per la prima volta notò alcuni solchi sottili praticati con le unghie. Se ne scostò, allarmata: quei segni, lo sapeva, erano stati lasciati da altre irachene terrorizzate, nel frenetico tentativo di fuggire dall'inferno in cui si era inaspettatamente trasformata la loro vita. Mayada allungò un braccio per posare le mani sui graffi e scoprì con sgomento che si adattavano perfettamente alle sue dita. Avrebbe voluto gridare e correre via, ma non c'era un posto dove fuggire: era prigioniera in una cella soffocante. Si accasciò contro la parete, lottando per riprendere il controllo di sé. Non riusciva a muoversi, mentre le altre donne si davano da fare per aiutare Samira.

Ricordi di un giorno ormai lontano cominciarono a scacciare l'orribile presente. Era il 1982, e il dottor Fadil si era fermato a casa loro per una breve visita, restituendo due libri che aveva preso in prestito dalla nutrita biblioteca di sua madre. Se n'era andato da poco, quando Mayada udì suonare il campanello d'ingresso. La mamma stava leggendo nel giardino sul retro, perciò andò lei ad aprire. Con una certa sorpresa, vide sulla soglia Um Sami, una vicina.

Pur abitando a fianco a fianco, non si frequentavano molto; in precedenza i contatti fra le due famiglie si erano limitati a un breve incontro, seguito da educati saluti quando s'incontravano. Di recente, tuttavia, Mayada e sua madre avevano avuto motivo di parlare di Um Sami, perché la prima volta che l'avevano vista era sovrappeso, ma nel giro di qualche settimana era diventata esile come un giunco. Più strano ancora era che in più occasioni la donna era stata notata camminare avanti e indietro in giardino, strappandosi i capelli e tormentandosi gli abiti: chiari segni di disperazione. Solo qualche giorno prima Mayada l'aveva avvicinata per domandarle se le fosse mancato un parente; con un gesto, però, lei l'aveva invitata ad andarsene, e così aveva fatto. Ora sperava di scoprire il motivo delle lacrime della donna.

Un Sami indugiò un momento, prima di chiedere febbrilmente: «Era il dottor Fadil quello che ho visto? Il capo della polizia segreta?»

Mayada annuì, sapendo che tutti gli iracheni conoscevano Al-Barrak, dal momento che la sua fotografia compariva spesso sui giornali o in televisione. Suppose che qualcosa di terribile fosse accaduto alla famiglia della vicina. «Sì, era lui», confermò.

La vicina si lanciò verso la ragazza, esclamando: «Devo sapere che fine hanno fatto i miei figli. Ho due gemelli, Omar e Hassan. Hanno solo quattordici anni. Erano andati al mercato per comprarsi un pallone e non sono più tornati».

Con garbo Mayada la condusse in salotto. «Venga, si accomodi», la invitò.

«Abbiamo cercato in tutta Baghdad», continuò a singhiozzare la donna, sconvolta. «Ci siamo rivolti agli ospedali, alle stazioni di polizia, ai cimiteri, ma non abbiamo trovato nulla, nulla, nulla! I miei bei bambini sono scomparsi!»

Mayada si affrettò a versarle un bicchiere d'acqua, quindi sedette di fronte a lei. Um Sami bevve, posando poi con cura il bicchiere sul tavolino rotondo al suo fianco. Si schiarì la voce, prima di continuare: «Stamattina mio marito ha ricevuto una telefonata anonima. Era un uomo che sosteneva di essere un ex prigioniero della polizia segreta e di essere stato in cella con i nostri figli. Ha detto che erano stati i ragazzi a dargli il numero; da quanto ricordava della loro storia, stavano camminando per la strada, quando due uomini li avevano assaliti e presi a calci e a schiaffi, affermando che li stavano osservando. Erano agenti del Mukhabarat». Si girò verso la sua ospite, annichilita. «Da quando in qua osservare è un crimine?»

Mayada si strinse le mani. «Vada avanti.»

Um Sami cominciò a schiaffeggiarsi, scoppiando a piangere. «I miei figli sono dei bambini, studiano ancora. Non si sono mai messi nei guai.»

Mayada avvertì un senso di malessere nel rammentare

Omar e Hassan che palleggiavano nella via. Erano educati e simpatici, sempre sorridenti e interrompevano sempre il loro gioco quando la udivano accendere il motore dell'auto per uscire.

Quei due ragazzi in prigione? Per il «crimine» di avere osservato qualcuno? Era un'accusa che, ci avrebbe scommesso, non esisteva nei codici.

Mormorò: «Che cosa posso fare?»

La vicina lasciò vagare intorno a sé uno sguardo tremolante e incerto mentre, con una mano, sfiorava una guancia di Mayada. «So che il dottor Fadil può essere utile. Per favore, lo chiami per me, gli chieda di aiutarmi a ritrovare i miei figli.» Iniziò a picchiettarsi meccanicamente una guancia con un lungo, pallido dito. «So che sono in prigione. L'uomo che ha telefonato li ha descritti alla perfezione: alti, slanciati, con i capelli scuri, entrambi con un piccolo neo su una guancia. Quanti gemelli rispondono a questa descrizione a Baghdad?» La sua voce si affievolì, poi riprese forza. «Ha detto che erano stati torturati. *Torturati!* Devo trovarli.»

Si prese di nuovo a schiaffi, finché Mayada le afferrò le mani, stringendogliele forte tra le sue. Sapeva che la cosa più prudente sarebbe stata non fare nulla, ma era impossibile ignorare il dolore di quella donna. La poveretta le faceva talmente pena che, avventatamente, le promise: «Domani contatterò il dottor Fadil e lo pregherò di scoprire dove sono i suoi figli. Se sono in carcere, e se lui riuscirà a rintracciarli, li faremo rilasciare».

Um Sami saltò in piedi, baciando ripetutamente la ragazza sulle guance. «Sapevo che mi avrebbe aiutata», esclamò.

In quel momento la loro attenzione fu attratta dal televisore, che era stato lasciato acceso. Iniziava il telegiornale, e l'immagine di Saddam Hussein balenò sullo schermo. Dapprima lo videro accarezzare la testa di scolarette dai riccioli neri, avvolte in fluttuanti abiti bianchi, poi apparve mentre si affacciava a un balcone per accennare un saluto ai suoi sostenitori entusiasti, che dal basso lo acclamavano con fervore. Ricomparve quindi il commentatore, instancabile nell'esaltare la grandezza del presidente.

Le due donne fissarono l'immagine del dittatore, poi si guardarono. Nessuna delle due rivelò quello che pensava, ma Mayada intuì che per Um Sami quell'uomo era il male.

Per anni gli iracheni avevano conosciuto un alternarsi di speranze e delusioni a causa degli innumerevoli colpi di stato, tentati o riusciti, che avevano fatto perdere ai comuni cittadini il contatto con i governanti. Nel 1968, quando i baathisti si erano impadroniti del potere rovesciando il regime precedente, tutti nel Paese avevano sperato che il nuovo partito non si rivelasse soltanto un tiranno che ne sostituiva un altro. In principio Saddam aveva affascinato il popolo, facendosi benvolere, ma ora nel velo che celava il suo vero volto si aprivano alcuni spiragli, attraverso i quali la gente coglieva i tratti di un despota.

Il mattino dopo Mayada si svegliò di buon'ora, si vestì e andò al lavoro più presto del solito per telefonare a Fadil ed esporgli il problema. Sulle prime cordiale, ben presto il dottore s'innervosì e rispose in tono freddo: «Preferisco che tu pensi agli affari tuoi».

Lei insistette: «In questo caso non posso. Um Sami sta impazzendo di dolore. Quei ragazzi hanno solo quattordici anni, ho visto con i miei occhi che sono innocenti. So che lei ha il potere di aiutarli. Per favore».

Il dottor Fadil rimase in silenzio. Mayada immaginò che stesse rimuginando sul da farsi. Infine parlò: «Di' alla tua vicina di andare al comando di polizia del parco Al-Sadun alle dieci di domani mattina». Poi aggiunse: «Per favore, non fare l'abitudine a queste cose. Forse quei due sono assassini o contrabbandieri. Lo sai, tutti i figli sono innocenti agli occhi della madre».

Lei riagganciò senza replicare e corse a casa a dare la meravigliosa notizia a Um Sami: Al-Barrak l'avrebbe aiutata a trovare i suoi ragazzi.

Passò qualche giorno, mentre Mayada attendeva buone notizie. Quando Fadil fece una scappata a casa loro per parlare con Salwa di un libro di Sati, Mayada gli chiese se «osservare» fosse un reato. La voce del dottore, però, era gelida quando ribatté: «Credi che i criminali dicano la verità?» Poi dichiarò affrettatamente: «Preferisco non parlare di lavoro fuori dell'ufficio». Quindi chiese di sua madre e si girò a esaminare alcuni scritti di Sati, impilati su un tavolo. I suoi modi indifferenti scoraggiarono qualsiasi altra domanda. Mayada rimase così delusa dalla sua mancanza di umanità che lasciò la stanza quanto più in fretta le consentisse l'educazione.

Continuando a non avere notizie ed essendo impaziente di vedere i gemelli sani e salvi a casa con i genitori, alla fine si decise a fare visita ai vicini. Um Sami le aprì la porta: scorgendo il suo volto pieno di aspettativa, con l'indice sulle labbra le fece segno che non era prudente discutere in casa e le accennò di seguirla in giardino.

Mayada notò che la povera donna si era lasciata andare: aveva gli abiti spiegazzati, come se avesse dormito vestita, i capelli erano in disordine, le scarpe vecchie e scalcagnate.

Quando raggiunsero l'angolo in fondo al giardino, Um Sami si guardò intorno con ansia, prima di sussurrare alla ragazza: «Oltre ai gemelli, ho altri due figli. Sono sposati, vivono altrove, e sarebbero in pericolo se parlassi con qualcuno, persino con lei, che conosce il dottor Fadil».

Mayada le rimase accanto in un silenzio carico di tensione, desiderando di non essere mai andata lì.

«Mi sono presentata all'ingresso, come mi era stato detto», cominciò la povera donna. «Fuori del cancello c'erano centinaia di persone in attesa, ma i nostri nomi erano sulla lista, perciò ci hanno fatti entrare. Le guardie ci trattavano con riluttante rispetto: Al-Barrak era intervenuto nel nostro caso. Ci hanno accompagnati in una stanza quadrata. In fondo, un'ampia porta conduceva a un enorme congelatore, grosso abbastanza da contenere una decina di corpi. Ero sconvolta, perché ero andata al parco Al-Sadun credendo di trovare i miei figli in una cella e di poterli riportare a casa. Il mio stomaco, però, ha cominciato a torcersi e a contrarsi quando ci è stato indicato un elenco di nomi appeso alla parete. Abbiamo controllato tutti i nomi, ma i gemelli non c'erano. Ci hanno portati in un altro locale, dove un fetore orribile mi ha costretta a indietreggiare, ma mi sono coperta la bocca con l'*abaaya* e mi sono fatta forza per entrare. Dentro c'erano molti cadaveri, ma ho visto subito i miei ragazzi. Com'erano stati uniti in vita, lo erano anche nella morte: stavano lì, in quel posto atroce, seduti l'uno accanto all'altro.» Le tremarono le labbra, poi le parole le sgorgarono dalle labbra come un torrente: «I miei figli, i miei meravigliosi bambini erano stati orribilmente torturati. Il viso, le mani e i piedi erano coperti di sangue rappreso e di bruciature. Ho urlato, ma una guardia mi ha spinta indietro con cattiveria, intimandomi di non gridare, così sono stata costretta a infilarmi in bocca l'*abaaya*, per soffocare lo strazio.

«Mentre mio marito identificava i gemelli, non ho potuto fare a meno di guardarmi intorno. Forse quello era il luogo dove i miei poveri ragazzi avevano esalato l'ultimo respiro. Ho visto cose che una madre non dovrebbe mai vedere: un giovane che aveva sul petto l'impronta di un'ustione lasciata da un ferro da stiro, un altro con il petto squarciato, sezionato dal collo all'addome, un terzo al quale erano state tranciate via le gambe e un quarto al quale avevano cavato gli occhi dalle orbite, e i bulbi oculari gli pendevano sul viso terreo.

«Ci hanno detto che eravamo stati fortunati. *Fortunati!* Ma ci pensa? Era arrivato un ordine speciale dal dottor Fadil, per cui potevamo portare via i corpi. Hanno rifiutato di dirci perché i nostri figli fossero stati arrestati, ma io non sono riuscita a trattenermi e ho chiesto se adesso *osservare* è punito con la pena capitale. Mi hanno risposto di tacere e ci hanno ordinato di seppellire i ragazzi in silenzio, evitando di parlare con chiunque del modo in cui erano morti».

Um Sami abbracciò Mayada con una sorta di spasmo febbrile. «Senza il suo aiuto, li starei ancora cercando. La ringrazio molto per questo.» Dopo essersi voltata a frugare con lo sguardo le ombre del giardino, come credendo che ci fosse qualche agente del Mukhabarat nascosto dietro un albero profumato, aggiunse con veemenza: «Lasci l'Iraq, se può. Se hanno preso i miei figli innocenti, nessuno è più al sicuro».

Mayada tese le braccia e strinse a sé la poveretta, poi se ne andò senza una parola.

Rimase così afflitta dalla triste storia della vicina che non ne fece parola nemmeno con sua madre, con la quale di solito non aveva segreti.

Poco tempo dopo, Um Sami e il marito vendettero la casa e lasciarono il quartiere. La loro assenza aveva permesso a Mayada di rimuovere quell'esperienza, finché le tornò alla memoria in quella cella fredda.

Altri ricordi le si affollarono nella mente, e i molti frammenti apparentemente incoerenti si unirono, dando vita all'immagine nitida dell'imprigionamento e della morte di un innocente.

Era il 1970 e una sua compagna di scuola, Sahar Sirri, piangeva. L'amica di Mayada faceva parte di un'eminente famiglia irachena e il padre, il generale Mithat al-Haj Sirri, era un alto ufficiale dell'esercito. Era un uomo popolare e Saddam, che era il vero padrone dell'Iraq (benché fosse Bakri ad avere il titolo di presidente), aveva deciso che rappresentava una minaccia, perciò lo aveva fatto arrestare e torturare. Il padre di Sahar era stato mostrato in televisione e aveva confessato di essere una spia di Israele. Era una menzogna, come tutti sapevano; ciò nonostante, lo avevano appeso per le mani e picchiato per giorni interi, poi gli avevano iniettato una serie di sostanze stupefacenti. Dopo la confessione era stato impiccato. La sua amica non aveva più un papà e da quel momento in poi i membri della sua famiglia erano stati perseguitati: era stato loro proibito di viaggiare e, in un'occasione, tutti erano stati arrestati e interrogati, compresa Sahar, che era tornata a scuola con gli occhi rossi di pianto.

Una volta un collega al giornale aveva confidato a Mayada che gli uomini della sicurezza di Saddam ricevevano ricompense in denaro per arrestare i cittadini, e che facevano carriera nel partito se si dimostravano particolarmente zelanti nelle sessioni di tortura.

Quegli stessi individui estorcevano poi altro denaro alle famiglie dei detenuti, garantendo che i loro cari avrebbero ricevuto un trattamento migliore. I più poveri arrivavano al punto di vendere la casa e la macchina, e spesso andavano in rovina nella speranza di salvare un congiunto. Il cronista le aveva raccontato di una famiglia che aveva speso tutto per evitare al figlio innocente una condanna a quindici anni di prigione, ma al ragazzo era stata ugualmente comminata una pena di otto anni.

Ora Mayada osservava i volti delle disgraziate che dividevano con lei la cella sovraffollata e sudicia che chiamavano casa. Fin dal primo giorno di detenzione era rimasta esterrefatta dalla soddisfazione con la quale le guardie carcerarie terrorizzavano persone innocenti. Era soltanto la brama di denaro e di promozioni a motivare la crudeltà degli aguzzini? Troppo atroce per poterlo anche solo immaginare.

Girò la testa, udendo un suono di voci: le donne-ombra parlavano tutte insieme, ognuna suggerendo che cosa fare per soccorrere Samira.

Mayada sbirciò, sopra la spalla di una detenuta, la sagoma della compagna di prigionia appena torturata. Le sue gambe erano contorte di lato e raggomitolate contro il petto. Le si avvicinò per scrutarla: aveva gli occhi chiusi e il volto sottile, madido di sudore, si contraeva per la sofferenza. La bocca si spalancava, cercando l'aria con un ansito. Capì che probabilmente la poveretta sarebbe morta a Baladiyat, circondata da donne che fino a pochi mesi prima ignoravano tutto della sua vita. E, provando un moto di affetto per la bontà di Samira, si domandò come qualcuno potesse deliberatamente mutilare quella donna dolce e bella, dal cuore traboccante di gentilezza.

Tutte le donne-ombra si strinsero intorno alla giovane ferita, le mani protese ad afferrarla delicatamente per la schiena, le spalle e la vita. La sollevarono lentamente e la trasportarono verso il misero conforto del giaciglio, mentre i suoi arti strisciavano inerti sul pavimento. Quando la stesero con tenerezza sulla branda, Samira gemette sommessamente.

Una prigioniera che chiamavano dottoressa Sabah, della

quale Mayada sapeva poco, se non che era laureata in ingegneria, corse all'unico lavandino della cella per inzupparvi l'estremità della lunga veste blu, quindi tornò per inumidire la fronte e le labbra della torturata con il tessuto bagnato. Il contrasto della sua voce carezzevole con l'ansia febbrile che le accendeva gli occhi era singolare. Domandò: «*Habibiti* [tesoro], cerca di pensare: credi di avere qualche lesione interna?»

La povera Samira piangeva, senza rispondere.

Desiderosa di aiutarla ma non sapendo che cosa fare, Mayada si avvicinò e le sfiorò una guancia con una mano, nel tentativo di alleviare il suo dolore e la sua disperazione. «Samira», le sussurrò, «Samira.»

La dottoressa Sabah guardò Mayada, scuotendo la testa desolata. Mormorò: «Questa povera ragazza è stata torturata troppe volte, più di tutte noi messe insieme». Quindi prese fra le mani la testa di Samira, le asciugò la saliva dalle labbra e dalle guance e, alzando la voce, le domandò: «Riesci a sentirmi?»

Muna, una giovane donna dal viso dolce, accarezzò una mano di Samira. «Dicci che cosa dobbiamo fare, *habibti*. Ti prego, cara, vogliamo aiutarti.»

Mayada rimase in silenzio, con il cuore spezzato. La terribile verità era che, prima o poi, a Baladiyat tutti i prigionieri venivano seviziati. Cominciò a tremare, sapendo che presto anche per lei sarebbe arrivata la tortura dei ganci al soffitto, delle percosse sui piedi e delle scosse elettriche. In quel momento, però, non poteva farci nulla, perciò rivolse nuovamente l'attenzione a Samira e alle donne-ombra che la circondavano.

Nessuna di loro poteva difendersi da quegli spietati aguzzini ma, insieme, riuscivano a trovare una grande forza: l'affetto e la condivisione delle vessazioni subite erano tanto forti da trattenerle sulla soglia della porta nera che si spalancava sulla morte.

Samira gemette piano, ritraendo la mano da quella di Muna, e se la pose sul petto e sul ventre. Sussurrò: «La guardia più grossa, che porta gli stivali, mi ha presa a calci. Sento qualcosa di rotto dentro».

La dottoressa Sabah e Muna si scambiarono uno sguardo angosciato. «Lo conosco», borbottò Muna. «È una bestia, quello.»

Mayada aveva sufficienti nozioni di pronto soccorso da rendersi conto che, anche se fossero riuscite ad alleviarle il dolore causato dalle lesioni esterne, non avrebbero potuto fare nulla per quelle interne. Bisbigliò: «Non dovremmo chiamare le guardie? Potrebbero portarla in infermeria». Ricordava il premuroso dottor Hameed, incontrato la prima notte trascorsa a Baladiyat, ed era certa che avrebbe aiutato Samira, se gli fosse stato possibile.

Sabah chiuse gli occhi, scuotendo la testa. «Non ancora. Lo facciamo solo se crediamo che qualcuna sia a un passo dalla morte. Se prendiamo l'abitudine di allarmare i secondini dopo ogni tortura, ci picchieranno tutte.»

Mayada annuì, convinta: fino a quel momento non aveva notato neanche il più fievole barlume di tolleranza in nessun carceriere. Mentre lei osservava in silenzio, Sabah e Muna tolsero gli abiti a Samira, in cerca di ferite.

La poveretta si lamentò, e Mayada si chinò sulla sua pelle chiara e i suoi capelli scomposti, poi le scrutò gli occhi sbarrati.

Era consapevole delle sofferenze dell'amica come se fosse stato il suo stesso corpo ad avere subito le bruciature delle sigarette, i calci nel ventre e le scosse elettriche. Mentre fissava il viso tormentato di Samira, frammenti dimenticati da tempo dei versi di un poeta inglese, Thomas Gray, riemersero dal suo colto passato:

A ciascuno la sua pena, tutti sono uomini,
ugualmente condannati a dolersi,
la tenerezza per il dolore altrui,
l'insensibilità per il proprio.
Perché dovrebbero conoscere la loro sorte,
poiché la pena non giunge mai troppo tardi,
e la felicità troppo in fretta s'invola?

Vide gli occhi scuri e infossati della dottoressa Sabah che cercavano i suoi. La mente di Mayada si svuotò, e si domandò che cosa avesse fatto per attirarsi quello sguardo inquisitore.

Muna sorrise del suo stupore. «Hai recitato una poesia», le disse, «pronunciando alcuni versi in inglese e altri in arabo. Però quello che ho sentito è affascinante. Chi l'ha scritta?»

«Non ricordo nemmeno di avere parlato», ammise Mayada, perplessa e convinta che la scarsità di ossigeno in quella cella angusta compromettesse la sua lucidità. Sorrise debolmente. «L'aria viziata mi fa male al cervello, le cose mi passano per la mente in modo inspiegabile.»

«Credo che tu abbia viaggiato a ritroso nel tempo.» Muna alzò le spalle, mentre la tristezza calava sul suo viso. «Hai detto che la felicità vola via troppo in fretta. Non riesco più a ricordare com'è la felicità.»

«Questa volta ho proprio creduto che mi ammazzassero», si lamentò Samira con un sussurro rauco.

Mayada si girò per chiedere un po' d'acqua. Parecchie donne-ombra si mossero insieme: Aliya afferrò un bicchierino, mentre Iman cercava la brocca.

Mayada accostò il minuscolo recipiente alle labbra di Samira. «Bevi.»

Mentre beveva, le mani della donna tremavano. «Grazie, cara sorella.»

Sollevate che ora Samira parlasse, le compagne di detenzione si raccolsero di nuovo intorno a lei.

La dottoressa Sabah annunciò: «Ti ho esaminata bene e non ho trovato nulla di pericoloso, ma dovremo dare un'occhiata più attenta». Sfiorò una spalla di Samira. «Ci hai fatte spaventare davvero. Adesso devi rimanere a letto per qualche giorno.»

«Se me lo permetteranno», mormorò lei. «Stanno diventando più energici.» Guardò Mayada e annuì. «Ho ascoltato la poesia.» Fece una pausa, poi aggiunse: «Anch'io ne so una».

Mayada si chinò su di lei. «Risparmia le forze.»

«Non riesco a camminare, ma posso parlare.» Con un sorriso, chiuse gli occhi e bisbigliò: «Nell'ultima prigione in cui sono stata c'era una poesia graffita sul muro da una qualche povera, disgraziata donna senza nome morta lì. Volevo mantenere in vita una piccola parte di lei, così l'ho imparata a memoria, e tutti i giorni me la ripeto».

«Più tardi ce la dirai», la incoraggiò la dottoressa Sabah.

«No, per favore, lascia che la reciti adesso.»

Mayada guardò la dottoressa Sabah, che annuì. «Va bene. Ma non ti stancare.»

Il viso e il corpo di Samira si contrassero e, fra molte interruzioni, recitò i versi che aveva mandato a memoria con tanta cura:

Mi hanno portata via da casa
mi hanno presa a schiaffi quando chiamavo i miei figli
mi hanno gettata in prigione

mi hanno accusata di colpe che non avevo commesso
mi hanno interrogata con le loro dure accuse
mi hanno torturata con le loro mani crudeli
mi hanno spento sigarette sulla carne
mi hanno tagliato la lingua
mi hanno stuprata
mi hanno tagliato i seni
ho pianto in solitudine, di dolore e di paura
mi hanno condannata a morte
mi hanno messa al muro
ho chiesto pietà
mi hanno sparato in mezzo agli occhi
hanno gettato il mio corpo in una misera fossa
mi hanno sepolta senza sudario
e, dopo la mia morte, hanno scoperto che ero innocente.

Immobile insieme con le altre donne, Mayada si disse che quello era un grande momento della sua vita, e non avrebbe mai dimenticato una sola parola uscita dalle labbra di Samira. Ogni fremito del corpo dell'amica sarebbe stato suo, finché fosse vissuta.

Cominciò a piangere in silenzio, e presto tutte le compagne piangevano con lei.

Mayada si guardò attorno, e le sue parole ruppero la prostrazione che le opprimeva tutte: «Siamo compagne di lacrime», mormorò. Parecchie detenute sorrisero, pensierose.

Samira si protese a toccare con una mano il braccio di Mayada. «E la moglie di Saddam? Ci avevi promesso di dirci altre cose su di lei.»

«Un'altra volta», suggerì Mayada. Non era dell'umore adatto a raccontare aneddoti, soprattutto su Saddam Hussein.

«In questo posto l'attesa, la paura e il silenzio creano

una noia senza fine. Le tue storie, Mayada, sono come un cofanetto pieno di fotografie rare e interessanti», commentò con un sorriso.

Samira era risoluta. «La dottoressa Sabah ha ragione. La nostra vita è così noiosa, e la mia pelle è tutta un fuoco. Se ci racconti qualcos'altro, riuscirò a distrarmi.»

Mayada accettò soltanto perché a Samira non poteva rifiutare nulla. Le donne-ombra sedettero in vari angoli della piccola cella. Wafae faceva scorrere tra le dita i grani del rosario fatto in casa, mentre le altre fissavano Mayada piene di aspettativa.

Lei afferrò la coperta che le avevano dato e la ripiegò, poi depose l'improvvisato sedile sul pavimento davanti alla branda di Samira, usandolo come una specie di cuscino: non aveva mai fatto l'abitudine a sedere per terra, perciò prese posto sulla coperta, a gambe incrociate. Quando cominciò a parlare, la sua voce aveva un tono sognante.

«Mia madre non avrebbe mai incontrato la moglie di Saddam, se lei e papà fossero fuggiti nel 1968. Tutti si stupirono che i miei fossero rimasti in Iraq dopo l'avvento del partito Baath. Ricordando il modo in cui aveva preso di mira gli intellettuali durante il primo, breve dominio nel 1963, quando tornò al potere per la seconda volta tutti gli Al-Askari e gli Al-Husri si misero in salvo. Ma la lotta di mio padre contro il cancro ci teneva bloccati a Baghdad, dove veniva curato.

«Dopo la sua morte, nel 1974, i parenti sollecitarono la mamma a lasciare il Paese, ma lei non volle. Credo che la morte di papà fosse stata un colpo durissimo per lei, e ribatteva che non era il momento di prendere decisioni importanti. In quel periodo era una dirigente del ministero dell'Informazione, amava la nostra casa, aveva buoni amici. Mia sorella e io andavamo a scuola a Baghdad. Inoltre, mia madre confidava sempre di poter vivere tranquilla in patria, sebbene i capi baathisti non vedessero di buon occhio gli intellettuali. Più di una volta aveva sentito dire da membri del partito che Saddam era talmente infatuato di Sati che, sotto il suo regime, sua figlia e le sue nipoti sarebbero sempre state al sicuro. Così la mamma decise di rimanere, sperando in bene, e si sforzò di vivere come meglio poteva, particolarmente in quei primi anni.

«Abitai con lei sino alla fine delle scuole superiori, poi, secondo il desiderio di mio padre, mi recai in Libano per frequentare l'università americana di Beirut, perciò quando mia madre incontrò la prima moglie di Saddam io non ero qui a Baghdad.

«Più tardi apprendemmo che Saddam aveva incoraggiato Sajida a fare amicizia con la mamma, per farsi consigliare nelle occasioni mondane: per questo motivo riceveva tanti inviti a presenziare alle cerimonie a palazzo. Lei, però, di solito aveva troppo da fare per occuparsene.» Mayada ridacchiò piano. «Per fortuna, in quel periodo rifiutare un invito del genere non aveva come conseguenza la tortura e la prigione.» Mayada si guardò attorno, nella stanza dove stava raccontando i successi in società di sua madre, e un'emozione le risuonò nella voce. Un solo soffio proveniente dalla loro piccola cella avrebbe significato la morte per Salwa Al-Husri.

«In ogni caso, la mamma mi fece visita a Beirut, dopo avere ricevuto un altro invito a palazzo. Sajida l'aveva pregata di recarsi là, dove ci sarebbe stato un gruppo di mogli di ambasciatori. Lei disse che, dal momento che quel giorno sarebbe stata libera, aveva accettato. Ero curiosa di sapere della moglie di Saddam, perciò le chiesi tutti i particolari.» Mayada sorrise, senza rendersene conto. «Non potevano esistere due donne più diverse di mia madre e Sajida Khayrallah Tilfah. Fin da principio il loro incontro nacque sotto una cattiva stella.

«Come sapete, la mamma aveva condotto una vita insolita per una donna araba: si era laureata in scienze politiche e aveva addirittura frequentato l'università inglese di Oxford per approfondire gli studi. Sua nonna era una sultana, una principessa della famiglia imperiale ottomana. Suo padre era uno degli uomini più rispettati del mondo arabo, un uomo che stimava l'istruzione e la cultura più di ogni altra cosa. Jido Sati possedeva case in vari Paesi arabi, perciò lui e la sua famiglia viaggiavano di continuo.

«La moglie di Saddam, Sajida, era figlia di un contadino, Khayrallah Tilfah. Fu allevata in casa di suo padre, sulla riva occidentale del Tigri, nel popolare distretto di Tikrit. A paragone con mia madre era un'incolta, e non conosceva nulla del mondo al di fuori di Baghdad e Tikrit. Sajida era stata data in moglie giovanissima al nipote di suo padre, Saddam Hussein, dal quale ebbe in poco tempo cinque figli. Quando il marito prese il potere, era disastrosamente impreparata alla sua nuova posizione di consorte del presidente dell'Iraq.»

Mayada si tirò su la coperta, per coprirsi le caviglie nude. «La mamma mi disse in seguito che detestava Sajida Tilfah, e non mi meravigliai quando mi disse che l'antipatia era reciproca.

«Le chiesi che aspetto avesse Sajida. Sebbene avessi visto alcune sue fotografie, credo che sia difficile intuire il vero volto di una persona nelle foto ufficiali. La mamma rispose che la sua prima impressione fu che sembrava un clown: aveva il viso coperto da uno spesso strato di trucco bianco; di primo acchito, disse la mamma, credette che qualcuno le avesse tirato in faccia della farina. Sajida era una donna dalla pelle olivastra, che sarebbe stata bella, ma che, viceversa, desiderava avere la pelle chiara; i suoi capelli scuri erano stati ripetutamente tinti, fino a diventare fragili e di un color giallo brillante.

«La mamma mi raccontò che per circa cinque minuti si era sentita spiacente per Sajida, ma dopo averla udita urlare insulti alle domestiche, la sua simpatia svanì.

Dopo la colazione, Sajida disse alla mamma che desiderava acquistare alcuni pezzi di argenteria d'antiquariato, e suo marito Saddam le aveva detto che Salwa avrebbe saputo riconoscere gli oggetti di qualità migliore, incoraggiandola a invitare mia madre ad andare con lei nei negozi. Ritenendo che quella donna avesse bisogno di essere guidata in società, la mamma accettò di accompagnarla. Ben presto però si pentì di avere accettato. Quando le due donne si trovarono insieme da sole, Sajida palpò la pelliccia della mamma, chiedendole se fosse vera; poi le prese una mano, toccando il suo anello di smeraldi, ed ebbe la faccia tosta di domandarle se fosse un'imitazione. La mamma balbettava di indignazione repressa: non è donna da portare pellicce false o imitazioni di gioielli, perciò era offesa e irritata. Si sforzò di escogitare una ragione plausibile per evitare lo shopping in programma, ma ormai era in trappola. Si recò dunque nel negozio di antiquariato con Sajida, quantunque disse poi di essersi vergognata di trovarsi in compagnia di una donna tanto volgare. Riferì anche di non sapere perché mai fosse stata invitata, dal momento che quella buffona non chiedeva il suo consiglio, bensì scorrazzava qua e là per il negozio, arraffando ogni oggetto appariscente a portata di mano. Poi umiliò ulteriormente mia madre andandosene senza pagare, e dicendo al preoccupato negoziante che di lì a poco sarebbe venuto qualcuno da palazzo a regolare il conto.

«La mamma disse di avere appreso in seguito che ogni negozio di Baghdad temeva la venuta di Sajida: se un commerciante veniva informato che stava arrivando, per lo più tirava giù le serrande e chiudeva bottega con il pretesto di un'emergenza famigliare. Era ben noto, infatti, che pur con tutte le sue ricchezze, di fatto rubate al popolo iracheno, Sajida non pagava mai il prezzo pieno: si sapeva che, dopo le sue visite, certi negozianti avevano dichiarato fallimento. Ma chi poteva lamentarsene? Se soltanto avessero insinuato che la moglie di Saddam non era altro che una volgare ladra, sarebbero stati uccisi.

«La mamma disse che, dopo essere risalite in auto per fare ritorno a palazzo, Sajida si mise a parlare ad alta voce di un suo problema con un'irachena di nome Sara, che apparteneva a un'antica, aristocratica famiglia cristiana dell'Iraq. In precedenza Sara si era trasferita a Parigi, e Sajida le aveva chiesto un 'semplice favore' per sua sorella, la donna che aveva sposato il fratellastro di Saddam, Barzan Al-Tikriti. La sorella di Sajida doveva recarsi a Parigi per sei giorni. Sajida disse che, mentre si trovava nella capitale francese, sua sorella aveva bisogno di aiuto: desiderava farsi allungare le ciglia di oltre due centimetri, nonché farsi ridurre i fianchi di dodici; voleva inoltre andare da DeBeers per acquistare a buon prezzo qualche diamante perfetto.

«Sajida non aveva creduto a Sara quando quest'ultima aveva replicato di non avere mai sentito parlare di un modo per allungare le ciglia; le aveva inoltre detto che l'unico sistema per ridursi i fianchi di dodici centimetri era ricorrere alla chirurgia plastica, ma per la convalescenza sarebbero occorsi molto più di sei giorni. Infine Sara aveva spiegato a Sajida che DeBeers era una compagnia che vendeva all'ingrosso, non direttamente a clienti singoli. Sajida era convinta che Sara mentisse, e che quell'irachena abitante a Parigi non avesse semplicemente voglia di aiutare sua sorella: credeva infatti che chi abitava in Francia potesse avere tutto ciò che si desiderava, purché avesse abbastanza soldi; sua sorella, però, poteva contare su tutte le ricchezze dell'Iraq, come spiegò a mia madre, senza che ce ne fosse alcun bisogno.

«Sajida disse allora alla mamma che avrebbe teso una trappola a Sara, invitandola a visitare l'Iraq; poi l'avrebbe fatta sbattere in galera.

«Mia madre era senza parole. Come Sati, era convinta che gli stupidi fossero pericolosi. Pensò a una possibile risposta alla storia di Sajida, dicendo che non aveva idea di che cosa potesse fare la medicina moderna, perciò non era lei la persona adatta alla quale rivolgersi. Ovviamente tale risposta irritò Sajida, che si ritirò in un angolo dell'auto, rifiutandosi di parlare. La mamma conosceva Sara, perciò le telefonò immediatamente, mettendola in guardia dal venire in Iraq», disse Mayada alle donne che l'ascoltavano estasiate.

Sabah mormorò: «Oh, accidenti. Non credevo proprio che Sajida fosse una persona tanto sgradevole».

«Senza dubbio lo è», confermò Mayada. Altri ricordi riguardanti Sajida fecero seguito al primo. «È davvero una ladra», aggiunse. «Ricordate che cosa accadde nel 1983, quando Saddam disse che ogni famiglia dell'Iraq doveva donare dell'oro per sostenere lo sforzo dell'esercito iracheno nella guerra contro l'Iran?»

Mayada vide parecchie donne-ombra annuire. Una, anziana, piangeva sommessamente. «Io non possedevo nulla d'oro. Mio marito era al fronte e non c'era modo di mettere insieme abbastanza soldi per comprare un ninnolo d'oro da offrire, perciò fui costretta a vendere la mia cucina economica. Da allora in poi ho cucinato all'aperto, su un fuoco di legna.»

A quelle parole, un velo di tristezza calò sul cuore di

Mayada. Sapeva bene che quelle donazioni erano fittizie, e che gran parte dell'oro non era mai giunto alla destinazione prevista.

«Lascia che ti racconti una storia vera su quel proclama. Riguarda la moglie di un ministro, molto amica della nostra famiglia: la dottoressa Lamya, moglie del dottor Sadun Hammadi, che fu primo ministro per un breve periodo nel 1991, ma venne subito destituito perché troppo onesto per succedere al governo corrotto di Saddam. In ogni modo, la dottoressa non era una donna avida. In realtà possedeva soltanto una parure di gioielli di pregio, un bellissimo completo d'oro e zaffiri, comprendente una collana, orecchini, braccialetto e anello. Era un dono di nozze di suo marito, ma quest'ultimo la indusse a offrirlo per la causa. Lei si lamentò poi di avere pianto per una settimana, dopo essersi dovuta separare da quei gioielli.

«Passò un anno, e la dottoressa Lamya fu invitata a una cerimonia alla quale partecipava anche Sajida. Non credette ai suoi occhi, quando la moglie di Saddam fece il suo ingresso in sala sfoggiando la *sua* parure di splendidi gioielli: gli stessi preziosi che aveva donato per la causa dei giovani iracheni in guerra adesso facevano bella mostra di sé intorno al collo e al polso di Sajida. Lamya ne rimase talmente sbigottita da non riuscire neppure a muoversi; incredula, non poté fare altro che rimanere immobile a fissarla. I suoi occhi sbarrati non sfuggirono a Sajida, che s'irritò e mandò una delle guardie del corpo a ordinare a Lamya di distogliere lo sguardo dalla 'Signora', come Sajida pretendeva di essere chiamata.

«Ora che sapeva che il suo sacrificio non era servito a nulla, la dottoressa Lamya corse a casa a dirlo al marito. Il dottor Hammadi le rispose di starsene zitta, dicendo che una protesta non le avrebbe fatto restituire i gioielli, ma avrebbe fatto finire in galera tutt'e due.

«E non è tutto. La smania di possesso di Sajida è tanto insaziabile da ordinare che tutti i preziosi rubati nel Kuwait durante la guerra del Golfo fossero portati nella sua residenza. Camionate intere di gioielli arrivarono direttamente nelle sue mani. Tutti i membri della famiglia dell'emiro del Kuwait possono trovare i loro preziosi averi nel palazzo di Sajida.

«Ci fu anche una storia buffa, che non scorderò mai. I domestici di palazzo riferirono che Sajida giunse persino a litigare con il suo secondo figlio, Qusay, sui tesori del Kuwait. Quest'ultimo ammirava in particolare una parure di brillanti, ma quando disse a sua madre che intendeva regalare quei gioielli a sua moglie, Sajida ordinò di buttarlo fuori casa: voleva tenere tutto per sé.»

Mayada fece un largo sorriso. «Più tardi alcune sue domestiche riferirono che lo spettacolo di Sajida che si precipitava su e giù per il palazzo con vassoi traboccanti di gemme era uno dei più ridicoli che avessero mai veduto. Quella donna insaziabile nascose un po' dovunque grandi quantità di gioielli, minacciando la servitù che avrebbe fatto tagliare la lingua a chi avesse ardito rivelarne i nascondigli a qualsiasi dei suoi figli.»

Iman emise un grugnito gutturale, bofonchiando: «Chi schifo! Noi iracheni morivamo di fame, e lei lì, grondante di perle e brillanti!» Si piegò in una profonda riverenza, imitando una gran signora che si sventaglia: non sarebbe stata più a lungo una simpatizzante della moglie di Saddam. La cella risuonò di risa soffocate.

Ora tornavano alla luce molti ricordi, rimasti impressi nella memoria di Mayada. «Potrei anche giudicare i suoi furti meno gravi della sua crudeltà», confidò. «È una donna capace di trattare la servitù con il più incredibile disprezzo.»

Rula, la devota, si rivolse a Mayada. «Non è una novità. L'avidità sembra andare a braccetto con la crudeltà.»

Mayada fu d'accordo. «Mi perseguita un episodio in particolare, riguardante una povera ragazza cristiana di nome Rosa, parente della bambinaia di Hala», spiegò. «Hala, come sapete, è la figlia più giovane di Sajida e Saddam, ed è l'unica dei loro figli a non essere nata con un cuore nero. Si sa che scivola alle spalle di sua madre per cercare di soccorrere i poveri infelici che attirano su di sé le ire materne. A differenza del resto della famiglia, ad Hala stanno veramente a cuore gli iracheni: si è saputo che si faceva dare denaro dai genitori per distribuirlo ai poveri. Comunque, la parente di Rosa pensò che poteva essere una buona compagnia per Hala, la quale, diceva, spesso sembrava sola nel palazzo. Mentre Hala era a scuola, a Rosa veniva assegnato qualche lavoro domestico a palazzo. Un giorno le fu detto di andare nella camera da letto di Sajida e passare l'aspirapolvere sul pavimento. Mentre lavorava, udì una specie di tintinnio metallico nel tubo dell'aspirapolvere, perciò spense l'elettrodomestico e guardò nel sacco. Con sua sorpresa, in mezzo alla polvere trovò un magnifico anello con un brillante.

«Rosa portò l'anello alla capo-cameriera, la quale lo restituì a Sajida, e si dice che costei ne fosse talmente felice da regalare l'anello a Rosa, come premio: sarebbe stata una salutare lezione per il resto della servitù, che, si lagnava lei, era piena di ladri.

«La giovane era fuori di sé dalla gioia per tanta fortuna. Dopo il lavoro corse a casa, per consegnare l'anello ai genitori. Costoro andarono da un gioielliere e lo vendettero; con il denaro ricavato la famiglia andò al mercato ad acquistare cibi speciali, poi pagò alcuni debiti e poté persino comprarsi abiti decorosi e qualche mobile economico. Con il rimanente del denaro furono pagate anche le riparazioni alla casa, che era in cattivo stato.

«Ebbene, qualche settimana dopo Sajida fece chiamare Rosa, per chiederle dell'anello: disse di avere creduto che fosse un anello di vetro, e per quel motivo glielo aveva regalato; poi però aveva scoperto che si trattava di un raro diamante bianco-azzurro, e ordinò bruscamente a Rosa di restituire subito l'anello.

«Rosa per poco non svenne. Balbettando, rispose che nella sua famiglia nessuno aveva bisogno di un anello del genere, perciò lo avevano venduto il giorno stesso.

«Sajida cominciò a urlare e a insultarla, minacciando di farle radere al suolo la casa se l'anello non le fosse stato reso il giorno seguente. Rosa corse dai genitori e li informò della terribile piega presa dagli avvenimenti; andarono dal gioielliere per tentare di farsi dare indietro l'anello, ma gli venne risposto che una signora lo aveva comprato proprio quel giorno pagando in contanti, senza lasciare né nome né indirizzo.

«Il giorno dopo la povera Rosa affrontò Sajida, confessandole che l'anello era stato venduto; né la sua famiglia, aggiunse, aveva alcuna possibilità di sostituirlo con un anello di pari valore.

«Sajida balzò in piedi e prese la ragazza a pugni e calci, insultandola. Si era ormai scordata della miseria di quando era giovane, e non aveva idea della povertà delle sue domestiche irachene, perciò non credette che la famiglia di Rosa avesse venduto l'anello per acquistare cibo o abiti, accusando la ragazza di tenere l'anello per sé. Chiamò le guardie del corpo. Andava avanti e indietro, imprecando; poi afferrò i lunghi capelli neri di Rosa, la cosa più bella che aveva, e ordinò alle guardie di rasarle la testa. La povera ragazza parve impazzire. Poi, dato che Rosa protestava e si dibatteva mentre le tagliavano i capelli, Sajida ordinò di frustarla. Le guardie obbedirono, frustando Rosa sul dorso fino a farne scoppiare le vesciche. A quel punto Sajida era fuori di sé, e ordinò a una cameriera di portare un ferro da stiro. Il ferro fu collegato a una presa di corrente, Sajida fece immobilizzare sul pavimento le mani di Rosa e comandò a una guardia di stirargliele con il ferro. Le sue grida fecero infuriare ancor di più Sajida, perciò ordinò di premerle più forte il ferro sulle mani e sulle dita, ustionandola orribilmente. Sajida sghignazzava, dicendo a Rosa che adesso poteva anche restituire l'anello: le sue dita e le sue mani, infatti, erano talmente devastate che senza dubbio si sarebbe vergognata a portare un anello così bello.

«Rosa venne quindi gettata fuori del palazzo. Vagabondò per le strade con le mani bruciate, la testa rasata a zero e la schiena coperta di piaghe, finché un tassista di buon cuore la portò a casa.»

Gli occhi di Mayada si velarono mentre fissava a una a una le donne che dividevano con lei la cella. «Questo, care compagne, spiega il vero animo di una donna che vuol essere chiamata 'la signora'.»

La cella non era mai stata tanto silenziosa. Mentre molti uomini, in Iraq, adottavano le pratiche brutali che affliggevano il Paese, raramente le detenute avevano sentito parlare di una donna così spietata da infliggere lesioni fisiche.

Tutte volsero lo sguardo verso la dottoressa Sabah, quando quest'ultima tossicchiò, schiarendosi la voce. I suoi sentimenti si manifestarono prima negli occhi scuri, poi sulle labbra sottili. Si tirò una coperta sulle spalle, legandosela davanti con un grosso nodo, e disse: «Voglio parlarvi della mia vita. Sono nata povera, ma, a differenza di Sajida, non l'ho mai dimenticato. Mio padre era un semplice operaio in una fabbrica di sigarette, alla periferia di Baghdad; mia madre una casalinga analfabeta. Io li guardai faticare fino a invecchiare innanzi tempo. Volevo sfuggire alla fatica che rompeva la schiena ai miei genitori, perciò, invece di sgobbare con il corpo, lavorai duro con la mente. Ogni anno ero la prima della classe, e scelsi di studiare ingegneria. Come molti iracheni, fui molestata finché non m'iscrissi al partito Baath, ma non avevo le sue dottrine nel cuore. Pronunciavo con la bocca le parole che sapevo di dover pronunciare per allontanare da me i sospetti, e pensavo solo al lavoro.

«Mi impegnai più di qualsiasi uomo al ministero delle Costruzioni e dei Lavori Pubblici. Mi venne riferito dal mio superiore che persino Saddam aveva sentito parlare della mia determinazione e delle mie capacità, e nel 1979 ordinò che fossi io il prossimo direttore generale della Direzione Progetti Costruttivi. Credetti che il mio futuro fosse assicurato: ero giunta ai massimi livelli in un campo abitualmente riservato agli uomini, e nel giro di appena pochi anni.

«Tuttavia, non molto dopo la mia promozione a direttore generale, tutto crollò. Mi ordinarono di prendere parte a una riunione al quartier generale del partito. Un nostro collega fu accusato di complottare contro Saddam. Io lo conoscevo bene: era un mio ex compagno di università, ora collega di lavoro. Conoscevo anche sua moglie, avevo tenuto in braccio i loro figli, e sapevo che non era un cospiratore. Tuttavia mi fu detto che, in qualità di direttore generale, dovevo prendere parte all'esecuzione del mio amico. Non riuscivo a muovere un muscolo». Con un mezzo sorriso, la dottoressa Sabah si guardò attorno nella cella. «Rifiutai di prendere in mano l'arma che mi veniva offerta. Che cosa potevo fare? Vomitai. Dappertutto. Mi vomitai sulle scarpe e su quelle del funzionario del partito che mi diceva che dovevo giustiziare il mio amico. Lui mi diceva: 'Lo uccida!' e io vomitavo. Lui mi urlava: 'Prenda quella pistola!' e io vomitavo. Alla fine scappai da quell'edificio e feci di corsa tutta la strada fino a casa, a più di trenta vie di distanza. Il giorno dopo mi diedi malata, e il giorno dopo ancora. Il terzo giorno mi fecero visita due uomini con occhiali da sole scuri. Erano cortesi: mi strinsero la mano, poi dissero che erano del Mukhabarat, e che sapevano che avevo disobbedito agli ordini. Sapevano che avevo vomitato, anziché uccidere un criminale che aveva minacciato la stabilità stessa dell'Iraq. Io stavo lì come un coniglio spaventato, incapace di parlare, incapace di muovermi. Notai, però, una cosa buffa: quei due duri si tenevano ben lontani da me. Supposi che mi credessero capace di vomitargli sulle scarpe nere, belle lustre. Cominciarono a stancarsi di aspettare che parlassi, e alla fine uno dei due disse che era stato riferito a Saddam che avevo vomitato. Il nostro stimato leader aveva detto di riferirmi che ne comprendeva il motivo: avevo vomitato perché ero una donna. Mi dissero che la vacanza era finita, e dovevo tornare al lavoro insieme con loro. Immaginai che mi portassero in prigione, ma i due affermarono che Saddam aveva detto di non arrestarmi, ma di darmi piuttosto un'altra possibilità.

«Mentre andavamo nel mio ufficio, uno di quegli uomini mi guardò con un sorrisetto affettato, e chiese: 'Come sta il suo fratellino minore, Ahmed? Gode di buona salute?' Aggiunse di sperare che Ahmed avesse davanti a sé un roseo avvenire. Mi resi allora conto che tutta la mia famiglia era in pericolo. Avrei voluto tornare alla mia vita semplice, ma non potevo. Non sapendo come cambiare le cose, ripresi il lavoro, ma non apprezzai più, come prima, ogni minuto della giornata. Aspettavo sempre un altro ordine di uccidere questa o quella persona. Fortunatamente, per un bel pezzo tutto filò liscio. Sposai un brav'uomo. Ebbi due figli meravigliosi e una bella bambina. Non mi fu chiesto di uccidere nessuno. Poi, nel 1992, tutto nuovamente crollò. Questa volta il problema era di natura differente. Con tutto l'Iraq sottoposto alle sanzioni, Saddam convocò un'importante riunione sulle difficoltà finanziarie. Costruiva un palazzo dopo l'altro, ma ci disse che, in quanto direttori, dovevamo escogitare il modo di trovare il denaro necessario a pagare *tutte* le spese del nostro ministero. Avvertì che, a partire da quel giorno, i finanziamenti erano tagliati: il governo non avrebbe più versato denaro per pagare lo stipendio ai dipendenti, coprire le spese correnti o finanziare progetti di costruzioni. Noi, direttori, dovevamo studiare un sistema per fare soldi e sostenere il governo.

«Dopo la riunione, a parecchi fu concesso di ringraziare Saddam per averci offerto la possibilità di aiutare la patria. Quando fui davanti a lui, rise per la prima volta quel giorno, chiedendomi se di recente avessi sofferto di altri attacchi di vomito. Tutti i presenti risero con lui, perfino io. Risposi di no, ringraziandolo per avermelo chiesto.»

La dottoressa Sabah esprimeva ora un palese furore. «Dissi a me stessa: lasciali ridere! Ero l'unica, lì, a non avere le mani sporche di sangue. Lasciai la riunione oppressa dalla preoccupazione, sapendo che, se non avessi trovato il modo di far fronte alle spese, avevo da perdere molto di più del semplice lavoro. Avevo un marito e dei figli che amavo, fratelli e sorelle cui volevo bene, che a loro volta avevano dei figli. Per parecchi giorni camminai come in trance, pensando e ripensando come trovare abbastanza soldi da finanziare l'intero dipartimento.

«Un giorno, in un cantiere, ebbi un'idea. Mi guardai attorno, notando grandi quantità di legname, cemento, viti e chiodi. Tornai in ufficio e telefonai ad Abu Kanaan, un mio dipendente, e studiai il mio progetto.

«Il mio intento era il seguente: l'ente che dirigevo era stato creato esclusivamente per gestire programmi edilizi. Stipulavamo contratti con varie imprese, che erano indipendenti e facevano parte del settore privato. Un'impresa procurava le attrezzature, un'altra il legname, un'altra il cemento e così via. Decisi di avviare una nuova politica: a ogni appaltatore impegnato nel progetto sarebbe stato richiesto di lasciare a noi il materiale non utilizzato. Preso singolarmente, nessun impresario avrebbe subito una grave perdita, ma, messi insieme, i loro materiali abbandonati avrebbero avuto un valore. A causa delle sanzioni, in Iraq scarseggiava tutto, perciò sapevo che, vendendola all'asta, avremmo potuto spuntare il prezzo più alto per ogni cosa; poi avremmo impiegato i profitti delle vendite per pagare gli stipendi e coprire le altre spese.

«Presentammo i nostri suggerimenti direttamente a Saddam, il quale studiò le nostre valutazioni e ne parve impressionato. Ci disse di procedere. Il nostro ente mise in pratica il progetto per parecchi anni, e riuscimmo a coprire con successo le spese del dipartimento.

«Cinque mesi fa mi fecero nuovamente visita due uomini con gli occhiali scuri, che vennero nel mio ufficio. Ebbi il terrore che venissero a ordinarmi di sparare a qualcuno, e chiesi di poter parlare con mio marito e i miei figli. Mi fu proibito. Dissero che avevano bisogno di me solo per un'ora o due, essendo necessario che rispondessi a qualche domanda. Mi portarono direttamente qua. Appena scesi dall'automobile mi bendarono gli occhi e mi fecero salire alcuni gradini. Non ci vedevo, ma quando fui sopraffatta da un intenso odore di orina seppi di andare incontro a qualcosa di terribile. Mi tolsero la benda dagli occhi, e mi trovai di fronte un uomo che immediatamente mi schiaffeggiò, abbaiando: 'Benvenuta, ladra!'

«Quando mi interrogarono, mi fu detto che ero in arresto per essermi servita della mia posizione per 'rubare' beni e attrezzature di privati. Il mio 'crimine' era definito cospirazione per danneggiare l'economia dello Stato. E questo benché non avessi tenuto per me un solo dinaro: ogni soldo di ogni asta era stato versato nelle casse del ministero.» Corrugò la fronte. «I miei aguzzini insinuarono che sarei stata condannata a venticinque anni di prigione. Non credo che mio marito e i miei figli sapessero dove mi trovavo, sebbene mi dicessero che erano stati informati che ero una ladra.»

La dottoressa Sabah singhiozzò, fissando la parete. Mayada la guardava e sentì gli occhi riempirsi di lacrime. *Venticinque anni!* La dottoressa Sabah non sarebbe mai sopravvissuta a una condanna a venticinque anni, avendone già cinquanta. Avrebbe desiderato confortarla in qualche modo, ma non sapeva che dirle. Prese allora a parlare senza realmente sapere che cosa diceva.

«Avremo la nostra vendetta, anche se non sappiamo come», meditò ad alta voce. «Saddam annaspa freneticamente in cerca di idee per puntellare la sua reputazione in declino. Adesso il suo unico passatempo è gonfiare e tirare a lucido le sue grandi opere. Dato che idolatra se stesso, si crede idolatrato dagli altri. Vuole una cosa soltanto: vivere per sempre nel ricordo degli arabi come un grande eroe. Ma ciò non avverrà mai. Ricordo quello che mi diceva Jido Sati: la storia non dorme mai. Quando gli storici futuri scriveranno di Saddam Hussein, riempiranno pagine e pagine con i suoi fallimenti, ma invano frugheranno negli archivi in cerca di *un'unica cosa positiva* da dire su di lui. Che potrebbero scrivere? Solo che Saddam Hussein costruì un sacco di edifici. Un'inutile eredità di sassi.»

Mayada si guardò attorno. Le donne-ombra pareva l'ascoltassero, ma non ne era sicura. Sospirò, si alzò, arrotolò la coperta e andò in un angolo del locale, rimanendovi in silenzio mentre studiava a uno a uno i volti delle altre.

La loro piccola cella era di per sé un mondo di affanni, con ogni donna pazza di angoscia per la propria famiglia, madri disperate dallo strazio emotivo di non veder crescere i loro figli.

Muna dal dolce viso piangeva zitta zitta. La labbra della dottoressa Sabah erano piegate all'ingiù: l'intero suo atteggiamento pareva ripiegarsi su se stesso sotto il peso del dolore. Il volto di Aliya era talmente rosso da sembrare in fiamme.

Via via che gli occhi di Mayada passavano da un viso all'altro, tutti molto espressivi, le appariva chiaro che una pena profonda affliggeva il cuore di ogni donna-ombra. Questa era la vita in prigione, si disse: lacrime, paura e dolore.

Si girò verso Samira. L'amabile sciita era silenziosa, ma il suo aspetto desolato diceva più di libri interi.

I pensieri di Mayada si rivolsero ai responsabili di quelle dissennate torture e di tante sofferenze. Per quanto Saddam Hussein fosse il responsabile di avere trasformato il moderno Iraq in un inferno sulla terra, una seconda persona era artefice di molte lacrime degli iracheni, un individuo che non avrebbe mai dimenticato.

Mayada fissava il soffitto, rammentando uno degli uomini più belli che avesse mai incontrato. Davanti agli occhi le vagava l'immagine del suo viso attraente, mentre ricordava come un sorriso allegro gli increspasse di frequente le labbra. Era così bello che si diceva che molte donne si fossero innamorate di lui al primo sguardo. Quando Mayada lo incontrò per la prima volta, suo marito Salam aveva già distrutto ogni possibilità di amore nel loro matrimonio. Il cuore di Mayada era vuoto, era una donna vulnerabile. Fortunatamente, però, l'autentica natura di quell'uomo così bello non tardò a rivelarsi, perciò Mayada non nutrì mai alcun pensiero di destare in lui sentimenti romantici: aveva fatto presto a scoprire che il suo viso affascinante nascondeva un'anima corrotta.

Era uno degli uomini più spietati dell'Iraq. Il suo nome era Ali Hassan al-Majid, meglio noto al mondo come Ali il Chimico, colui che uccise con i gas migliaia di curdi iracheni.

6

Ali il Chimico e il velo

MAYADA incontrò per la prima volta Ali Hassan al-Majid, cugino primo di Saddam Hussein, nell'aprile del 1984. A quel tempo si sapeva poco dell'uomo che era stato posto di recente a capo della polizia segreta della nazione, dopo che il dottor Fadil era stato promosso capo dei servizi segreti.

Quell'aprile fioriva dolce e sereno. I giorni primaverili erano caldi e assolati, le notti fresche e piacevoli. Gli abitanti di Baghdad sapevano che, appena la lunga stagione estiva fosse scesa sulla città, la buona società si sarebbe ritirata in casa per sottrarsi al calore torrido; perciò in primavera il calendario mondano della Baghdad bene era affollato di ricevimenti in giardino.

Per svariate sere alla settimana il curatissimo giardino di Salwa era teatro di brillanti cene in piedi. Prima dell'arrivo degli ospiti di ogni serata, i domestici di Salwa portavano fuori casa divani e poltrone, disponendoli all'esterno sotto le imponenti palme da datteri, per dare il benvenuto agli invitati che sarebbero giunti subito dopo il tramonto, quando il cielo azzurro acquamarina trascolorava in roseo.

In quei giorni Mayada vestiva alla moda e le piaceva mostrarsi con i modelli chic acquistati dalla madre a Parigi,

Roma o Londra. Non poteva sapere che era l'ultima estate in cui sarebbe stata una delle donne più eleganti di Baghdad. Bellezze irachene dalla pelle scura, con i neri capelli ornati di fiori variopinti, passeggiavano nel giardino di Salwa in abiti occidentali di gran classe, che spesso oltrepassavano i limiti della decenza mediorientale, mentre uomini eleganti fumavano sigari, vuotavano bicchierini di liquore e bisbigliavano cattivi presentimenti sulla guerra in corso, confidando che le loro opinioni non fossero registrate nell'inviolabilità del giardino di Salwa Al-Husri.

Nonostante quei momenti gradevoli, tenebre crescenti si addensavano sul Paese. Da quattro lunghi anni infuriava una guerra atroce con i vicini iraniani, spaventando la popolazione, avvezza a conflitti che non duravano più di un mese. Tuttavia, come rammentavano a se stressi, avevano poca esperienza di scontri con altri musulmani: di solito l'Iraq combatteva contro Israele, e tutti sapevano che con gli ebrei le ostilità non duravano molto a lungo.

Gli iracheni avevano buone ragioni per supporre che la guerra in corso con l'Iran sarebbe stata breve. Poco dopo l'inizio del conflitto del 1980, la Lega Araba aveva istituito un «Comitato di buona volontà» composto da personalità di spicco, inviandolo a Teheran per trattare la pace. In Iraq si riteneva che il comitato sarebbe presto tornato a Baghdad con un accordo.

Mayada, tuttavia, aveva cattivi presentimenti in proposito, per via di una finestra sull'opinione pubblica mondiale cui pochi suoi connazionali avevano accesso. In patria la maggior parte delle pubblicazioni straniere era vietata, ma sua madre era da poco rientrata da un viaggio all'estero con le valigie piene di materiale proibito, comprese parecchie riviste. Nessuno, alla frontiera irachena, osava frugare nei bagagli di Salwa Al-Husri, amica di famiglia del dottor

Fadil, così, una volta disfatti i bagagli, lei faceva circolare i giornali stranieri, alcuni dei quali analizzavano l'attuale situazione fra Iran e Iraq. Mayada li lesse tutti, chiedendo ad amici di tradurle le lingue che non conosceva.

Lo spettro della personalità caparbia di Khomeini, sostenuta da milioni di iraniani disposti a morire per lui, raffreddava gli entusiasmi di Mayada. Con una popolazione tre volte superiore a quella dell'Iraq, l'Iran era in grado di assorbire tre perdite per una irachena, ed era governato da un uomo testardo quanto Saddam Hussein. Le cifre non erano di buon auspicio per Baghdad.

Nell'ottobre del 1980, dopo due mesi di guerra, Mayada e alcuni colleghi sedevano negli uffici al quarto piano di *Al-Jumhuriya*, che dominavano Baghdad. Senza confessare ai colleghi di avere letto riviste europee, lei espresse l'opinione che la guerra si sarebbe rivelata lunga e difficile. Gli amici risero della sua ingenuità e, consentendo alle loro risate di mettere a tacere i suoi dubbi, Mayada accantonò le riserve e si unì alla conversazione, che verteva sulla possibilità di un conto alla rovescia di dieci giorni per avere la meglio sugli iraniani. I giornalisti lì riuniti provarono perfino ad abbozzare una celebrazione della vittoria; una sconfitta era così inconcepibile che semplicemente non veniva presa in considerazione.

Poi, però, un ingente numero di cadaveri iracheni cominciò ad arrivare dal fronte. D'un tratto le vie di Baghdad si riempirono del fluttuare di funebri bandiere nere, ognuna delle quali fregiata del nome di un soldato e del luogo dov'era caduto, insieme con un versetto del Corano («I martiri non muoiono mai») e uno slogan di Saddam («I martiri sono più generosi di tutti noi»). La quantità di bandiere nere aumentava di giorno in giorno, e presto tutti si resero conto che l'esercito iracheno stava subendo una copiosa emorragia di uomini.

I primi tempi Saddam assegnò alla famiglia di ogni martire un appezzamento di terra, cinquemila dinari [quindicimilacinquecento dollari] e una Toyota ultimo modello. In breve un'orecchiabile canzoncina infantile fu modificata, adattando i versi alla situazione corrente, per esprimere lo scherno degli iracheni di fronte al terribile costo della guerra:

Ora mio padre tornerà dal fronte
chiuso in una bara.
Mia madre sposerà un altro uomo,
ma io viaggerò su una Toyota nuova.

Per quanto Mayada soffrisse moltissimo per le devastanti incursioni aeree, impietrita dalla paura per la sua bambina di un anno, si sentiva stranamente estranea al conflitto in sé e per sé. A differenza della maggior parte degli iracheni, non aveva al fronte un fratello, un padre, uno zio o un cugino: tutti i suoi parenti maschi erano morti o in esilio e suo marito non correva rischi immediati, essendo di stanza in una base vicina alla capitale. Di fatto, Salam godeva di privilegi tali che gli era permesso andare a casa un giorno sì e uno no.

Mayada stava facendo carriera come autrice di articoli di costume sulla rivista *Alef Ba* di Baghdad. La sua situazione professionale era un po' particolare, dal momento che generalmente il giornalismo era aperto solo ai membri del Baath ma, poco dopo che al-Bakir e Saddam erano saliti al potere, fu chiaro che le famiglie Al-Askari e Al-Husri erano talmente fedeli al nazionalismo arabo da non avere bisogno di aderire al partito per dimostrarlo.

Dopo che il dottor Fadil aveva fatto amicizia con la sua famiglia, nel 1979, altri vantaggi inattesi per un non baathista cominciarono a riversarsi sulla vita di Mayada: fu assunta come giornalista e commentatrice di costume presso varie testate e invitata a entrare nella Federazione dei giornalisti e nell'Unione degli scrittori. Per otto anni lavorò presso l'Organizzazione laburista araba e, a differenza di tutti gli altri in quell'ente, grazie al buon nome della sua famiglia e all'influenza di Al-Barrak non fu mai costretta a collaborare con gli agenti dei servizi segreti, cosa che l'avrebbe costretta a fare la spia sui colleghi, gli amici e persino i parenti. Conosceva un uomo dell'Organizzazione laburista araba che aveva addirittura denunciato la moglie per avere deriso Uday, il figlio maggiore di Saddam: ora la sventurata era in prigione, dove avrebbe scontato una lunga condanna. Nonostante tutto, nessuno la interpellò per iscriversi al partito Baath.

A dispetto del suo isolamento politico, il buonsenso suggerì a Mayada di non azzardarsi a cimentarsi con il giornalismo politico; scelse invece di parlare del suo amore per l'Iraq, che era sincero, e di scrivere storie sentimentali.

Tuttavia, un giovedì mattina dell'aprile 1984 la sua beata estraneità alle questioni politiche ebbe bruscamente fine. Kamil Al-Sharqi, il caporedattore di *Alef Ba*, la convocò nel suo spazioso ufficio per dirle: «Sono tempi difficili. Tutti gli iracheni si devono sacrificare. Abbiamo molti giornalisti al fronte, e ora i nostri commentatori di costume devono accettare ulteriori incarichi».

Mayada annuì, incerta su dove volesse andare a parare quella conversazione. «Lei è stata scelta per scrivere un pezzo su Saddam e la politica di sicurezza irachena nel corso di questa guerra con l'Iran. Deve procurarsi un appuntamento con Ali Hassan al-Majid e, mentre lo intervista, cerchi di scoprire anche qualche risvolto personale sull'uomo. Il pubblico è curioso di sapere qualcosa sul misterioso cugino del nostro grande leader.»

A quella richiesta inattesa, lei scosse la testa sbalordita. Benché avesse già ricevuto più di un riconoscimento da parte di Saddam, non faceva parte della sua cerchia più ristretta. Kamil credeva forse che potesse comporre il numero del palazzo e chiedere al presidente di farle concedere un'intervista da suo cugino? Se era così, il suo superiore si sbagliava.

Rimase in silenzio, sforzandosi di ricordare il poco che aveva sentito dire su Ali Hassan al-Majid. Fadil era stato da poco promosso capo dei servizi segreti e, quando aveva parlato della promozione con Mayada e sua madre, aveva accennato di sfuggita che il cugino primo di Saddam lo avrebbe sostituito come direttore generale della polizia segreta, meglio conosciuta come Amin Al-Amma. Quella posizione faceva di Ali al-Majid un uomo estremamente potente; inoltre, era uno dei membri più eminenti del partito Baath. Nonostante la sua nuova carica, però, Mayada aveva saputo da alcuni giornalisti che il cugino del presidente aveva poca dimestichezza con i mass media e rifiutava tutte le richieste di un'intervista, nell'intento di mantenere un basso profilo pubblico.

Per quanto soddisfatta della stima dimostratale, Mayada lasciò l'ufficio di Kamil con un presentimento. Stava per addentrarsi su un terreno nuovo, ma non poteva rifiutare un incarico del genere e aspettarsi poi ulteriori avanzamenti nella carriera. Dal momento che Ali odiava la stampa, non aveva idea di come fare, anche perché lui era molto impegnato per via della guerra. Che cosa lo avrebbe convinto a concedere un'intervista a lei, una commentatrice di costume, esponente di quello che molti consideravano un giornalismo morbido, da riviste femminili?

Mayada trascorse il pomeriggio telefonando a svariati amici che avrebbero potuto contattare Ali Hassan al-Majid. Dopo averne interpellato invano oltre una decina ed essersi sentita rispondere da tutti che stava perdendo tempo, decise di tornare a casa: forse sua madre avrebbe avuto una buona idea.

Quella sera, dopo avere messo a letto Fay, sedette a tavola con la mamma per cenare. Appena la cuoca ebbe servito il pasto e fu tornata in cucina, Mayada spiegò il suo delicato problema a Salwa.

Lei ascoltò con attenzione, poi le diede volentieri un consiglio: «Chiedi al dottor Fadil di intervenire in tuo favore. Ha telefonato poco fa, dicendo che più tardi ha intenzione di fare un salto da noi». Notando lo sguardo scettico della figlia, Salwa la rassicurò, fiduciosa: «Ti aiuterà, ne sono certa».

Ma lei non ne era molto convinta. Più di una volta aveva udito Al-Barrak insultare Ali Hassan al-Majid: senza dubbio detestava quell'individuo. Sosteneva infatti che fosse un bruto privo di educazione, come gran parte dei parenti di Saddam e, sebbene la sua nuova carica lo ponesse al di sopra di Ali nella scala gerarchica, il cugino di Saddam era più vicino e più caro al potente presidente, il che gli avrebbe assicurato il sopravvento in qualsiasi contrasto politico con Fadil. Quest'ultimo ne era consapevole, e ciò spiegava la sua antipatia per al-Majid. Perché, dunque, si sarebbe dovuto mettere in contatto con una persona che odiava? Solo per aiutarla?

Mentre aspettava la visita del dottore, Mayada prese carta e penna e mise per iscritto tutto ciò che aveva sentito sul conto di Ali. Dalle poche fotografie che aveva visto, era un bell'uomo, probabilmente sulla quarantina. Era nato a Tikrit ed era il primogenito dello zio di Saddam, il fratello del defunto padre di quest'ultimo. La sua famiglia, al pari di quella del dittatore, apparteneva al clan sunnita degli al-Bejat, che faceva parte della tribù dominante nel distretto di Tikrit, quella degli al-bu Nasir. Come per tutti gli iracheni di quel tempo, la lealtà tribale aveva avuto un influsso determinante sulla sua vita, inducendolo a creare legami strettissimi con i membri del clan, Saddam compreso.

Fin da giovane Ali al-Majid era stato un fervido sostenitore del partito Baath ma, a differenza del cugino, era sempre rimasto relegato ai livelli più bassi; di fatto, prima del 1968 era un appuntato che svolgeva mansioni di motociclista portaordini. Appena Saddam ebbe consolidato il proprio dominio, però, la sua influenza era schizzata alle stelle.

Ali aveva già dimostrato di avere fiuto per il potere quando aveva sposato la figlia di Ahmed Hassan al-Bakir, presidente dell'Iraq dopo la rivoluzione del 1968, ma nel 1979, quando Saddam aveva destituito al-Bakir e si era insediato al suo posto, Ali era rimasto dalla parte della propria tribù e del cugino, invece che del suocero. Nella società irachena, la sua decisione non era certo sorprendente: se costretto a scegliere, un uomo si manteneva sempre fedele al proprio clan, anziché alla famiglia della moglie.

Dopo l'ascesa di Saddam, Ali si era fatto velocemente strada nel partito Baath, diventando anche uno dei collaboratori più fidati del dittatore. Era un baathista veterano, nonché membro di alto rango del Consiglio direttivo della rivoluzione. Con il protrarsi della guerra contro l'Iran, al-Majid era adesso uno dei più stretti consiglieri militari di Saddam.

Quando Fadil arrivò, Salwa cercò subito di introdurre l'argomento. Gli versò da bere e si complimentò con lui per il suo ultimo libro, quindi disse: «Mia figlia ha un grande favore da chiederle».

Mayada studiò la sua reazione: il dottore non sembrava entusiasta. In molte occasioni si era dimostrato simpatico e servizievole, ma da quando, due anni prima, lei aveva goffamente richiesto il suo intervento per aiutare Um Sami a rintracciare i figli, Al-Barrak diffidava delle sue preghiere.

Parlò tutto d'un fiato: «Kamil mi ha dato un incarico difficile: devo contattare Ali Hassan al-Majid e farmi rilasciare un'intervista. Il mio capo vuole un articolo sulle politiche di sicurezza irachene e su Saddam. Infine, già che ci sono, mi è stato detto di scoprire il 'vero' uomo dietro il militare. Finora, nessuno è stato in grado di aiutarmi, perché Ali è molto sfuggente».

Fadil sussultò. «*Ali Hassan al-Majid?* Perché diamine il popolo iracheno dovrebbe interessarsi a lui? Io ci sputo sopra!» esclamò, mimando il gesto.

Salwa assistette a questo sfogo con un mezzo sorriso sulle labbra. Sorseggiò il caffè, poi osservò: «Dottor Fadil, non importa se non può farlo. In ogni caso, sembra che nessuno sia capace di convincere al-Majid a concedere un'intervista. Sono certa che rifiuterebbe, come ha già fatto con tutti gli altri. Ormai è troppo potente per perdere tempo con chi ritiene inferiore».

Alle parole di Salwa, un'inconsueta espressione di minaccia balenò negli occhi dell'ospite. Per un istante rimase a bocca aperta, prima di spingere indietro la sedia e balzare in piedi rovesciando addirittura il bicchiere, paonazzo in volto. «Lei crede davvero che *oserebbe* rifiutare qualcosa a me? Mai!» Al-Barrak fumò di collera per qualche minuto, poi abbassò gli occhi su Mayada e annunciò, senza esitazioni: «Avrai la tua intervista, non preoccuparti». Poi se ne andò con impeto, urlando: «Ti telefonerò domani per comunicarti il luogo e l'ora dell'appuntamento».

Dopo che si fu sbattuto la porta alle spalle, la madre di Mayada scoppiò a ridere, battendo piano le mani. «Eccoti una lezioncina, figlia mia. Nessun uomo arabo può tollerare di sentirsi dire che un altro crede di essere più forte di lui, e farà qualsiasi cosa per provare il contrario.»

Il mattino seguente Mayada era ancora a letto e pensava con ansia alla giornata e all'impegno che aveva davanti, quando il telefono squillò. Era il dottor Fadil. Il tono della sua voce era formale, quasi sbrigativo: «Ali Hassan al-Majid è lieto di vederti. Va' al mio vecchio ufficio, lui passa lì le giornate. Lunedì, alle nove in punto. Fammi poi sapere com'è andata». Riagganciò prima che lei avesse la possibilità di ringraziarlo.

Ancora una volta Al-Barrak l'aveva avuta vinta per lei. Mayada balzò giù dal letto piena di nuova energia, impaziente di vedere la faccia di Kamil quando lo avrebbe informato di essersi assicurata un'intervista con lo sfuggente cugino di Saddam. L'articolo sarebbe stato un trionfo per la rivista.

Per quanto lieto, Kamil non dimostrò la sorpresa che lei si aspettava di fronte alla buona notizia. La invitò invece nel suo ufficio a preparare le domande, poi concluse l'incontro: «È difficile darti dei consigli. Nessuno conosce quell'uomo, questa è la sua prima intervista. Segui l'istinto e vedi dove ti porta il discorso».

Il lunedì successivo Mayada si recò all'ufficio un tempo occupato dal dottor Fadil. Era inquieta, e per un attimo desiderò di essere andata lì a trovare lui, anziché il suo temibile successore. Le tremavano le mani per il nervosismo; non sapeva che cosa aspettarsi.

La scortarono fin nel suo studio, e notò con sorpresa che

Ali Hassan al-Majid non aveva cambiato nulla dell'arredamento. Il soffitto era sempre quello più adatto a una discoteca, i tavolini da gioco erano ancora lì, come anche i vecchi mobili scelti da Al-Barrak. Abbassando gli occhi, vide il pavimento coperto dallo stesso tappeto marrone su cui Fadil era solito camminare avanti e indietro. Poi guardò verso il fondo della stanza.

Ali Hassan al-Majid era in piedi dietro la scrivania.

Era alto e snello, con le spalle larghe. Aveva occhi grandi ed espressivi, nerissimi, il naso piccolo ma ben proporzionato rispetto al viso, la carnagione levigata e chiara. Un paio di baffi perfettamente curati gli ombreggiava le labbra, distese in un sorriso che scopriva denti bianchissimi e regolari. Con incedere militaresco si diresse verso Mayada. Torreggiò su di lei, fissandola studiatamente negli occhi e le indicò una poltrona di fronte alla scrivania: «Benvenuta nel mio ufficio. Si sieda, prego, stia comoda».

Mayada obbedì, poi si affannò a frugare nella borsa in cerca della penna e del taccuino. Con in mano gli attrezzi del mestiere, cominciò a fare domande a raffica, trascrivendo le risposte di Ali senza riuscire a concentrarsi, nel tentativo di concludere al più presto quell'intervista pericolosa.

Con aria interrogativa, Ali la guardava comportarsi in quel modo buffo.

«Così lei è la nipote del grande Sati Al-Husri?»

Mayada sbirciò da dietro il taccuino, accorgendosi che lui la squadrava con gli occhi socchiusi, mentre si strofinava il mento con una mano.

«Sì. Sati Al-Husri era il padre di mia madre.»

«Per Dio, Saddam dice che suo nonno era uno dei più grandi arabi, un uomo raro, uno studioso dai nervi d'acciaio. È vero che non permise agli inglesi di rubare tutti i nostri tesori?»

L'ansia di Mayada si affievolì un poco. «Be', non che li abbia affrontati con una spada in mano. Jido Sati era ragionevole ma brillante, perciò giocò piuttosto d'astuzia.»

Il suo interlocutore la fissò, riflettendo sulla sua risposta. «Me ne parli», insistette.

D'un tratto Mayada si sentì talmente a suo agio da stuzzicare addirittura quell'individuo potente: «Sono qui per intervistare lei, non il contrario».

«Allora mi racconti solo una storia di come un uomo batte i nemici senza ricorrere alla forza fisica.»

Mayada trattenne una risata, mentre osservava Ali Hassan al-Majid gonfiare i muscoli come un forzuto da circo.

Lui le indirizzò un sorriso beffardo. «Vada avanti. Sono io che do gli ordini. Mi racconti una storia soltanto su suo nonno», mercanteggiò, «e io le dirò tutto ciò che vuole sapere su di me.»

L'intervista stava andando meglio di quanto avesse mai sperato. Kamil ne sarebbe stato entusiasta. Picchiettò sul taccuino con la penna. «D'accordo», cedette, e si accomodò contro lo schienale della poltrona. «Nei primi tempi dell'Iraq moderno, re Faysal I dipendeva dal nonno per molte cose: Sati era infatti direttore generale della Pubblica Istruzione, preside della facoltà di legge e anche consulente del re per le Antichità, benché l'alto commissario britannico per l'Iraq, sir Percy Cox, avesse nominato direttrice onoraria un'inglese, Gertrude Bell. Dopo la sua morte, però, il nonno assunse i pieni poteri.

«Come probabilmente lei sa, la signorina Bell era una donna straordinaria: scrittrice, avventuriera, cara amica di Lawrence d'Arabia e perfino consigliera di sovrani. Era una potentissima rappresentante delle autorità inglesi. Pochi erano capaci di tenere testa alla sua forte personalità e, in genere, le sue risolute iniziative avevano l'appoggio del governo. Aveva addirittura svolto un certo ruolo nella scelta di Faysal come primo re.

«E aveva preso sul serio il suo incarico onorario. Circa un anno dopo che l'Iraq era stato riconosciuto come nazione, entrò nell'ufficio di Sati sventolando un documento e chiedendogli di far approvare una nuova legge. Aveva già mandato una spedizione archeologica a scavare nel sito di Ur, e adesso voleva introdurre una normativa che avrebbe cambiato il sistema di gestione dei tesori scoperti.

«Il nonno era l'uomo più onesto che sia mai esistito e, quando portò a casa il progetto per esaminarlo, rimase inorridito nel constatare che la Bell proponeva una legge basata sul trattato firmato tra gli Alleati e la Turchia, che avrebbe consentito che i reperti venuti alla luce con gli scavi rimanessero di proprietà di chi li scopriva. In altre parole, le sarebbe stato permesso di portarsi in Inghilterra molte opere d'arte irachene. Allora Sati studiò la vecchia normativa ottomana, che era sempre stata applicata in quell'area, scoprendo che tutte le antichità rinvenute erano di proprietà statale: chi scavava poteva avere soltanto riproduzioni o calchi di gesso. Le spedizioni straniere non erano autorizzate a far uscire un solo oggetto dal Paese.

«Il giorno seguente la signorina Bell tornò da Jido Sati per riprendere il documento firmato, ma non ricevette la risposta che si aspettava. Lui le mostrò i risultati delle ricerche che aveva effettuato, aggiungendo che era spiacente ma non avrebbe potuto chiedere al parlamento di approvare la sua proposta, perché sarebbe stata contraria agli interessi dell'Iraq.»

Mayada ridacchiò. «Il nonno non aveva mai visto una donna infuriarsi così tanto e così in fretta. Mi raccontò poi che la sua faccia era diventata di un rosso acceso e il suo respiro si era fatto talmente affannoso da sembrare che stesse suonando un corno. Credette che si sarebbe messa a urlare; lui, però, rimase tranquillo. Finalmente, Gertrude Bell ritrovò la proverbiale flemma britannica e si placò. Calmissima, cambiò discorso. Jido Sati capiva che stava meditando il modo di aggirarlo. Aveva ragione: tre giorni dopo fu avvertito dagli inglesi che la responsabilità degli scavi nei siti archeologici era stata passata al ministro dei Trasporti e dei Lavori Pubblici. L'uomo che ricopriva quella carica era un debole, e cedette con facilità alle richieste della Bell.

«Il nonno mi spiegò che per qualche tempo erano dovuti giungere a un compromesso, e lui riteneva che, a causa della legge della signorina Bell, l'Iraq avesse perduto un gran numero di antichità. In seguito, però, riuscì a far approvare la sua normativa, salvando così molti altri tesori. Gertrude Bell detestava Jido Sati, a dire poco.»

Ali al-Majid parve soddisfatto della storia. «Continui», disse. «Mi racconti qualcos'altro.»

«Poco dopo ci fu un altro incidente, anche più interessante, riguardo all'Arpa d'oro. Un rappresentante britannico chiese un colloquio con re Faysal per avvertirlo che il sovrano inglese, Giorgio V, avrebbe presto festeggiato il compleanno, e gli consigliò vivamente di fargli dono dell'Arpa d'oro dei sumeri.

«La proposta mise Faysal in una situazione imbarazzante, perché l'inglese sembrava deciso ad avere quell'oggetto unico al mondo. Trovò quindi una scusa, ripetendo: 'Più avanti, più avanti', poi mandò a chiamare Jido Sati e gli chiese il suo parere su come si potesse evitare una catastrofe del genere. Lui gli assicurò che si sarebbe occupato personalmente della faccenda, attirando su di sé la collera degli inglesi. Andò direttamente dal funzionario britannico e dichiarò che il suo sovrano, per quanto volesse fare onore a re Giorgio, non era in condizione di cedere l'Arpa d'oro dei sumeri perché una legge lo vietava. Sati aggiunse che avrebbe potuto mostrargli un deposito di reperti le cui riproduzioni erano esposte nei musei iracheni, e che sarebbe stato lieto di aiutarlo a scegliere una riproduzione adatta al compleanno del monarca.

«Gli inglesi rimasero sconcertati, perché si facevano un vanto di essere un Paese rispettoso delle leggi, perciò dovettero accontentarsi di una copia, invece che dell'Arpa d'oro originale.

«In seguito re Faysal rideva sempre di quell'episodio con Sati, dicendogli che l'arpa era stata salvata dal suo ardimento e dalla sua forte personalità, e gli ripeteva che era l'unico uomo in tutto l'Iraq in grado di salvaguardare quel preziosissimo reperto: senza di lui, per gli anni a venire le corde dello strumento sarebbero state toccate da avide dita britanniche.

«Gli inglesi odiavano il nonno, e non furono soddisfatti finché non lo cacciarono dalla nazione, qualche anno dopo, servendosi di un'insurrezione popolare come pretesto per metterlo nella lista degli indesiderabili.»

D'un tratto Ali al-Majid parve stufo di quei discorsi sulle antichità. Il suo sorriso si spense e, in tono risoluto, ordinò a Mayada: «Mi faccia vedere quell'anello». Le fissava un dito ornato da un anello con uno zaffiro circondato di brillanti, regalo recente della mamma.

Lei si accorse che, quando parlava a voce alta, Ali aveva un'inflessione nasale simile a quella di Saddam. La sua richiesta la colse così alla sprovvista che si sfilò il gioiello e glielo porse.

Lo osservò mentre lo esaminava attentamente, rigirandolo fra le mani e guardando le pietre anche dal di sotto.

«Per Dio, sono pietre vere?»

Mayada s'irrigidì. «Certamente. Mia madre l'ha comprato da *Tiffany* per festeggiare la nascita della mia prima bambina, Fay.»

Poi Ali indicò il suo abito. «Posso chiederle dove ha trovato quel vestito?»

«Lo ha preso mia madre a Parigi.»

L'avvenenza fisica di quell'uomo sfumava sempre più, agli occhi di Mayada, a ogni parola che gli usciva di bocca.

Lui sorrise, poi inclinò la testa da un lato in modo simpatico, fanciullesco. «Ma lei si tinge i capelli?»

Il nervosismo di Mayada si placò, mentre Ali al-Majid la studiava con aria ingenua. Poteva anche essere uno degli uomini più potenti del Paese, ma non era altro che uno zoticone. Non aveva maniere raffinate, incapace com'era di celare la sua sfacciata curiosità. Forse era Saddam Hussein a non permettergli di concedere interviste, pensò. A differenza dell'individuo che aveva di fronte, il dittatore aveva fatto ogni sforzo per ampliare la propria conoscenza del mondo: aveva studiato legge al Cairo, aveva imparato a stare a tavola come si deve e a vestirsi da signore. Aveva fatto qualunque cosa servisse ad allontanarlo dal suo passato di contadino. Ali, invece, era un'altra storia. Mayada era certa che il presidente provasse imbarazzo davanti alla buona società di Baghdad per avere un tizio del genere come cugino primo.

Al-Majid sorrise divertito, apparentemente lieto di sentirsi libero dal silenzio che si era imposto, o che gli aveva imposto Saddam. Rispose a tutte le domande della lista di Mayada, poi insistette per darle il suo numero di telefono privato. La invitò caldamente a chiamarlo dopo i festeggiamenti per il compleanno del dittatore, in modo da poterle concedere un'intervista molto più esauriente sulla sua storia personale. «Le racconterò tutta la mia vita», promise.

Appena uscì dallo studio di Ali, Mayada si recò direttamente alla redazione della rivista. Kamil l'accolse sulla porta e insieme si recarono nel suo ufficio. Quando gli lesse i suoi appunti, lui ne rimase stupito e compiaciuto. «Si è aperto con lei», dichiarò con un largo sorriso. «Speravo che lo facesse.»

Allora lei gli diede la notizia migliore: «Mi ha promesso un'intervista più ampia. Ha detto che mi fornirà tutti i particolari della sua vita privata».

Kamil rise con lei. «È davvero un grande successo. Mai nessuno era riuscito a far parlare quell'uomo!» L'articolo comparve una settimana dopo e divenne il principale argomento di conversazione a Baghdad, essendo la prima volta che il cugino di Saddam parlava.

Ali Hassan al-Majid mantenne la promessa: quando Mayada gli telefonò, fu amabilmente invitata a recarsi di nuovo nel suo ufficio. Al suo arrivo, fu ancora una volta impressionata dall'avvenenza di quell'uomo, anche se la sua bellezza non provocò più turbamenti in lei.

Sembrò contentissimo di vederla e le annunciò che per incontrarla si era liberato di ogni altro impegno. Urlò a qualcuno di portare tè e pasticcini e, prima che lei potesse ribattere, le ordinò senza esitazione di accomodarsi. «Oggi sarò io a parlare!»

Era eccitato come un ragazzino, perciò Mayada sedette e si preparò ad ascoltarlo. Lui si appoggiò all'orlo della scrivania, fissandola con impazienza mentre sistemava la penna, il taccuino e il registratore; quando fu pronta, la storia della sua esistenza gli sgorgò dalle labbra come se aspettasse da sempre di avere un pubblico. Annunciò a gran voce: «Questa è la vita di Ali Hassan al-Majid Al-Tikriti, orgoglioso di essere figlio di Hassan Majeed Al-Tikriti. Ho tre fratelli, Abid Hassan, Hashim Hassan e Suleiman Hassan». Prima di continuare fece un gran sorriso. Mayada era come ipnotizzata da quel bambinone e si sentiva un centinaio d'anni più vecchia di lui, il capo della polizia segreta irachena.

«Grazie al nostro grande leader, Saddam – possa Allah conservarlo e benedirlo – tutti sanno che sono nato nella povera zona rurale di Tikrit. Da bambino non potei andare a scuola, perché i miei fratelli e io dovevamo custodire a turno le pecore. Ero costretto a camminare a lungo per trovare i pascoli, ma stavo attento ai lupi e mai nessuno mangiò una sola bestia quando ero di guardia. Nessuno! Per Dio, i miei fratelli non riuscivano a eguagliare la mia abilità. Quei lupi malvagi, però, si aggiravano furtivi intorno al gregge, e dovevo ricorrerli e tirare loro le pietre con le mani aperte, così.» Imitò i gesti di tanto tempo prima agitando le mani nell'aria e assumendo una posizione accovacciata che, Mayada dovette riconoscerlo, appariva piuttosto bellicosa.

«Per Dio, quei giorni passati a proteggere le pecore hanno fatto di me un soldato sempre vigile, uno che non perde mai d'occhio il nemico. Eravamo così poveri che finché non fui adulto non seppi che esistevano i cinema, perciò non ho l'abitudine di andarci, e in tutta la mia vita ho visto un solo film, una pellicola religiosa sul profeta Giuseppe.» Alzò le spalle. «Mi è piaciuto, ma preferisco leggere i giornali e le riviste. Avevo la glicemia alta, che si è trasformata in diabete, perciò ogni giorno devo farmi un'iniezione di insulina.» Con sorpresa di Mayada, si diresse a un armadietto contro il muro, tirò fuori da un cassetto una siringa con l'ago sottile e una fiala, poi tornò da lei e, sotto i suoi occhi, si iniettò la sostanza nel braccio. Rise vedendola rabbrividire, ma lei gli spiegò che la sua era stata una reazione di sorpresa, più che di paura: «Prima che mio padre morisse di cancro gli feci molte iniezioni di antidolorifici.

Tutti i pomeriggi, quando l'infermiera se ne andava da casa nostra, toccava a me fargliele. Imparai a fare anche le endovenose».

Ali al-Majid parve sinceramente addolorato per le sofferenze del padre di Mayada, e la guardò con simpatia. Le disse di essere spiacente e che perdere il padre doveva essere la cosa peggiore nella vita di una ragazza. Lui amava la figlia più della sua stessa vita, aggiunse, ma di lei avrebbe parlato più tardi. Poi tornò al suo argomento preferito: «È un peccato che abbia il diabete, perché i dolci mi piacciono più di qualsiasi altro cibo. A volte ne mangio un mucchio e spero in bene. Mi fanno impazzire soprattutto i pasticcini con strati di crema pasticcera, frutta e gelatina. Però mi piacciono anche i cioccolatini». Si diresse alla scrivania e premette un bottone situato sotto il ripiano. Quando entrò un domestico, Ali gli ordinò: «Va' a prendere una scatola di tutte le marche di cioccolatini che preferisco».

Mayada protestò, perché per tutta la sua vita di adulta aveva dovuto lottare contro il sovrappeso e non poteva nemmeno sognarsi di mangiare i cioccolatini, ma lui non era uomo da ascoltare le ragioni altrui. Qualche minuto dopo, scatole di barrette Mars, Kit-Kat e Smarties coprirono il grembo di Mayada e, dal momento che Ali pareva felice di farle quel regalo, lo accettò, pensando che più tardi avrebbe offerto i dolci ai colleghi della rivista.

«Voglio che lei venga a un matrimonio, fra quattro giorni. Mio fratello sposa la cognata del dottor Fadil Al-Barrak.»

«L'ho sentito», mormorò Mayada, ancora stupita che due uomini che non nascondevano una forte antipatia reciproca permettessero che le rispettive famiglie si unissero in maniera così stretta. Per evitare una discussione sul dottor Fadil, decise di cambiare discorso. «Quanti anni ha la ragazza?» domandò.

«Sedici.»

«Troppo giovane», replicò lei, pensando alla figlia: mai avrebbe permesso che la sua cara Fay diventasse una moglie-bambina. Era convinta che l'usanza araba delle spose giovanissime fosse primitiva.

Ali Hassan al-Majid rise. «Per una ragazza, sedici anni è l'età perfetta per sposarsi. Mio fratello è fortunato, perché può plasmarla esattamente come desidera.»

Mayada non ribatté alle sue parole, ma nuovamente si rallegrò fra sé e sé di essere nata in una famiglia colta, dove le femmine erano stimate quanto i maschi.

Ali prese dalla scrivania una pallina di gomma rossa, rigirandosela fra le dita, e affrontò l'argomento che lei aveva sperato di evitare: «Come fa a conoscere il dottor Fadil Al-Barrak?»

«Nel 1979 si rivolse a mia madre per chiederle in prestito alcuni testi e carte di mio nonno Sati», spiegò Mayada. «Stava scrivendo un libro e ne aveva bisogno per le sue ricerche. Da allora è diventato un generoso amico della nostra famiglia. L'amicizia è nata per via di Sati, naturalmente», si affrettò ad aggiungere.

Al-Majid fece oscillare il corpo dalla testa ai piedi, in segno di disgusto. Lanciò la pallina contro il muro e la osservò rimbalzare qua e là per la stanza. «Non mi piace Fadil.»

«Perché? Io non posso pensare nulla di negativo sul suo conto.»

Quelle parole fecero aggrottare la fronte di Ali, che si mostrò impaziente di spiegare la propria insofferenza.

«Quando assunsi il comando della polizia segreta, ricevetti una lamentela contro di lui da un gruppo di zingari. Fadil aveva ordinato loro di abbandonare l'appezzamento di terreno dove vivevano, alla periferia di Baghdad. Convocai nel mio ufficio il capo degli zingari e scoprii che era fratello di Hamdiya Salih, una nota cantante.» Guardò Mayada e sorrise. «Mi piacciono gli zingari. Sono esseri umani, dopo tutto. In ogni caso, quella povera gente non aveva un altro posto dove andare a vivere, perciò telefonai a Fadil, ordinandogli di mandare uno dei suoi ufficiali superiori ad accompagnare quello zingaro al suo nuovo ufficio, ai servizi segreti.» Ali scoppiò a ridere. «Intimai a Fadil di scusarsi e restituire la terra. Credo che nel frattempo ci avesse costruito sopra una grossa casa, e dovette darla a loro.» Non riusciva a smettere di ridere, ricordando l'umiliazione inflitta al dottore. Adesso, però, Mayada conosceva il motivo per cui Al-Barrak odiava al-Majid: a causa degli stretti legami famigliari di Ali con Saddam, era stato costretto a obbedire ai suoi ordini, benché in realtà ricoprisse una carica più elevata. Mayada si sentì a disagio, non desiderando denigrare in alcun modo il dottor Fadil, perciò rammentò una delle tattiche di sua madre e adulò l'interlocutore: «Fu gentile e generoso, da parte sua».

Lui la fissò intensamente. «Io sono fatto così, sa. Sono il più buono degli uomini. Il più buono!»

Ali Hassan al-Majid scivolò dietro la scrivania, facendo dondolare i piedi. «Lasci che le racconti un'altra storia. Venne da me una donna, dicendo che il suo unico figlio era stato giustiziato perché era un attivista islamico. Non aveva nessun posto dove andare. Anche suo marito era morto, e non aveva fratelli. Quella poveretta era vecchia e quasi cieca, così le feci dare una casa e una pensione di cento dinari al mese [trecentotrenta dollari]: solo perché suo figlio aveva commesso un errore, non significava che dovessimo punire anche lei.»

Guardò Mayada con un largo sorriso. «Che ne pensa?»

Lei annuì, mostrandosi d'accordo. «Sono lieta che l'abbia aiutata. Odio la crudeltà, la odio davvero.» Si domandò soprattutto per quale motivo il figlio di quella donna fosse stato ucciso. Adesso in Iraq essere troppo religiosi comportava la condanna a morte, e quella terribile realtà la riempiva di tristezza e di collera.

Ali strinse le labbra prima di domandarle: «Lei lavora solo per la rivista?»

«No, ho altri progetti. Sto scrivendo dei racconti.»

Ali si eccitò. «Per Dio, ho due o tre soggetti perfetti per il suo libro.» Cominciò a parlare in fretta, tutto d'un fiato: «Mi ascolti! È una storia di guerra. Poche settimane fa un nostro soldato disertò e si nascose nelle paludi di Umara. Per sopravvivere beveva l'acqua degli stagni e mangiava i pesci che pescava. Poi, un giorno, gli iraniani lanciarono una grande offensiva contro le forze irachene vicine a quella zona, e il giovane dimenticò di essere un disertore. Combatté nelle file di un altro reparto e divenne un eroe, catturando cinque iraniani. Poi ricordò di avere disertato, e che si trovava nel battaglione sbagliato, allora confessò tutto al comandante dell'unità e fu condannato a morte. Ebbe però la fortuna che venissi a sapere la storia prima che fosse fucilato. Mi misi in contatto con il presidente e gli parlai di quell'eroe, che aveva avuto un unico momento di codardia. Saddam, il nostro leader, che Allah lo protegga, mi disse di salvargli la vita e di portarlo a palazzo. Lo feci, e sa che cosa accadde? Il soldato ricevette la Wissam al-Shajaa [medaglia al valore] da Saddam, il nostro capo, che Allah lo protegga, e perfino un premio in denaro. Metta questa vicenda nel suo libro».

Si interruppe per un istante, quindi riprese: «Ed eccone un'altra». Si alzò con un balzo e cominciò a battere i piedi sul pavimento.

La voce di Ali mutò: sembrava che recitasse al mondo una ballata sulla sua grande bontà. «Qualche settimana fa ero per strada, diretto in ufficio, e il mio *mawkib* [il corteo di auto cariche di guardie del corpo che circondava la sua macchina] fu sorpassato a tutta velocità da una vettura. Quando il conducente si accostò e mi riconobbe, si fermò. Gli uomini della mia scorta circondarono la sua automobile, ordinandogli di scendere. Ebbene, per Dio, quel poveretto sembrava talmente terrorizzato da non riuscire nemmeno a reggersi in piedi, e si accasciò al suolo. Scesi, cercando di tranquillizzarlo, poi gli dissi di salire in macchina con me. Vidi che tremava, ma poi gli parlai e lo portai in ufficio, dove i miei assistenti gli offrirono un tè e dei pasticcini. Scherzai con lui e, finalmente, si rese conto che non avrei ordinato di chiuderlo in galera per avere sorpassato la mia auto.» Fissò l'interlocutrice, perplesso. «Non capisco perché la gente ha tanta paura di me. Io proteggo il popolo dai nostri nemici: è una cosa così brutta?»

Mayada non era abbastanza ardita da rispondergli che i timori degli iracheni erano più che giustificabili, considerando le punizioni inflitte dalla polizia segreta, perciò si limitò ad annuire in silenzio, per quanto le si affacciasse alla mente la storia dei gemelli di Um Sami. Avrebbe voluto raccontare il tragico episodio ad Ali, ma non riuscì a trovare il coraggio. Rimase perciò straordinariamente tranquilla, vista la situazione. Decise che quell'individuo le ricordava una ragazza conosciuta a scuola, la quale sfiniva le compagne al punto che tutte la evitavano. Si domandò se il medico di al-Majid gli avesse mai suggerito di prendere dei sedativi.

L'euforia dell'uomo cresceva in modo allarmante. «Le ho detto che ero poverissimo, ma ora sono ricco, e mi piace esserlo. Certo, la sua famiglia è benestante da generazioni, perciò lei non ha idea di che cosa significhi essere affamati, o possedere un solo paio di scarpe, o non avere i libri che si vorrebbero leggere, o non poter indossare abiti firmati. Lei è nata fortunata, per Dio. Ma, mentre in gioventù ho sofferto, adesso guido macchine che prima potevo soltanto sognarmi e vivo in una casa che a me pare un museo. Saddam, il nostro leader, che Allah lo protegga, spesso viene a farmi visita, e di bellezza se ne intende. Ogni volta mi ordina: 'Ali, metti un acquario! Ali, cambia la forma della piscina! Ali, butta giù quel muro!' Il mio cugino più anziano e amato trova buffo che io non abbia la residenza che lui ritiene adeguata a me. Un giorno mi disse che sarei dovuto andare a scuola a studiare architettura, così avrei potuto seguire i suoi consigli e soddisfarlo.» Ali Hassan al-Majid sorrise beato. «Il nostro presidente vuole che io abbia tutte le belle cose che non abbiamo mai avuto a Tikrit. È un buon cugino.»

Si schiarì la voce. «E poi? E poi? Ah già, i miei figli. Il primogenito si chiama Omar, quindi c'è Hassan. Quando mia moglie rimase incinta la terza volta, ebbi la sensazione che sarebbe nata una femmina. Ero emozionato e decisi che, se fosse stata una bimba, le avrei fatto un dono speciale, un nome originale. Perciò la chiamai Hibba, che significa 'colei che è donata'. Credevo che nessun altro iracheno, anzi nessun altro arabo, avesse mai pensato di dare alla figlia un nome così bello. Poi, un giorno, passavo in macchina con la mia scorta e la guardia del corpo seduta accanto a me scorse una gelateria di nome *Hibba*. Rimasi così sorpreso che fermammo le auto, scesi e trovai il proprietario che tremava di paura. Mi affrettai a tranquillizzarlo: ero lì solo per mangiare un gelato. Mentre mi serviva, gli chiesi dove avesse trovato il nome Hibba. Mi rispose che così si chiamava la sua primogenita. Rimasi sbalordito. Quel giorno scoprii che Hibba era un nome molto noto, e che lo portavano le figlie di molti uomini orgogliosi.» Un po' imbarazza-

Melek, la bisnonna materna di Mayada, era una principessa, cugina di primo grado del sultano ottomano Abdul Hamid. La foto la ritrae con la sua parure di brillanti, il cui ciondolo ha la forma di un grappolo d'uva. Mayada ereditò sei diamanti, che fu costretta a vendere nel periodo in cui l'Iraq era sottoposto alle sanzioni, e lo Shahname, un decreto del sultano che elencava tutte le terre che Melek aveva ricevuto e le attestava il titolo di sultana. Mayada è ancora in possesso di quel documento.

Mustafà Al-Askari, padre di Jafar e bisnonno di Mayada, a Baghdad. Era comandante della IV armata ottomana.

Jafar Al-Askari in tenuta da derviscio, che utilizzava quando viaggiava in incognito dietro le linee nemiche al Cairo per acquistare vettovaglie per il suo esercito; a destra, in divisa militare.

Mayada a cinque giorni, con la madre Salwa, il padre Nizar e Scottie, a Beirut nel 1955.

Mayada, a Baghdad nel 1957 gioca con la bambola.

Sati Al-Husri, la figlia Salwa e le nipoti Mayada e Abdiya nel 1965 a Brummana, in Libano.

Mayada riceve il primo riconoscimento per i suoi scritti da Saddam Hussein nel 1981.

Mayada riceve il terzo riconoscimento per i suoi scritti da Saddam Hussein nel 1983.

Sati Al-Husri nella sua biblioteca a Baghdad nel 1923.

La moglie di Sati, Jamila, nella biblioteca del marito a Baghdad nel 1923.

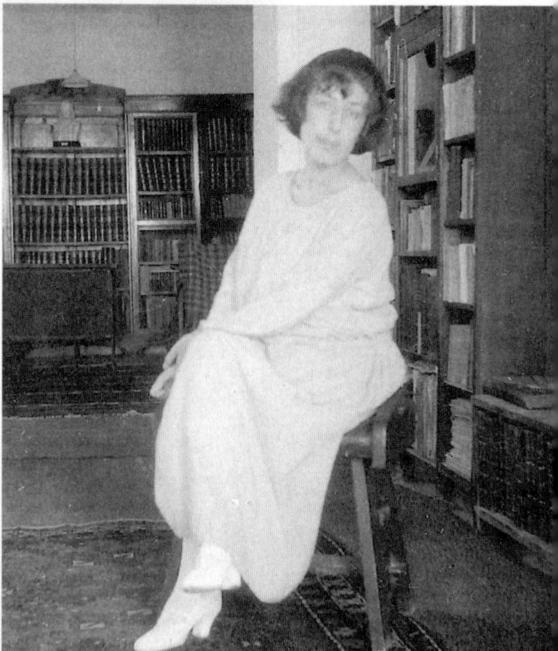

*Salwa Al-Husri con lo zio del marito, Nuri Al-Said, che fu primo ministro iracheno per quarant'anni e fu assassinato durante il colpo di stato del 1958, insieme con la famiglia reale. Questa fotografia fu scattata nel novembre del 1953 all'*Hotel Dorchester *di Londra durante un ballo dedicato alle «notti arabe».*

I figli di Mayada, Fay e Ali, con la nonna Salwa ad Amman, in Giordania, nel 1993.

to, aggiunse: «E io che credevo di essere stato il primo a pensarci».

Ali parve andare indietro con la memoria, nel tentativo di rammentare altri fatti. Ancora una volta, le sue riflessioni tornarono al timore che ispirava agli altri. «Non capisco perché tanta gente abbia paura di me.» Guardò la giornalista con un sorriso. «Lei ha paura di me?»

Per la prima volta Mayada si spaventò. «Dovrei averne?» sussurrò.

Un lampo divertito balenò negli occhi di al-Majid, prima che esclamasse: «Mai! Lei è la nipote di un grand'uomo. Tutti gli iracheni le vogliono bene, proprio come le voleva bene il suo Jido Sati».

Quando lui andò a versarsi un bicchiere d'acqua, Mayada sbirciò di nascosto l'orologio, notando che Ali aveva parlato senza interruzione per tre ore. Fortunatamente il telefono squillò, e lui rispose. Mormorò qualche parola nel ricevitore, poi le disse che aveva un altro impegno; insistette però che tornasse il mattino seguente, perché aveva ancora molte, molte altre cose interessanti da inserire nei suoi articoli e libri.

Mayada provava sensazioni contrastanti. Da un lato non poteva credere alla sua fortuna: non aveva fatto niente per guadagnarsi la fiducia di quell'uomo, che prima di allora aveva rifiutato di incontrare la stampa e ora si confidava apertamente con lei, incitandola a pubblicare le sue vicende personali sulla rivista e in un volume; dall'altro lato, quell'individuo rozzo, convinto di essere straordinario, avrebbe potuto tenere occupato per anni uno scrittore.

Fu Salwa a suggerirle la spiegazione più plausibile del singolare comportamento di al-Majid, supponendo che Saddam lo avesse incoraggiato a parlare con Mayada; in caso contrario, Ali non avrebbe osato spifferare in quel modo ogni particolare della sua vita privata. Fin da quando era uno studente squattrinato al Cairo, il futuro dittatore era stato conquistato dalla reputazione e dalla cortesia di Sati Al-Husri, sapeva che quell'uomo prestigioso non aveva mai allontanato da sé nemmeno il più povero degli studenti che gli faceva domande per accrescere la propria cultura. L'ammirazione provata da Saddam per Sati si era automaticamente trasferita su sua figlia e sua nipote.

Per tre giorni Mayada ascoltò in silenzio, annuendo educatamente, e trascrisse tutto ciò che Ali al-Majid raccontava. C'erano momenti in cui lei scriveva, poi alzava gli occhi e scopriva il suo sguardo fisso su di sé. Lo studiò con attenzione, e ben presto capì che non stava osservando lei, ma piuttosto vedeva se stesso nelle pagine di un libro. Il suo comportamento maniacale la lasciò stremata e depressa, e fu un sollievo presentare il testo completo a Kamil, il quale, entusiasta, le assicurò che senza dubbio c'era materiale per parecchi articoli, come pure per un volume intero.

Da allora in poi la carriera di Mayada ebbe un'impennata. Si diffuse la voce che era in grado di ottenere interviste anche dai più sfuggenti esponenti del potere. Il successo riempiva il vuoto di un matrimonio senza amore, e talvolta la giovane donna si sentiva meravigliosamente felice, come se davanti a sé non avesse che prosperità.

Pochi mesi dopo, il capo di gabinetto di Ali, il dottor Saad, le telefonò a casa per dirle: «Domani ci sarà un esercizio di democrazia. Ali Hassan al-Majid vuole che sia lei a fare il reportage».

Mayada accettò immediatamente, nella convinzione che l'articolo sarebbe stato un grande scoop. Telefonò subito a Kamil per dargli la buona notizia: il giorno dopo, gli spiegò, non sarebbe andata in redazione ma nell'ufficio del cugino di Saddam.

Non aveva mai preso parte a un evento del genere, perciò alle 8.45 del mattino seguente si presentò al vecchio quartier generale del dottor Fadil. Il comando della polizia segreta era grande, ma un assistente di Ali l'accompagnò nel luogo giusto, la palestra. C'erano una piscina coperta e un ampio palcoscenico, con sopra un lungo tavolo e numerose sedie. Sul palco c'erano anche due microfoni, uno a ogni estremità; di fronte alla ribalta erano state sistemate ordinate file di sedie.

Mayada fu condotta in prima fila, dove prese posto. Non c'era ancora nessuno, perciò sedette in attesa, osservando poi le altre persone che riempivano il salone. In breve tempo il locale fu pieno e, quando fece il suo ingresso al-Majid circondato dalle guardie del corpo, la folla ammutolì. Un gruppo di funzionari di alto rango entrò subito dietro di lui.

Ali guardò qua e là nella platea e la vide. Le fece un cenno, con un sorriso, poi si pose davanti a un microfono. Tenne una breve lezione, spiegando al pubblico che ora i servizi di sicurezza avrebbero seguito procedure differenti. Dopo che era subentrato al dottor Fadil erano avvenuti grandi cambiamenti, e aggiunse che ci sarebbe stata la democrazia più totale, con il pieno appoggio di suo cugino, Saddam Hussein il leader, che Allah lo proteggesse.

Tutti sorrisero e batterono le mani, con una prontezza un po' eccessiva.

Finito l'applauso, Ali al-Majid riassunse il suo discorso, affermando di avere tenuto per ultima la parte più importante. Per la prima volta da quando aveva cominciato a parlare, il suo viso si fece scuro e severo. «Prima che assumessi l'incarico, in questo Paese i criminali semplicemente scomparivano. Erano condannati a pene detentive, o persino giustiziati, senza che le famiglie potessero sapere dove si trovassero, né quanto sarebbe durata la loro prigionia, né addirittura se fossero ancora vivi. Questo non era giusto. Grazie a Dio, tutto ciò è passato, ve lo posso assicurare. D'ora in poi, quando qualcuno sarà arrestato, accusato e condannato, i famigliari ne saranno informati. Può darsi che decidano di rinnegare il traditore, ma sarà una loro scelta.»

Mayada si guardò intorno, a disagio. Parecchi presenti si agitavano, inquieti. Non una sola persona credeva alle parole di Ali, il quale sembrava non preoccuparsi del fatto che criticare un altro dipartimento potesse creargli problemi. Una franchezza del genere era tabù nell'Iraq baathista, perfino per un parente di Saddam, in particolare nel corso di una manifestazione pubblica. Mayada comprese che stava per accadere qualcosa di importante, perciò smise di prendere appunti, spense il registratore e ascoltò attentamente, con il cuore in tumulto.

Al-Majid continuò: «Voglio che la famiglia di ogni criminale sappia esattamente quello che è successo al suo congiunto. Per Dio, è un diritto». Poi si girò verso le quinte e chiamò un uomo. Un tipo alto e magro, stempiato, con un'espressione bonaria, entrò sul palco, si fermò di fronte al secondo microfono e disse: «Il mio unico figlio è stato arrestato sei mesi fa. Non so dove sia. Ho qui il suo nome». Si avvicinò ad Ali, porgendogli un pezzo di carta. Quest'ultimo lo studiò per un momento, poi lo appallottolò nel pugno, prima di frugare negli incartamenti portatigli da un assistente. Tirò fuori da una scatola un'audiocassetta e rispose: «Sì. Suo figlio era accusato di alto tradimento. È stato giustiziato. Si ignora dove sia stato sepolto. Qui abbiamo un nastro della sua confessione. Vada a casa e lo ascolti, così non piangerà per la morte di un traditore».

Il povero padre fece un passo indietro, sbigottito. Per un istante si trattenne dallo scoppiare in lacrime, poi, sfiorando una spalla di al-Majid, gridò: «Mio figlio è morto? Mio figlio è morto?» Due guardie si precipitarono sul palco a sorreggere l'uomo, che si stava accasciando al suolo. Mentre veniva condotto via, le sue mani si serrarono sulla cassetta come se fosse preziosa quanto il corpo del suo defunto ragazzo.

Mayada non riusciva a distogliere lo sguardo dal volto di Ali. Lui, con un assurdo sorriso stampato sul volto, urlò con profonda convinzione: «È bene che quel padre sappia che suo figlio è un traditore. Sì! Forse ha commesso qualche errore come genitore. Ora starà attento a come crescere le figlie».

Mayada abbassò gli occhi e si fissò i piedi.

Rimase ad ascoltare mentre, a uno a uno, Ali Hassan al-Majid chiamava al tavolo i parenti pieni di speranza, i quali avevano partecipato all'«esercizio di democrazia» credendo di riportare a casa un congiunto da tempo scomparso, per festeggiarne il ritorno con i propri cari. Udiva i passi di chi si avvicinava al palco fiducioso, ma sapeva che nessuno avrebbe ricevuto buone notizie. Fra sé e sé, le parve di sentire il rumore di una catena trascinata, una catena di iracheni legati l'uno all'altro da una pena terribile: tutti sarebbero venuti a conoscenza della stessa, triste sorte di una persona che amavano.

Rimase immobile come la Sfinge, finché qualcuno le batté su una spalla e una voce le sussurrò all'orecchio: «Attenta, la stanno guardando». Allora rialzò la testa, con gli occhi ciecamente sbarrati, fingendo interesse per quelle scene dolorose. Ascoltò le parole di un'ansiosa conversazione fra parenti di prigionieri, ora morti o condannati alla pena capitale, senza distogliere l'attenzione da al-Majid. La sua espressione animata rivelava che si divertiva immensamente a far ascoltare il nastro registrato di un giovane sottoposto a tortura, le cui grida echeggiavano nel vasto salone. La madre del ragazzo scomparso balzò in piedi agitando le braccia intorno a sé, come se credesse di poter fermare i tormenti del figlio. Il suo folle gesticolare provocò l'ilarità del pubblico; quando svenne, la gente rise ancora più di gusto.

Mayada era certa che tutti i presenti fossero nauseati quanto lei, ma temevano Ali e sentivano di dover approvare ogni suo gesto; altrimenti, lo sapevano, il loro futuro avrebbe potuto prevedere un lungo tragitto verso quel palco, dove avrebbero ascoltato un nastro con i lamenti dei loro cari.

Guardò i visi dolci di due giovani donne mentre venivano a conoscenza del fatto che il papà era stato condannato a vent'anni di carcere per contrabbando. Balbettarono ad Ali al-Majid che un tempo il loro padre era stato insegnante, ma aveva perso il lavoro. La famiglia moriva di fame, ed era quella l'unica ragione per cui aveva rubato alcuni pneumatici. Ignorando la loro disperazione, il cugino di Saddam guardò allegramente il pubblico e ribatté: «Per Dio, il contrabbando è contrabbando, un crimine grave. Ora, però, entriamo in una nuova epoca, nella quale queste persone possono sapere la verità sui loro parenti».

Lanciò una rapida occhiata a Mayada, sorrise e aggiunse: «Per Dio, sono buono, io!» e tutti applaudirono con entusiasmo.

Accidenti, quell'individuo non smetteva mai di sorridere? Mayada era sconvolta, tremava in tutto il corpo in preda a un terrore assoluto, che Ali non immaginava neppure. Abbassò gli occhi in grembo, incapace di guardare un altro volto fiducioso su cui si abbatteva la delusione; quando li risollevò, impallidì. Sul palcoscenico c'era un uomo alto e ossuto, vestito di stracci, la cui pelle pareva un toast bruciacchiato. I capelli erano arsi fino al cuoio capelluto. Simile a uno scheletro, il disgraziato stava a fianco di al-Majid con le dita coperte di sangue rappreso, spalancando una bocca completamente priva di denti.

Ali squadrò impietosito il poveretto, stringendogli calorosamente la mano insanguinata, poi fissò la folla con i suoi grandi occhi neri, ardenti come tizzoni. Disse al pubblico il nome dell'uomo, quindi gridò quello di una donna, spiegando che si trattava della moglie.

Il disagio di Mayada cresceva a ogni istante che passava. Una ragazza minuta, di non più di trent'anni, barcollò sul palco, portandosi davanti al secondo microfono. Indossava un'*abaaya* nera di stile iraniano, stringendosela sotto il mento, e fissava il cugino di Saddam con occhi colmi di paura e di sospetto.

Il suo macilento marito le lanciò un'occhiata mista di collera e di delusione.

Al-Majid si rivolse all'uomo con un sussurro ben udibile: «Avresti dovuto divorziare da quella puttana già da molto tempo. Lo sapevi che era iraniana. Avresti dovuto spezzarle un osso e guardarci dentro: ci avresti trovato merda».

Quell'uomo pelle e ossa si rivolse agli spettatori, pronunciando con voce malferma parole di sofferenza indicibile: «Vedete queste mani?» Le alzò, allontanandole dal corpo. «Vedete che mi hanno strappato le unghie? Per dieci giorni, una al giorno. E le dita dei piedi...» Cercò di sollevare un piede, ma era troppo debole per tenersi in equilibrio su una gamba sola, perciò si limitò ad additarlo. «Non ho più unghie nemmeno lì. Altri dieci giorni, un'unghia al giorno. Poi mi hanno portato in una stanzetta e mi hanno messo su una sedia. Mi hanno legato le mani ai braccioli, quindi è entrato nella stanza un uomo con un paio di tenaglie e mi ha strappato un dente. Me li ha cavati a uno a uno, finché erano tutti sparsi per terra. Poi mi hanno preso a forza e cacciato in un grosso forno, grande abbastanza per contenere due uomini. Mi hanno detto che sarei stato arrostito vivo e poi gettato in pasto ai cani, invece mi hanno lasciato lì dentro solo quanto bastava per ustionarmi la pelle e farmi fondere i capelli.» Si toccò la testa con le mani coperte di sangue, quindi fissò la moglie pieno di tristezza, pressoché incapace di articolare una frase. «Tutto questo perché lei era in collera con me e ha scritto una lettera alla polizia segreta, denunciandomi come membro del partito islamico, che progettava di assassinare alcuni membri del governo.»

Mayada sedeva in silenzio, esterrefatta dall'idea di una vendetta così spietata. Suo marito l'aveva scontentata molte volte, ma non avrebbe mai tramato la sua rovina. Scrutò il volto della donna, e una scintilla di collera si accese dentro di lei: come aveva potuto fare una cosa simile al padre dei suoi figli?

Il pover'uomo scoppiò in lacrime, inconsolabile, per quanto Ali tentasse di offrirgli un po' di conforto assicurandogli che sarebbe stato indennizzato per le torture inflittegli a causa di una falsa accusa, e che aveva già firmato i documenti che gli assegnavano un'ingente somma di denaro.

Poi al-Majid si girò minaccioso verso la donna, che tremava visibilmente. «Che cos'hai fatto a tuo marito, sgualdrina?»

Lei era troppo terrorizzata per rispondere. Aprì e chiuse la bocca due o tre volte di seguito, nel vano tentativo di parlare.

Il cugino di Saddam riferì le circostanze del suo crimine. «Costei», e, per maggiore enfasi, sputò sul pavimento, «è una puttana iraniana. Vive a Kerbala.» Fece un cenno verso l'uomo scheletrico. «Con lui ha avuto tre figli. Quando il marito fu chiamato a compiere il suo dovere patriottico, a difendere la nostra sacra madrepatria dall'aggressione iraniana, questa puttana cominciò a ricevere degli uomini: trasformava la sua casa in un bordello persino davanti agli occhi di tre figli in tenera età.

«Il nostro eroe iracheno tornò dal fronte e gli fu riferito ciò che era successo. Lui la affrontò e, naturalmente, essendo anche una bugiarda, lei negò tutto. Non solo, ma quando il marito ripartì, scrisse una lettera anonima, accusandolo di essere un traditore. Fu arrestato, interrogato e punito. Poi scoprimmo che la moglie era una baldracca iraniana e la mettemmo dentro. Che cosa successe allora? Venne fuori tutta la sordida storia: lei aveva sempre mentito. Voleva che il suo uomo morisse, in modo da poter continuare a prostituirsi.»

Ali aggrottò sinistramente la fronte e si rivolse alla donna: «Ascolta, puttana. Oggi sarai gettata nella terra di nessuno, fra le nostre linee e quelle iraniane, e i tuoi figli ti seguiranno. Il fuoco dell'artiglieria è così violento che alla fine sarete uccisi, e sarà un bene per l'Iraq».

D'un tratto al-Majid scoppiò a ridere come un bambino. Urlò: «Sono buono, sono gentile, cerco giustizia per questo pover'uomo», e continuò a sghignazzare, fissando il pubblico con gli occhi scintillanti.

Mayada rabbrividì. Gli spettatori ridacchiarono nervosamente, poi iniziarono ad applaudire. Piano piano i battimani crebbero in un clamore di approvazione.

Mayada lottava per respirare mente guardava il disgraziato, le cui gambe ustionate stavano infine cedendo. Si piegò sul pavimento. Ora avrebbe perduto anche i figli. Lei avrebbe voluto gridare ad Ali di non fare una cosa simile: sì, la donna doveva essere punita con la prigione, ma i bambini erano innocenti.

Ali al-Majid, tuttavia, sembrava soddisfatto del verdetto appena emesso, e Mayada sapeva di non poter cambiare in alcun modo la sua decisione. Afferrò i bordi della sedia, lottando contro un travolgente desiderio di balzare in piedi e fuggire il più lontano possibile.

Due uomini piombarono sul palco, trascinando via la donna che si dibatteva, quindi arrivarono due infermiere, le quali ricondussero dietro le quinte il malridotto marito.

Quell'incubo durò sei ore, ed ebbe termine solo alle tre del pomeriggio, quando Ali Hassan al-Majid ringraziò tutti per avere partecipato, aggiungendo che una volta al mese avrebbe tenuto altre sessioni come quella. «Per Dio, sono un uomo giusto e, nelle mie funzioni di capo della polizia segreta, farò conoscere agli iracheni la sorte dei loro cari.»

Mayada si sforzò di sorridere, facendosi strada attraverso la folla per uscire. Quando giunse alla porta, un assistente di Ali corse verso di lei, riferendole che il suo capo voleva che si trattenesse a discutere il successo dell'evento.

Lei era sempre vissuta onestamente, ma adesso mentì senza battere ciglio: «Lo ringrazi per la gentilezza di avermi invitata. Gli dica che la mia bambina ha bisogno di me; gli parlerò più tardi».

Poi fuggì dal salone come se l'avessero trascinata fuori con la forza. Mentre scappava da al-Majid, un uomo che ormai sapeva essere uno squilibrato, che ordinava la morte di un figlio unico e un momento dopo concedeva una pensione alla madre di quello stesso ragazzo, Mayada guidava alla massima velocità consentita. Si precipitò a casa, si strappò di dosso l'abito elegante e si infilò sotto la doccia, ma nemmeno sotto l'acqua tiepida i brividi freddi cessarono di percorrerle la spina dorsale.

Quando tornò in ufficio, il mattino seguente, evitò Kamil e chiese un incontro con il direttore della rivista, Suhail Sami Nadir, un uomo gentilissimo. Mayada e Suhail non erano amici, però lei sentiva di essergli sempre stata simpatica; mise perciò la vita nelle sue mani, confidandogli ciò che provava in seguito ai fatti del giorno prima. Gli spiegò: «Non posso vedere un'altra volta quell'individuo. Mai più. Non posso scrivere l'articolo su di lui. Do le dimissioni. Non posso più fare la giornalista in Iraq».

Suhail la fissava con attenzione. Si dimostrò subito d'accordo, avendo già fatto la stessa riflessione. Rispose: «Mi ascolti, se vuole ritirarsi, capirò. Ma lo faccia gradualmente. Una volta ebbi anch'io un'esperienza simile. Rifiutai di scrivere un articolo. E sa che cosa mi accadde? Fui arrestato dal Mukhabarat e passai tre anni in galera. Il pezzo sarà pubblicato senza il suo nome, poi, un po' per volta, potrà rinunciare ai servizi su argomenti politici. È questo il modo migliore».

D'un tratto lei comprese perché il direttore era sempre così tranquillo e riservato. Ricordò che era claudicante e un braccio gli pendeva storto: il suo corpo conservava molte memorie. Per qualche mese Mayada ricevette frequenti telefonate dagli uffici di Ali Hassan al-Majid, che l'avvertivano di occuparsi con urgenza di questo o quell'avvenimento; lei però era una madre, e la bambina, che soffriva dei consueti disturbi infantili e raffreddori e non poteva rimanere sola, le offriva pretesti plausibili. Dopo un po' le chiamate da parte di al-Majid cessarono, e lei credette di essere stata dimenticata.

La sua vita, tuttavia, era stata spezzata a metà il giorno dell'esercizio di democrazia, creando due parti che coabitavano nella medesima donna. Fu proprio da allora che cominciò ad avvertire un misterioso appello a mutare la propria esistenza. Lei, che un tempo era stata una persona chic della Baghdad bene, sempre vestita all'ultima moda, piano piano si trasformò in una musulmana devota. Trovò confortante indossare il velo, a dispetto delle irritate rimostranze di Salwa, secondo la quale la figlia stava tornando a un passato primitivo.

Dopo la nascita del secondo figlio, Mayada divorziò dal marito. Ben presto le sue uniche gioie furono i due bambini, Fay e Ali, e la lettura del Corano. La sua vita era cambiata per sempre.

In quel momento fu riportata al presente da un fragoroso bussare alla porta della cella. La porta si spalancò e Mayada balzò da parte mentre due robusti carcerieri irrompevano all'interno.

«Fuori! Fuori! Tutte!»

La dottoressa Sabah si affrettò verso Samira, balbettando: «Questa donna non si può muovere, è stata ferita».

«Fuori, tutte!»

Sapendo che era inutile aspettarsi compassione, Sabah e Muna si chinarono su Samira, sollevandola in mezzo a loro, con i piedi che a malapena toccavano terra. Le altre donne-ombra si affollarono frettolose alla porta, e Mayada fu sospinta nella ressa che si sgomitava.

Il capo delle guardie aspettava fuori della cella. Era un uomo alto, massiccio, dal torace possente. Squadrò le detenute con un'espressione feroce, urlando a squarciagola: «In fila! In linea retta!»

Tutto il corpo di Mayada tremava di spavento.

«Fate una fila!» L'uomo le guardò a una a una. «Andate in fondo al corridoio! Subito!»

Le prigioniere si stringevano l'una all'altra, ognuna premuta fra quella davanti e quella dietro, come un treno di creature atterrite. Mayada seguiva Rula e precedeva Iman.

«Sempre dritto!»

Giunsero al termine del corridoio e furono sospinte come pecore attraverso una stretta porta. Quando entrarono nel locale, un rantolo collettivo percorse la fila. La strana stanza era un sotterraneo. Le pareti erano scure e crivellate di buchi; sul pavimento erano allineati secchi pieni fino all'orlo di orina, e gli escrementi umani formavano mucchi.

Samira gridò: «Qui è dove fucilano i prigionieri!»

Un atroce urlo di terrore eruppe dalle detenute. Ogni donna-ombra prese a gridare il nome dei propri figli, e quelle che non ne avevano invocavano la madre.

Altri robusti carcerieri entrarono, colpendole con manganelli e bastoni e spingendole a forza contro il muro. Molte gridavano: «Adesso moriamo!»

Mayada si preparò alla morte, implorando a voce alta: «Ti prego, Dio, perdonami per le cattive azioni che posso avere commesso nella mia vita. Ti prego di proteggere i miei figli, fa' che lascino questo Paese, in modo da poter avere una vita decente».

Pianti e lamenti riempivano l'aria. Nel buio Samira cominciò a cantare fievolmente l'aria di una triste ninnananna irachena, vecchia di centinaia di anni, adattandone il testo alla circostanza:

Ho perduto mia madre
quand'ero appena bambina,
ma ricordo come mi teneva,
cullandomi fra le braccia.
Ora, ti prego,
cammina piano su questa terra.
Forse mi hanno sepolta qui,
perciò cammina piano su questa terra.

Altre voci cantilenavano in sordina, imparando le parole nuove a mano a mano che andavano avanti. Nel frattempo, altre cinque guardie irruppero nella stanza con il fucile al fianco.

Un carceriere urlò: «Faccia al muro, presto! State pronte a morire!»

Le prigioniere si disposero in cerchio, piangendo e stringendosi l'una all'altra. Due delle più anziane svennero; tre o quattro secondini piombarono su di loro, tirandole per i capelli e prendendole a pugni in faccia. I loro gemiti di dolore si confondevano con le grida delle altre donne e le risate degli uomini.

Mayada si sentiva distaccata da ogni cosa: era la volontà di Dio che quelli fossero i suoi ultimi momenti sulla terra. Chiuse gli occhi, si coprì il viso con le mani e si preparò alla fine, perché non aveva scelta. Udiva una guardia berciare rauco parole sferzanti e brutali: «Pregate il vostro Dio se volete, ma non vi ascolterà. Oggi sono io il vostro Dio!» Non riusciva a smettere di sghignazzare: «Sono il vostro Dio!» Gli altri carcerieri si sbellicavano con lui, e le loro voci risuonavano assordanti nel locale.

Quelle risa facevano impazzire Mayada. Trattenne il respiro, in attesa che le pallottole colpissero il suo corpo.

Poi sentì alcuni scatti metallici: gli aguzzini preparavano le armi.

Sara gridò: «Mamma! Mamma!» e un secondino la colpì in faccia.

Muna singhiozzava, aggrappandosi al collo di Mayada: «Non posso morire, ho un bambino piccolo che ha bisogno di sua madre. Sono troppo giovane per morire!»

La mente di Mayada era in tumulto: chissà se avrebbe sentito i proiettili penetrarle nelle carni... Avrebbe provato dolore? La vista le si sarebbe oscurata?

Le guardie continuavano a ridere.

Le donne-ombra aspettavano la morte.

Non risuonò alcuno sparo.

Le detenute attesero ancora.

Alle fine Mayada aprì gli occhi e girò cautamente la testa, senza muovere il corpo.

Le armi erano rivolte verso il pavimento; l'unica cosa puntata su di loro era una macchina fotografica.

Anche altre prigioniere cominciarono ad aprire gli occhi e a guardare i carcerieri.

«Voltatevi», ordinò l'uomo con la macchina fotografica. «Mettetevi di fronte.»

Mayada rabbrividì. Forse il fotografo era lì per immortalare la loro fucilazione. Sapeva che spesso lo facevano: chissà se la sua sarebbe stata mostrata in televisione... I suoi figli avrebbero scoperto in quel modo che era morta?

Un guardiano urlò: «Devo dire che siete proprio un bel branco», e sputò per terra in segno di disprezzo per il loro terrore e sgomento. «Rendo grazie ad Allah per avere a casa una moglie, sorelle e figlie che non sanno nemmeno andare a comprare la verdura al mercato», disse, intendendo che erano talmente pie da non uscire neppure di casa. «Voi, invece, guardatevi: siete un mucchio di luride delinquenti. Siete la disgrazia delle vostre famiglie, e pure vigliacche.»

Sputò un'altra volta.

«Siete qui per farvi fotografare», le informò il carceriere, e scoppiò a ridere così forte da piegarsi in due, battendosi manate sulla coscia.

Gli altri uomini sghignazzavano fragorosamente. Uno si mise a imitare la loro paura: scappò in un angolo e scimmiottò Sara, strillando: «Mamma! Mamma!»

I secondini risero ancora di più.

D'un tratto Mayada si rese conto di che cosa era accaduto: a Baladiyat i custodi si annoiavano, e qualcuno aveva escogitato un nuovo spasso per terrorizzare le donne.

Molte piangevano ancora; Mayada ne vide tre giacere al suolo prive di sensi. Lei si sentiva intontita e, quando le ordinarono di mettersi in un certo punto per la fotografia, a stento fu in grado di muoversi. Subito dopo barcollò fino ad accasciarsi in un angolo, osservando le altre detenute che si facevano fotografare.

Dopo un'ora furono ricondotte in cella, ma nessuna parlò.

Mayada si distese sulla branda, girò il viso contro il muro e pianse. Per la prima volta fu un pianto di sollievo: quella notte non era morta. Forse Dio le avrebbe permesso di rivedere i suoi figli.

7
Tortura

L'ESECUZIONE simulata non fece che stuzzicare la crudeltà dei carcerieri. Per tutta quella lunga notte le mura di Baladiyat risuonarono di lamenti.

La stanza delle torture si trovava solo a poche porte di distanza dalla cella 52, e Mayada poteva udire ogni singhiozzo. Anni prima aveva letto il romanzo *Arcipelago Gulag* di Aleksandr Solženicyn, nel quale l'autore affermava che sentir torturare i compagni era più doloroso che essere torturati; ora Mayada comprendeva il significato di quelle parole.

La notte non passava mai. I prigionieri sentivano gli stivali andare su e giù per i corridoi di cemento e le voci delle guardie, seguite a brevi intervalli dalle urla dei carcerati.

A ogni rimbombare di tacchi sul pavimento, le donne-ombra temevano il rumore di una chiave che aprisse la porta della loro cella.

All'alba Mayada udì il musicale richiamo alla preghiera del muezzin: «Dio è grande; confesso che non c'è Dio se non Dio; confesso che Maometto è l'inviato di Dio; venite alla preghiera, venite alla benedizione. Dio è grande, confesso che non c'è Dio se non Dio».

Le detenute salutarono il mattino, e l'appello del muezzin infuse in loro qualche speranza. Dopo la quiete della preghiera mattutina, la cella soffocante si riempì di animazione, mentre venti donne si preparavano alla nuova giornata riassettando gli abiti, annodandosi i capelli e facendo i turni al gabinetto prima di sedere in silenzio ad aspettare la colazione. Dopo le orazioni, Mayada tornò sulla branda, rimanendovi tranquilla. Incrociò le braccia, strofinandosele nervosamente mentre osservava le compagne di sventura.

Dato che Samira era ancora sofferente, quando arrivò la colazione Muna assunse le funzioni abitualmente svolte da lei, distribuendo l'insipido cibo. Mayada accettò l'unico pezzo di pane e la scodella d'acqua che le venivano offerti. La piccola cella non permetteva a tutte le prigioniere di sedere comodamente, perciò alcune preferivano passeggiare su e giù per l'angusto locale mentre consumavano la colazione a base di lenticchie, pane ammuffito e acqua tiepida.

Qualche ora dopo, la porta della cella risuonò improvvisamente di colpi. Le guardie bussarono, mentre una chiave girava nella serratura. Sulla soglia comparvero tre uomini, suscitando ansioso spavento e gemiti fra le venti donne.

«Jamila! Stiamo aspettando!» sbraitò il secondino.

Mayada si girò verso il gruppetto di carcerate sedute in fondo alla stanza. Jamila era stata rinchiusa a Baladiyat tre mesi prima di lei, e soltanto Samira era stata torturata più di frequente. Era impossibile ignorarla: si dimenava, torcendo di continuo le spalle su e giù in un modo che appariva fastidiosamente privo di scopo.

Jamila era seduta sul pavimento fra le altre compagne, il volto pieno di timore. Rimase con la bocca aperta, piena di lenticchie e pane. Dopo un attimo di esitazione, riprese e masticare e ingoiò il boccone.

«Jamila!» urlò per la seconda volta la guardia. Le sue

spesse sopracciglia nere si corrugarono, mentre fissava una donna dopo l'altra.

Con un profondo sospiro, Jamila guardò il carceriere. Aveva quarantotto anni ed era madre di molti figli. L'anno prima il marito e l'unico figlio maschio erano stati accusati di essere attivisti islamici. Quando la polizia segreta aveva fatto irruzione in casa, nel cuore della notte, per arrestarli, aveva scoperto che i due uomini erano fuggiti in Turchia, perciò gli agenti avevano preso in ostaggio Jamila, dichiarando che sarebbe stata trattenuta al loro posto finché non fossero rientrati in Iraq per affrontare la condanna a morte. Dal primo giorno di detenzione lei aveva pianto quasi incessantemente. Spiegava che le lacrime erano per le sue belle ragazze, le sue figlie che adesso vivevano senza né padre né madre. Pensare a loro, tuttavia, non aveva rafforzato il suo animo, ed era precipitata nella depressione più nera.

Come tutte, Mayada guardò Jamila, mentre il secondino aspettava impaziente sulla soglia. Solo il giorno prima Jamila aveva chiesto a Muna di aiutarla a imbottirsi gli abiti sul dorso con uno spesso cuscinetto, per potersi muovere più comodamente. Quando aveva alzato la giacca del pigiama, Mayada aveva visto che la schiena della poveretta era orribilmente devastata da profonde cicatrici violacee, miste alle croste di ferite recenti, così aveva capito perché Jamila si torceva di continuo le spalle, abbassandole da una parte e rialzandole dall'altra; le aveva infatti spiegato che le piaghe ora le dolevano, ora le prudevano.

Lentamente Jamila si chinò, posando sul pavimento il piatto di lenticchie e appoggiandovi il pane mangiato a metà. Spinse con cura il bicchiere d'acqua presso il muro, poi si alzò. Indossava il medesimo pigiama rosa che portava quando era stata arrestata: dopo tre mesi era lurido per la sporcizia della prigione, sformato e strappato in più punti. L'elastico in vita era così molle che i pantaloni rischiavano continuamente di caderle, perciò Jamila li portava tirati su fino al petto. Adesso la giacca era sbottonata, quindi indugiò un attimo a chiudersi l'ultimo bottone, spianandosi con le mani il davanti dell'indumento.

Presentabile quanto poteva esserlo, date le circostanze, la donna guardò il carceriere con la fronte corrugata e gli occhi scuri profondamente infossati. Fece un passetto in avanti, fissando i tre uomini, i quali la osservarono di rimando. Avanzò barcollando, poi retrocesse di nuovo, come se uno spago invisibile la tirasse avanti e indietro contro la sua volontà.

Una delle guardie perse la pazienza. «La pagherai, per Dio! La pagherai!» tuonò.

Jamila si diresse meccanicamente verso la porta, a piedi nudi, atterrita al punto di dimenticare le ciabatte.

Le donne-ombra rimasero a osservarla, afflitte e silenziose, mentre due secondini l'afferravano per le braccia e la trascinavano fuori dalla cella. Nel momento il cui la porta sbatté con un tonfo, udirono una guardia imprecare. La povera Jamila emise un unico, acuto strillo.

Seguendo le istruzioni di Samira, Muna, la dottoressa Sabah e Mayada fecero i preparativi per il ritorno di Jamila: distesero sul pavimento uno strato di coperte, misero insieme due o tre pezzi di stoffa pulita, vuotarono ciò che rimaneva dei bicchieri d'acqua in una scodella, tenendola da parte. Erano pronte, per quanto era loro possibile, a curare le nuove ferite dell'infelice.

«Perde molto sangue dalla schiena», disse Samira. «Potete prendere una delle mie coperte, se necessario, per tamponare l'emorragia.»

In quel momento sentirono Jamila urlare, implorare pietà. In silenzio, le detenute si scambiarono sguardi desolati.

Jamila continuò a lamentarsi e a gridare senza interruzione per circa un'ora.

«Non ho mai sentito urla tanto penose», sospirò Samira.

Poi, d'un tratto, tutto tacque.

La donne-ombra attesero nervosamente che riconducessero la compagna in cella.

Nei lunghi mesi di detenzione, Wafae aveva abilmente ritorto i fili che pendevano da una coperta vecchia e malridotta, facendone un rosario. Ora quei grani consunti passavano di mano in mano, mentre ogni prigioniera pregava fervidamente che Jamila tornasse.

Dopo ore e ore di attesa, Mayada cominciò ad agitarsi. Pregava, si torceva le mani, pregava di nuovo. Il cuore le batteva forte. Rivolse uno sguardo ansioso a Samira. Quest'ultima infine parlò, rispondendo alla sua domanda inespressa: «Sì, hai ragione. È successo qualcosa di terribile».

Più tardi, una guardia dal grosso naso aprì la porta e chiese: «La detenuta Jamila si è lasciata dietro qualche effetto personale?»

Tutte fissarono quel brutto individuo, ma nessuna rispose.

«Dove sono le sue cose?» sbraitò lui.

Muna si alzò, facendo il giro della cella per raccogliere le povere cose della compagna.

«Dov'è Jamila?» domandò Samira dalla sua branda. Ogni prigioniera osservava piena di aspettativa il viso del secondino, ma l'uomo si limitò a fissare Samira, rifiutandosi di rispondere. Quando Muna gli porse gli effetti personali di Jamila, una logora ciabatta cadde per terra. Il carceriere piegò la massiccia corporatura per raccoglierla, afferrando dalle mani di Muna gli altri miseri averi di Jamila, poi lasciò la stanza senza dire una parola.

La voce di Samira era spezzata, quando mormorò: «Alla

fine l'hanno uccisa. Sapevo che prima o poi questo giorno sarebbe arrivato».

«Come pensi che l'abbiano ammazzata?» rifletté ad alta voce Muna.

«Molti detenuti hanno un infarto. So di alcuni il cui cuore si è fermato durante un pestaggio brutale», rispose sommessamente Samira.

Mentre le donne-ombra compiangevano Jamila, la porta della cella 52 si spalancò di nuovo e due uomini fecero la loro comparsa. Il più alto aveva un'aria sinistra e impugnava un corto scudiscio. Tutte si girarono verso di lui, che urlò: «Dov'è Mayada Nizar Jafar Mustafà Al-Askari?»

Quando udì il carceriere gridare il suo nome, Mayada fu assalita dal terrore. I suoi occhi fissarono la faccia della guardia con il frustino, mentre il respiro le si strozzava in gola.

Il secondino si picchiettava piano una gamba con la sferza, e ripeté quel nome illustre in un tono che voleva trasformarlo in un insulto: «Mayada Nizar Jafar Mustafà Al-Askari?»

Samira domandò in fretta: «La rilasciano?»

Il disprezzo del guardiano per le detenute rese più brutale la sua risposta. Con un'espressione disgustata, sputò: «*No. Non* la rilasciano». La sua voce aspra abbaiò per la terza volta il nome di Mayada.

Il suo cuore era stretto in una morsa di terrore. Si guardò intorno, desiderando disperatamente di scomparire. Il suo corpo tremava leggermente quando finalmente rispose: «Sono io Mayada».

Il carceriere le lanciò un'occhiata torva, aggrottando le folte sopracciglia. «Tu, fuori!» e con un cenno del frustino le indicò la porta.

Mayada tentò di staccarsi dal pavimento, ma una debolezza che non aveva mai conosciuto prima le si era diffusa nelle membra, privandole di ogni energia le spalle, le braccia, i fianchi, le gambe. Nel timore di non riuscire ad alzarsi e sapendo che ogni suo momento di indugio avrebbe fatto infuriare di più l'uomo, si tirò su di lato, in un disperato tentativo di mettersi i piedi. Nel forzare il suo corpo a fare ciò che la mente non voleva, si stirò un muscolo del fianco destro. Gemette piano.

«Aiutatela», ordinò Samira, rivolta a nessuna in particolare.

Muna e la dottoressa Sabah si affrettarono insieme a sollevare Mayada. Muna le batté su una spalla, Sabah le strinse una mano con tenerezza.

Quando barcollò a stento fuori della porta della cella, Mayada udì Samira sussurrarle dolcemente: «Ti aspetteremo, colombella».

Tenne dietro al primo carceriere, mentre il secondo la seguiva da vicino. Non le bendarono gli occhi, e questo le diede qualche speranza. La sua mente si trastullava con la possibilità di un rilascio: forse aveva ragione Samira, forse sarebbe stata liberata. La guardia aveva detto di no, ma che ne sapeva veramente lui del suo caso? Il cuore di Mayada fu inondato dall'elettrizzante prospettiva di rivedere Fay e Ali. Magari il dottor Hadi Hameed, il giovane medico incontrato la prima notte, aveva telefonato a casa sua. Dopo quel messaggio, Fay avrebbe certamente chiamato la nonna ad Amman, e Salwa Al-Husri avrebbe contattato ogni membro del governo di Saddam finché qualcuno non avesse ordinato di scarcerare sua figlia. Dopo tutto, sapeva per esperienza che sua madre era la donna più tenace del Medio Oriente, forse del mondo. Salwa Al-Husri non aveva *mai* mancato di ottenere ciò che voleva. Sì, pensava Mayada, doveva essere successo proprio questo.

Ormai fiduciosa che in fondo a quel cammino tra due secondini ci fosse il suo rilascio, si girò a guardare la faccia del più giovane dei due accompagnatori. Quest'ultimo non aveva ancora parlato, e Mayada gli domandò, piena di fiducia: «Mi rilasciano?»

Nessuno rispose, ma il carceriere più vecchio, che camminava davanti a lei, si fermò e si voltò. Con una larga smorfia scoppiò a sghignazzare, poi, altrettanto di colpo, tacque, accigliato.

Mayada distolse in fretta gli occhi dal suo viso, e lui le girò le spalle. Lei lo seguì, imponendo al suo corpo di muoversi mentre si sforzava di tenere lontani dalla mente sia la speranza sia il terrore. Udì un mormorio di deboli lamenti dietro una porta di ferro: era quella della camera delle torture. In quel momento, lì dentro qualche infelice veniva seviziato.

«Aspetta qui», ordinò la guardia.

Sorvegliata dall'uomo più giovane, Mayada fu lasciata in attesa nel corridoio per un bel po' di tempo. Aspettare moltiplicava le sue apprensioni. Nel tentativo di non ascoltare i gemiti provenienti dalla stanza delle torture, studiò il viso del secondino. Notò che aveva la carnagione chiara e gli occhi grigi: un aspetto gradevole. Non aveva più di vent'anni, appena un ragazzo, pensò.

Accorgendosi di essere osservato, il custode si girò, stringendo le palpebre. Per la prima volta fissò direttamente la prigioniera, che resse lo sguardo quando lui le rivolse un ghigno beffardo. «Che hai da guardare, vecchia troia?»

Mayada abbassò gli occhi, con una gran voglia di chiedergli come potesse, alla sua età, essere già tanto pieno di odio, ma non lo fece.

La porta della camera delle torture si spalancò. L'uomo più grosso che Mayada avesse mai visto ne riempiva il vano quasi per intero: era così alto che per passare dovette chinare la testa sotto lo stipite, e il torace enorme lo costrinse a torcersi di lato. Alla sua repentina comparsa, perfino il giovane carceriere fece un salto di lato, con il medesimo nervosismo della detenuta. Lei vide che l'uomo trasportava in spalla un prigioniero inanimato. La porta sbatté rumorosamente dietro di lui.

Mayada si tirò da parte, fissando con occhi atterriti il poveretto privo di sensi: il viso era pallido e disfatto, la testa gli oscillava avanti e indietro, i suoi arti avevano pieghe innaturali. Una larga chiazza bagnata gli copriva il davanti dei pantaloni, perché, per il dolore e la paura, il disgraziato si era ovviamente orinato addosso.

La donna si girò verso il gigante, studiandone l'espressione del viso. Quando lui le restituì lo sguardo, Mayada fu certa che non era stata chiamata per essere rilasciata: era lì per essere torturata.

In un istante, ogni cosa cambiò. Senza una sola parola di preavviso, l'omone scaraventò il prigioniero esanime sulla giovane guardia, che vacillò sotto il suo peso.

Istintivamente Mayada si voltò per scappare, ma l'omaccione piombò su di lei, agguantandole un braccio con forza tale da staccarla da terra, e se la trascinò dietro nella stanza delle sevizie. Lei urlò, ma subito l'aguzzino le strinse la gola con la sua mano enorme.

Con quella mano che la soffocava, l'unico desiderio di Mayada era rimanere aggrappata alla vita. Fay e Ali avevano bisogno di lei. Lottò contro la paura, tentando di mantenersi lucida e osservando ciò che aveva intorno. Quell'ambiente non era molto più spazioso della cella 52. Negli angoli oscuri c'erano uomini che non aveva mai visto prima, i quali si diressero verso di lei. Non era mai stata tanto terrorizzata in vita sua, nemmeno il giorno dell'arresto.

Quando il bruto la gettò a terra, un carceriere accolse Mayada con un forte calcio nella parte inferiore del corpo; lei gridò di spavento e lui la derise, sghignazzando: «Benvenuta, Mayada Nizar Jafar Mustafà Al-Askari».

Mayada avrebbe voluto trovare il coraggio di reagire, ma era sola, senza speranza.

L'uomo gigantesco la sbatté su una vecchia sedia di legno, piena di graffi. Prima che potesse protestare balzarono avanti due individui, che la legarono con alcuni lacci di plastica bianca.

Nel giro di pochi secondi le immobilizzarono le braccia e le gambe, strette alla sedia. Invano si dibatté: adesso era davvero indifesa.

Fu accecata da una luce abbagliante. Per quanto tremasse di paura, concentrò la sua attenzione sull'unica faccia che vagamente distinguesse davanti a sé: a fissarla era un individuo repellente, dal volto largo e paonazzo, con una testa troppo grossa posata su un corpo minuto.

«E così, tu aiuti gli sciiti!» l'accusò lui, sventolandole un manganello di gomma vicino alla testa. Un'altra voce irosa, alle sue spalle, inveì: «Complotta con loro». Una terza voce sbraitò: «Azioni del genere comportano conseguenze sgradevoli».

L'accusa lasciò perplessa Mayada. Era stata allevata da genitori sunniti moderni, che coltivavano amicizie e rapporti di lavoro con persone di ogni credo religioso. Non aveva mai avuto pregiudizi su nessun iracheno, sunnita, sciita, cristiano o ebreo che fosse. I suoi dipendenti erano sciiti; nella sua tipografia accettava lavoro da qualsiasi persona o impresa, a patto che l'ordinazione non fosse illegale e, da quando aveva intrapreso l'attività, nessuno le aveva mai chiesto di stampare alcunché contro il governo.

A un tratto, però, la sua memoria ebbe un lampo: parecchi mesi prima, aveva accolto un'ordinazione per pubblicare semplici libri di preghiere sciite. Erano forse quelli il problema? Se stampare libri di preghiere era illegale, non ne era mai stata informata. Però, sapeva che il regime di Saddam odiava qualunque cosa fosse in relazione con la popolazione sciita dell'Iraq.

Scacciando dal proprio viso il panico che provava, Mayada protestò invano: «Non ho fatto nulla di male».

Il suo terrore aumentò quando avvertì un movimento alle sue spalle. Era in trappola.

«Ecco che cosa capita a chi sostiene gli sciiti», annunciò l'aguzzino dalla testa grossa e, fatto un passo avanti, le diede tre violenti schiaffi sul viso. Lei scoppiò in lacrime. Il torturatore fece un gesto con la mano e qualcuno che lei non poteva vedere le mise una benda sugli occhi.

Benché terrorizzata, Mayada parlava con chiarezza, perciò tutti poterono sentire: «Sono innocente».

Non udì altra risposta che risate fragorose.

Fu di nuovo schiaffeggiata. Ricevette calci negli stinchi. Il manganello le si abbatté sulle dita. Urlò.

Un altro ceffone, seguito da un: «Chiudi il becco!»

Ormai era sopraffatta: il cuore le batteva così forte che poteva avvertire chiaramente ogni pulsazione.

Si sentì sfilare il sandalo dal piede destro, e l'alluce le fu stretto in una morsa. Una mano brutale le strappò via il foulard che le copriva i capelli, mentre un secondo morsetto le addentava il lobo dell'orecchio destro.

Fra il dolore dei morsetti e lo smarrimento prodotto dall'impossibilità di vedere, udì il rumore di una pesante apparecchiatura trascinata sul pavimento più vicino a lei: le stavano preparando qualcosa di sinistro.

Mayada cominciò a pregare: «Dio, lasciami vivere per Fay e Ali».

All'improvviso un uomo esclamò minacciosamente: «Ecco che cosa capita ai traditori!»

Si percepì il ronzio di un macchinario. Immediatamente la prima scarica la percorse e la testa le fu scagliata all'indietro, mentre l'elettricità le correva giù per il collo e nelle ascelle, su per la gamba e nell'inguine. Credette che il suo corpo prendesse fuoco. «Ahhhhhhhh...» rantolò in cerca di fiato, piangendo convulsamente.

La corrente fu scatenata dentro di lei più e più volte. Spasimi e tremiti la squassavano, convulsioni talmente violente da sbatterle la testa contro lo schienale della sedia. Il dolore divenne intollerabile.

Chiese pietà, urlando: «*Per favore! Basta!*»

Udì sghignazzare.

«*Per favore! No!*»

Interruppero la scarica per un minuto.

Mayada era talmente debole da non riuscire a emettere un suono, ma una voce le intimò: «Raccontaci degli sciiti che cospirano contro l'Iraq».

Singhiozzò e scosse la testa. Quando si sforzò di parlare, dalle labbra non le uscì altro che un balbettio demente. La lingua non le funzionava più a dovere.

«Deciditi: dicci i nomi.»

Scosse di nuovo la testa.

Sentì i passi di qualcuno, poi il ruggito del macchinario. Urlò con tutte le sue forze, prima ancora che arrivasse la sferzata della corrente. Gridò e gridò, mentre l'elettricità le dilaniava ogni parte del corpo.

I suoi occhi bendati escludevano dal mondo ogni cosa, tranne il fuoco che le scorreva su e giù nelle vene, sino in fondo al midollo.

Proprio quando credeva che l'agonia non sarebbe mai finita, Mayada sentì in lontananza gli strilli acutissimi di una donna, un ululato di sofferenza quale mai aveva udito. Prima di svenire, mormorò mentalmente una preghiera per la creatura torturata che aveva emesso quelle urla da gelare il sangue.

Un'ora più tardi la porta della cella 52 si dischiuse, e Mayada fu scaraventata sul pavimento di cemento. Era priva di sensi, e le donne-ombra non erano in grado di rianimarla. Per lei i giorni successivi passarono in un crepuscolo inebetito.

C'era il sole ed era a Beirut, a mangiare un gustoso gelato. Guardò su, verso la terrazza della villa dalle pareti rosate. Là c'erano Jido Sati e suo padre, a fianco a fianco, ognuno con un largo sorriso e le mani che si agitavano, invitandola ad andare su di corsa, nel conforto delle loro braccia aperte. Mayada allungò il passo per raggiungerli ma, per quanto forte corresse, non riusciva ad accorciare la crescente distanza che la separava da loro. Mentre suo nonno e suo padre se ne andavano via alla deriva, sempre più lontani, scoppiò a piangere delusa, poi cominciò a gridare di paura mentre qualcosa di oscuro calava su di lei: le spegnevano sigarette negli occhi, la ammanettavano, le mettevano un palo di legno tra le ginocchia e i gomiti, l'appendevano a un gancio, la infilavano in uno pneumatico, facendola girare all'infinito, era legata su un tavolo e la picchiavano sui piedi nudi, le annodavano due cinghie alle braccia e veniva sollevata da un ventilatore da soffitto che girava e girava, facendo scorrere il tempo all'indietro e riportandola alla sua infanzia.

Come molti iracheni di elevata condizione sociale, i genitori di Mayada abitavano a Baghdad da settembre a maggio; nei torridi mesi estivi di giugno, luglio e agosto viaggiavano per il Medio Oriente e l'Europa occidentale. Quando era in Iraq, Mayada viveva con i genitori e la bambinaia in un'adorabile, vecchia casa sulle sponde del Tigri. Una serie di belle dimore ospitava la madre di Nizar e i suoi tre fratelli, Tarek, Zaid e Qais. Un brezza rinfrescante spirava dal fiume attraverso le finestre aperte e nei giardini tranquilli, ombreggiati dagli alberi, che le circondavano.

Quei giorni infantili erano stati i più spensierati della sua vita. Nuotare era il suo passatempo preferito, e Mayada era brava. Abdiya era un'ottima tuffatrice. Dopo molti giorni passati in piscina al sole, i corpicini delle due bimbe avevano la tinta del bronzo, e per scherzo il padre le chiamava «i suoi due pesciolini».

Salwa non era una donna di casa nel senso tradizionale, dato che non aveva mai imparato a cucinare o a fare il bucato, ma era un'esperta nel dirigere la servitù, e infatti la sua casa funzionava alla perfezione. Con grande felicità delle figlie, dava le feste più belle di tutta Baghdad. Organizzava sempre per le ragazzine una doppia festa di compleanno prima della fine della scuola, in modo che le sorelle lo festeggiassero con gli amici iracheni e i cugini, prima che la famiglia partisse per i viaggi estivi. Tutta Baghdad parlava di quelle feste di compleanno, perché Salwa le preparava meticolosamente, con mesi di anticipo. I fuochi artificiali arrivavano dal Libano e le decorazioni dei dolciumi provenivano da Londra. Mentre alle bambine era permesso di scegliere il gusto del ripieno dei dolci – di solito cioccolato, arancia, vaniglia o limone – Salwa si occupava della forma: un anno la torta poteva essere un cuore, l'anno dopo un treno. E la mamma ordinava sempre da *Harrod's* cestini speciali per contenere i molti regali.

Tuttavia, non molto al di sotto dello strato di spensieratezza ribollivano gli aspri conflitti della politica. Sembrava che gli iracheni non riuscissero a far durare a lungo la pace: da dopo la morte di Jafar, molti anni prima, i governi del Paese subivano violenti rovesciamenti, i colpi di stato non cessavano di sconvolgere la storia moderna della nazione e i disordini si ripercuotevano su ogni aspetto della vita quotidiana. Durante l'infanzia Mayada si era spostata su e giù fra case lontane, perché i suoi genitori erano sempre stati costretti a prestare grande attenzione alle tensioni politiche, espatriando per mettere in salvo la famiglia.

Dopo il colpo di stato del 1958, nel corso del quale l'intera famiglia reale irachena era stata massacrata, la famiglia di Mayada si era trasferita a Beirut. Malgrado la nostalgia dell'Iraq, vivere a Beirut era bello. Abitavano in uno spazioso appartamento in Hamra Street, sopra la farmacia di Al-Madina, vicino a un negozio francese di cioccolato di nome *Chantie*. L'aroma del cioccolato aleggiava nell'edificio e nel loro alloggio, perciò le memorie infantili di Mayada e Abdiya avevano un profumo delizioso.

Mayada aveva solo sei anni quando si era presentato un problema più grave. Un giorno, inaspettatamente, la mamma l'aveva presa da parte e le aveva regalato un bellissimo anello con una perla. Le aveva detto di conservarlo finché lei e papà fossero tornati da un lungo viaggio. Inoltre, come sorella maggiore, avrebbe dovuto vegliare su Abdiya e proteggerla. Mayada era intimorita: aveva fissato i profondi occhi scuri della madre, spaventata da quell'imprevista piega degli eventi. Si domandava perché la lasciassero a casa, e nemmeno nonno Sati era riuscito a rallegrarla, quando le due bambine e le rispettive governanti erano state lasciate con lui.

Erano passati anni prima che Mayada venisse a sapere che una diagnosi di tumore al colon per suo padre, allora quarantenne, aveva costretto i genitori a una lunga assenza. Il più grande timore di Nizar era lasciare sole le giovani figlie, essendo rimasto anche lui privo del padre Jafar, il quale a sua volta aveva perduto il proprio, Mustafà. Nizar aveva addirittura espresso il timore che la maledizione di una morte prematura gravasse sugli uomini della famiglia Al-Askari.

Per quanto la famiglia fosse felice a Beirut, l'amore per l'Iraq non si era mai raffreddato. Verso la fine del 1962, nella speranza che i giorni drammatici fossero finiti, avevano fatto i bagagli ed erano tornati a Baghdad. Nel giro di qualche giorno avevano ripreso la loro bella vita nella capitale e, per la prima volta dal 1958, Nizar si era sentito ottimista. Poi i venti della fortuna erano nuovamente girati, e l'8 febbraio 1963 si era verificato il disastro: il partito Baath si era impadronito del potere. Per quanto nessun membro della famiglia avesse subito danni fisici, i militari si erano impossessati di alcune proprietà di Nizar. Il padre di Mayada non era un codardo e aveva affrontato i capi baathisti, affermando con risolutezza che i suoi possedimenti non erano a loro disposizione. Quantunque gli fosse assicurato che si trattava di una situazione temporanea, il loro comportamento era stato inflessibile; gli avevano fatto capire chiaramente che non aveva diritti sulle sue proprietà, e lui aveva comprensibilmente temuto che le promesse di correttezza non fossero altro che menzogne. Attorniato da uomini in armi e desideroso di null'altro che di vivere per le sue bambine, Nizar aveva accettato ciò che non poteva cambiare.

Quando il cancro al colon di Nizar aveva fatto la sua comparsa, la malattia aveva oscurato l'importanza della politica. Aveva lottato molto, ma nella stanza 52 del Nun's Hospital di Baghdad aveva compreso che il tempo concessogli per rimanere su questa terra in compagnia della moglie e delle figlie si stava rapidamente esaurendo.

Le tre ragazze di Nizar, come le chiamava lui, si riunivano al suo capezzale in ogni occasione. La determinazione di vivere aveva ampliato il suo tempo, e Mayada e Abdiya andavano a fargli visita ogni pomeriggio, dopo la scuola.

Quando era stato prossimo alla morte, gli era stato concesso di tornare a casa per un po', e allora Mayada aiutava le infermiere a medicarlo e a fargli le iniezioni.

Le bimbe erano a scuola, quando la madre le aveva avvertite che papà era mancato. Mayada era rimasta in piedi, sconvolta, nell'ufficio del preside. Aveva provato un dolore così atroce che le era parso che suo padre fosse morto inaspettatamente.

Ora, nel suo delirio nella cella 52 di Baladiyat, pensava ai suoi ragazzi. Non voleva che perdessero la madre come lei aveva perduto suo padre. Gridò i loro nomi: «Fay! Ali! Venite da me!»

«Mayada! Mayada! Mi senti? Apri gli occhi, Mayada.»

Samira era china sul suo viso e glielo sfiorava delicatamente con un panno umido. «Svegliati, Mayada.»

Lei si passò piano piano le lingua sulle labbra. Aveva in bocca un sapore strano, come di legno bruciato. Sentì qualcuno sollevarle la testa e avvicinarle un bicchiere alle labbra. Bevve qualche sorso d'acqua. Era confusa: dov'erano i suoi figli? Non sapeva dove fosse. Aprì gli occhi e vide un gran numero di volti femminili protesi verso di lei, che la fissavano pieni di premura.

«Sono Samira. Sei di nuovo con noi, nella cella 52.»

Ancora intontita, Mayada mormorò: «Chi sei?»

«Sono Samira», sussurrò con una risatina la donna china su di lei.

Mayada aprì un'altra volta gli occhi. «Samira?»

«Sì, sono qui, colombella.»

Mayada gemette, cambiando posizione. Provava dolore dappertutto. «Che cos' è successo? Dove sono Fay e Ali?»

Samira scambiò uno sguardo inquieto con la dottoressa Sabah.

«Sei viva. Questa è l'unica cosa che conta: sei viva.»

Mayada alzò di nuovo lo sguardo: molte facce preoccupate la osservavano. Vide la dottoressa Sabah, Muna, Wafae, Aliya, Sara e parecchie altre ma, quando ricordò di essere prigioniera a Baladiyat, avvertì un vuoto allo stomaco.

«Che cosa ci faccio sul pavimento?»

«Ti hanno portata via... per un po'», bisbigliò Samira, «Ma adesso stai bene.»

Muna e la dottoressa Sabah le sedettero accanto, mentre Wafae, Aliya e le altre si stringevano più vicine.

Sabah chiese: «Che ti hanno fatto?»

«Non lo so», rispose Mayada con sincerità. «Ho mal di testa. Mi fanno male le braccia.» Si toccò cautamente una gamba. «Ho dolori dappertutto. Non riesco a ricordarmi cosa hanno fatto.»

La dottoressa Sabah la esaminò, controllandole il viso, le braccia e le gambe. «Guardate!» esclamò, rivolta alle prigioniere riunite intorno a loro. «La carne del lobo dell'orecchio destro è rimasta schiacciata, e così pure l'alluce destro. Le hanno dato la corrente elettrica.»

«Nient'altro?» domandò Samira, con voce vibrante di preoccupazione.

«Io non ho visto altro. Muna?»

Muna sollevò delicatamente i piedi di Mayada, esaminandone le piante. «Non l'hanno picchiata sui piedi. Bene.»

Samira le sfiorò una guancia. «Per male che sia andata, hanno avuto la mano leggera.»

Mayada si mise a piangere. «Adesso ricordo qualcosa. Mi hanno presa a calci nel ventre e mi hanno schiaffeggiata in faccia.»

«Ha le guance arrossate», confermò Muna, accarezzandola con dolcezza.

«Qualcuno mi ha presa a calci», ripeté lei con un singhiozzo.

«Ti senti in bocca sapore di legno o di metallo?» chiese Aliya.

«Legno.»

«È una conseguenza delle scosse elettriche», replicò Aliya con sicurezza.

«Aiutami a sollevarle la testa», disse la dottoressa Sabah a Muna. Le loro mani premurose le inumidirono la nuca con un panno freddo, poi glielo passarono sulla fronte. «Ti farà bene per il mal di testa.»

A poco a poco Mayada cominciò a ricordare l'incubo della sevizia con l'elettricità. Tremava, scossa da piccoli singhiozzi. «Non posso sopportare quella tortura. Morirò a Baladiyat.»

«Ssst», tentò di calmarla Samira, accarezzandole una mano. «Ascoltami. So di che cosa parlo: tu sarai rilasciata prima degli altri. Tu sei un caso speciale.»

Lei non le credette, e pianse più forte ancora.

«Mayada, voglio che tu pensi a questo: ti hanno torturata, ma hanno fatto attenzione. Non ti hanno lasciato nessun segno sul corpo. Non ti hanno picchiata né sui piedi né sulla schiena, così possono negare qualunque accusa nei loro confronti. Io non ho dubbi: hanno ricevuto ordini di usare i guanti, con te.»

Mayada era stanca di speranze andate in fumo, e rifiutò ogni conforto. «Non rivedrò più i miei figli. No, mai più. I miei bambini resteranno senza mamma.»

Il viso di Samira esprimeva pazienza. «Tu hai una laurea; io mi sono laureata solo a Baladiyat, ma questo posto lo conosco, e conosco questi uomini. Tu sarai rilasciata presto, appena arriverà l'ordine. Me lo sento nelle ossa.»

Lei ricordò qualche altra cosa. «Credo di essere stata appesa al soffitto e fatta girare con un ventilatore. Poi mi hanno infilata in una gomma e fatta rotolare intorno alla stanza», singhiozzò.

Samira non smise di consolarla. «No, tesoro. Queste brutte cose sono accadute solo nel tuo incubo. Il tuo corpo non mostra tracce di tortura, se non un calcio, qualche schiaffo e l'elettricità. A molte capita di delirare, soprattutto all'inizio.» Le rivolse un largo sorriso. «Inoltre, poche di noi potrebbero entrare dentro uno pneumatico.»

In qualsiasi altro momento della sua vita, Mayada avrebbe riso: senza dubbio era troppo grossa per stare in una gomma d'automobile. Doveva avere avuto un'allucinazione.

«La prima volta che sono venuta qui, mi hanno legato le braccia e mi hanno fatta girare appesa al soffitto», confermò Muna. «Mi si slogarono le braccia, e mi ci vollero settimane prima che potessi rialzarle.» Sollevò entrambe le braccia di Mayada per provare la sua affermazione. «Guarda, le tue braccia sono sane. Non ti hanno appesa al soffitto.» Fece una pausa, prima di sorriderle con tenerezza. «Ringraziamo tutte Dio per questo.»

«Io sono stata appesa a un gancio e picchiata. Ho visto che questo a te non è successo», intervenne la dottoressa Sabah, verificando con una lieve carezza sul viso di Mayada. Lo sguardo di quest'ultima andava lentamente da una donna-ombra all'altra. Ogni volto era angosciato, per se stesse, per i propri figli, per le vite che avevano lasciato fuori Baladiyat, ma anche per lei. Mai aveva incontrato persone così dolci e, anche se tutte, nella cella 52, erano state seviziate più crudelmente, nessuna la invidiava per avere avuto più fortuna.

«Adesso devi mangiare un po' di pane, poi un cucchiaio di zucchero», insistette Samira. «Il pane ti aiuterà a toglierti dalla bocca il sapore di legno, lo zucchero ti darà forza contro la spossatezza che ti senti addosso.»

Prima che potesse rispondere, furono tutte colte di sorpresa dall'aprirsi della porta della cella e dall'improvvisa comparsa di tre guardie. Un uomo alto e sparuto, con un paio di folti baffi, che Mayada non aveva mai visto, disse con una vocina nasale: «Siamo venuti per Safana».

Muna balzò in piedi così di colpo da far svolazzare i lucenti capelli neri, guardando allarmata verso il fondo della cella.

Mayada non era in grado di girarsi a cercare il viso di Safana, ma sapeva che si trattava di una giovane curda sulla trentina, piuttosto bassa e tozza, con una carnagione scura e vellutata deturpata dalle occhiaie nere. L'avevano arrestata con Muna, e non di rado le due donne piangevano l'una sulla spalla dell'altra. Prima, avevano lavorato entrambe in una banca; Mayada sapeva poco di Safana, ma spesso si era domandata quale fosse la sua storia.

Barcollante, Safana si avvicinò, premendosi un pugno sulla bocca, gli occhi pieni di lacrime.

«E io?» domandò spaventata Muna.

Il carceriere alto e magro la squadrò con un ghigno che gli scopriva i denti. «Oggi si cuoce solo un'oca alla volta», rispose con la sua vocetta nasale, prima di afferrare Safana per un braccio e trascinarla fuori dalla cella.

I begli occhi di Muna grondavano di lacrime. Quando la porta si fu richiusa andò a raggomitolarsi sulla sua branda, piangendo amaramente. «Safana è soltanto una testimone. Non ha fatto nulla, nulla.»

Mayada guardò con aria interrogativa Samira, che si tirò su a sedere. Mayada notò che lo sforzo le aveva imperlato di sudore il labbro superiore: non si era ancora ripresa del tutto dalle torture subite.

«Sta' attenta, non ti affaticare», le disse con apprensione, pensando che, se le sevizie fossero proseguite di quel passo, la cella 52 avrebbe ospitato soltanto invalide.

Samira si deterse il sudore dal viso con una mano. «Quelle povere Muna e Safana non sono altro che testimoni di un caso di appropriazione indebita in banca. Il direttore generale della banca era un ladro.»

«Non sono nemmeno accusate?» si informò Mayada.

«No. Adesso ti racconto tutta la storia, allora capirai.»

«Parla a bassa voce, per favore», la pregò lei. «La mia testa non si è ancora ripresa dalla corrente.» Era vero: sentiva ancora dei ronzii alle orecchie e nel cervello.

«La famiglia della nostra cara Muna era povera, e lo divenne ancora di più dopo il disastro del 1991. La casa di suo padre è in Al-Horiya Al-Uola. Lei andò a scuola, poi all'università, laureandosi fra le prime del suo corso. Là incontrò un ragazzo come si deve, anche se di una famiglia povera quanto la sua. Si innamorarono, ma il padre di lei era contrario alle nozze, desiderando per la figlia qualcosa di meglio. Muna, però, era innamorata, e riuscì a convincerlo che lei e l'uomo che amava, entrambi laureati, si sarebbero potuti costruire una vita agiata. Così, alla fine, lui diede il consenso.

«Muna si sposò e si trasferì in una casetta non lontana dalla sponda di Kharkh del Tigri, nel quartiere di Al-Rahmaniya, molto popoloso, con un edificio accanto all'altro. Lei e suo marito erano davvero felici. Quando in Iraq cominciarono gli investimenti bancari, Muna, brava com'era, fu subito assunta. Ora veniamo alla nostra innocente, piccola Safana», continuò Samira con un profondo sospiro. «Come avrai intuito, è una curda di origini persiane. Non è sposata ed è figlia unica. Lei e la madre vivono nella povera zona di Habibiya, vicino al quartier generale della polizia segreta. Suo padre morì durante la guerra con il Kuwait, sebbene non fosse un militare, perciò Safana e la mamma cercarono di tirare avanti con il negozietto di alimentari che avevano ereditato. Pensa che, nello stesso tempo, lei studiava: di giorno andava a scuola, poi serviva in negozio fino all'ora di coricarsi.

«Dopo le sanzioni non poterono più rifornire la bottega, che rimase vuota. Safana, però, era in gamba, proprio come Muna. Aveva studiato economia e commercio all'Università di Baghdad. Non pensava al matrimonio, perché tutto ciò che faceva in vita sua era andare a scuola, studiare e lavorare. Non avendo né padre né parenti, sapeva di avere la responsabilità della madre, malata da molti anni.

«Ebbe fortuna e trovò un impiego a tempo pieno nella stessa banca in cui lavorava Muna, sebbene non si conoscessero prima di incontrarsi lì. Safana era felice, perché finalmente aveva abbastanza soldi per acquistare il cibo e le medicine per la mamma, che era invalida e portava il pannolone, come un neonato. Ogni mattina, prima di andare in ufficio, Safana le dava da mangiare, la lavava, la cambiava, sistemava sopra le lenzuola un telo di plastica e le lasciava il pranzo sul tavolino accanto al letto. Dopo il lavoro correva in fretta a casa, per occuparsi della madre.

«Safana lavorava così sodo e bene che fu promossa al settore direttivo della banca: fu un giorno molto, molto felice per lei.

«Nel frattempo Muna era rimasta incinta. Lei e il marito erano emozionatissimi e decisero che lei avrebbe sfruttato per intero il congedo di maternità, in modo da rimanere il più possibile con il bambino. Ebbe un maschietto, che chiamarono Salim.

«Un giorno Muna è a casa con il piccolino quando suona alla porta una vicina, dicendole che al telefono ci sono i funzionari della banca e che deve andare immediatamente all'apparecchio. Suo marito è ancora al lavoro, perciò lei si precipita al telefono cullando in braccio Salim. All'altro capo del filo c'è l'addetto alla sicurezza, il quale le spiega che deve andare subito, perché mancano alcuni documenti importanti. Lei gli risponde che non ha nessuno cui lasciare il bambino, ma quello insiste, dicendole di portarlo con sé. Preoccupata, Muna si precipita alla banca con il figlio.

«Quando arriva, vi trova Safana con altri due uomini mai visti prima. Siedono tutti nell'ufficio della sicurezza, e il funzionario la invita a prendere una sedia, poi la avverte che lei e Safana saranno portate al comando della polizia segreta. Muna ha la sensazione che sia accaduto qualcosa di terribile, e implora il superiore di spiegarle che cosa non va. Lui rifiuta ogni spiegazione; lei chiede allora se può lasciare il bambino ai nonni. L'uomo respinge la sua supplica: il bambino starà con lei. Anche le preghiere di poter telefonare vengono respinte: non le resta altro da fare che rimanere lì seduta e piangere.

«Safana ha le mani legate dietro la schiena, ma a Muna viene permesso di rimanere libera, in modo da poter tenere in braccio il piccolo Salim. Poi, senza una parola di spiegazione, i tre sventurati vengono portati qui e gettati nella nostra cella. Io ero qui quando arrivarono, e le due ragazze erano ancora più spaventate di te, Mayada, il giorno del tuo arresto. Una settimana dopo ebbero inizio gli interrogatori: fu allora che Muna e Safana scoprirono la verità. Da entrambe si pretendeva un rapporto completo sul direttore generale della banca. Dissero ciò che sapevano, cioè sostanzialmente nulla: era un buon superiore. La verità era che quell'uomo aveva fatto a se stesso un assegno per quindici milioni di dinari [circa settemila dollari del 1998]. Da molti anni si appropriava di denaro della banca. Quando loro sostennero che era una persona come si deve e non un ladro, furono picchiate. Ovviamente, nessuna aveva prove che fosse disonesto, altrimenti lo avrebbe detto.»

«Oh, Dio, come va a finire questa faccenda?» domandò Mayada.

Samira si chinò più vicina a lei, con la voce ridotta a un bisbiglio: «Non è questo il peggio. La storia è molto più triste. Dopo una settimana di prigione, il piccolo Salim cominciò a piangere ininterrottamente. Muna era stata intelligente, aveva portato con sé in banca una grossa scorta di latte, ma presto era finito. Per qualche giorno gli demmo dell'acqua zuccherata, che però lo fece stare male: quel poverino piangeva giorno e notte. Alla fine, un mattino arrivarono le guardie e ordinarono a Muna di consegnare il piccolo. Lei naturalmente si ribellò, ma la colpirono con una verga elettrica e svenne. Da allora, non abbiamo più visto il bambino».

Mayada era senza fiato. «Credi che l'abbiano ucciso?»

Samira alzò le spalle, dandole di gomito, poi accennò con la testa in direzione di Muna, che singhiozzava piano. «Prego che lo abbiano portato dal padre, o dalla nonna. I carcerieri rifiutano di darle spiegazioni.»

«E Safana? Anche lei piange sempre.»

«Perché nessuno sa in che condizioni si trovi sua madre. Quando disse alle guardie che qualcuno doveva andare a controllarla, la presero a sberle in faccia. Safana ritiene che quella poveretta sia stata dimenticata nel suo letto e sia morta di stenti. Pensa: due creature inermi, una vecchia e un neonato… e nessuno che si prenda cura di loro.»

Inorridita, Mayada chiuse gli occhi e si mise a pregare, non sapendo che cos'altro fare.

Un lamento crescente si diffuse nella stanza appena la porta si aprì di nuovo e fu chiamato il nome di un'altra donna-ombra: «Sara! Fatti vedere!»

Mayada alzò lo sguardo mentre la prigioniera le passava lentamente davanti. Era una delle più giovani, aveva solo ventun anni: una studentessa di Farmacia incarcerata senza alcuna ragione plausibile, per quanto se ne sapesse. Ora lasciava la protezione della cella 52 per finire nelle mani di una guardia impaziente di portarla alla tortura. Nei suoi occhi balenava il terrore puro; giunta sulla soglia, si girò: «Samira, ricorda che cosa ti ho detto. Se muoio, qualcuno deve contattare mia madre: sono la sua unica figlia ancora viva».

«Non morirai, piccola Sara», la rassicurò lei. «Sii forte. Noi qui pregheremo per te.»

Il secondino imprecò, e Sara si voltò e uscì.

La porta sbatté alle sue spalle.

Samira si rialzò dal pavimento, dando istruzioni precise: «Presto avremo due donne bisognose di assistenza. Portate Mayada nella sua branda e preparate due letti per Safana e Sara».

Con a fianco la dottoressa Sabah, Mayada si diresse silenziosamente verso il suo giaciglio. Dopo essersi sistemata, chiuse gli occhi. Rabbrividiva come se avesse la febbre. Desiderava riacquistare le energie, voleva essere forte a sufficienza per aiutare Samira a curare le due compagne, al loro ritorno. Udiva la sua voce tranquilla dare istruzioni alle altre detenute. Che cosa avrebbero fatto in quella cella, senza di lei? Era come una madre per tutte loro.

Ricordò le parole di Samira, che tutte loro dovevano sopravvivere per i figli. Ce l'avrebbe fatta, per Fay e Ali.

8

Il dottor Fadil e la famiglia di Mayada

MAYADA pensava ai suoi bambini, sforzandosi di immaginare che cosa stessero facendo in quel momento: mangiavano? Dormivano? Dove abitavano? Erano ancora a Baghdad? Se sì, si trovavano presso la casa del padre del loro padre, l'unico nonno che avessero conosciuto? Oppure erano fuggiti in Giordania, dove ora si trovavano sotto l'ala protettrice di sua madre?

Dagli occhi, resi brucianti dal pensiero di non sapere nemmeno dove fossero i ragazzi, le cadevano grosse lacrime che le rigavano il viso e inumidivano la coperta in un cerchio sempre più largo. Tremava, impotente, ma rammentò il consiglio datole da Samira al suo arrivo a Baladiyat: costruire una barriera mentale tra sé e i figli, altrimenti non sarebbe stata capace di resistere alla disperazione. Samira aveva ragione, senza dubbio. Consapevole che sarebbe impazzita se avesse continuato a riflettere su Ali e Fay, tracciò una linea immaginaria per separare se stessa da loro, forzando altrove i suoi pensieri. La sua mente proiettò una seconda immagine sul muro della prigione, il viso di un personaggio un tempo fra i più potenti di tutto l'Iraq: il dottor Fadil Al-Barrak. Era un uomo fisicamente attraente: alto, con la pelle scura, i capelli castani e gli occhi neri. Aveva una voce gradevole, e di solito parlava in tono vivace. Benché ora Mayada capisse che aveva una doppia personalità, raramente aveva visto il suo volto oscuro.

Di una sola cosa era certa: se il dottor Fadil fosse stato ancora vivo, il suo mondo sarebbe rimasto normale, e lei sarebbe stata a casa con i suoi bambini.

I pensieri di Mayada riandarono al 1979, la prima volta che lo aveva incontrato. Ma aveva appena chiuso gli occhi per scivolare verso il passato, quando una donna-ombra le si avvicinò in silenzio, posandole sulla faccia una mano piccola e bianca. Lei si rigirò, allarmata.

«Sono io», mormorò dolcemente Samira, mentre i suoi familiari occhi verdi la fissavano con attenzione. La nostalgia dei figli era così acuta che a Mayada sembrava che le avessero strappato il cuore dal petto. «Sai, me lo sento che morirò in questa cella», disse ostinatamente.

«Piantala!» ribatté Samira.

«Noi Al-Askari siamo sempre stati perseguitati dal numero 52», spiegò Mayada. «Mio padre morì nella stanza 52 al Nun's Hospital, all'età di 52 anni. Suo padre Jafar fu assassinato a 52 anni. Ora mi trovo nella cella 52… e questa sarà la mia tomba.» Fissò la compagna e aggiunse, con convinzione: «La mia morte sarà connessa con il numero 52. È scritto».

«Non essere morbosa», la rimproverò l'amica in tono gentile. «Io dico invece che sarai rilasciata… presto. Molto prima di arrivare ai 52 anni.»

Un nuovo pensiero tormentava Mayada. Sussurrò con sicurezza: «Sono punita».

«Punita per che cosa?» sbuffò Samira.

Turbata dalla nuova intuizione, lei si appoggiò su un gomito, voltandosi per assicurarsi che nessun'altra donna fosse a portata di orecchio. Soddisfatta, riprese: «Il dottor Fadil Al-Barrak è stato il nostro protettore, per molti anni».

«E allora?»

«Lui ha diretto per dieci anni posti come Baladiyat.»

«Il nome non mi è nuovo.»

«Certo che hai sentito parlare di lui, Samira. Era così potente che poteva ordinare di rilasciare chiunque dalla prigione, e lo fece, per me, più di una volta.» Un lungo silenzio cadde fra le due donne, prima che Mayada continuasse: «Ma non capisci? Senza nemmeno saperlo, mia madre e io siamo state protette per molti anni… e ora la pago cara per quello.»

Samira tirò giù la coperta di Mayada e sedette sull'orlo della sua branda, fissandola gravemente. «Capisco», rispose. «Lo hai aiutato a torturare?»

«No! No di certo. Non sapevo neppure fino a che punto arrivassero le sue funzioni. Per lo meno, non agli inizi.» Fece una pausa, poi aggiunse: «Sai, perfino adesso trovo difficile credere che fosse capace di seviziare la gente. Era un accademico, uno studioso che parlava sempre di libri. Ma per giungere al vertice dei servizi di sicurezza, di sicuro *dovette* prendere parte a torture e omicidi. Altrimenti Saddam non gli avrebbe mai affidato quell'incarico».

«Va bene, ma non riesco a capire perché tu ti creda responsabile», ribatté Samira.

Mayada abbassò gli occhi. «Mia madre e io saremmo dovute fuggire da questo Paese… e denunciare il regime di Saddam… nel momento stesso in cui mio padre veniva sepolto.»

«Ti agiti troppo. Non devi. Risparmia le forze.»

«No. Questa è la punizione per essere rimasta qui con mia madre», sussurrò Mayada con fermezza. «Grazie a Sati, la presenza in Iraq degli Al-Husri dava credibilità al governo di Saddam: me ne rendo conto adesso.»

«Ma allora tu non sapevi quello che sai ora: eri forse capace di predire il futuro? Come avresti mai potuto immaginare certe cose?»

Mayada rifletté sulle sue parole, poi replicò con assoluta convinzione: «Una volta ho sentito dire che il sopranome del dottor Fadil era Berija, l'aguzzino russo. Com'è potuta sfuggirmi un'allusione del genere?» Bisbigliò febbrilmente: «Sai, Fadil era l'addetto militare iracheno in Unione Sovietica, prima di diventare direttore generale della polizia segreta in Iraq. Là deve avere imparato raffinati metodi di tortura».

«No. Ne so poco, di quell'uomo.»

«Era temutissimo da molti.» Si picchiettò l'indice contro una guancia, pensierosa, poi fissò Samira. «T'interessa sentire qualcosa sul suo conto?» domandò.

Samira fece correre lo sguardo intorno a sé, sorrise leggermente e accennò con una mano alla piccola cella. «Certo che m'interessa. Quale altro impegno importante mi attende?» Si accomodò sulla branda a fianco di Mayada.

Lei si protese a mormorare: «Avevo sentito parlare del dottor Fadil prima di incontrarlo. Era il 1978, ed ero appena tornata da Beirut. In Libano infuriava la guerra civile, e i combattimenti erano così violenti che mi fischiavano le orecchie per i continui scoppi delle cannonate, perciò lasciai la scuola per tornare a Baghdad. Non trovando un impiego adeguato, decisi di continuare gli studi. Mi ammisero all'Istituto per gli studi archivistici e bibliotecari. Era una scuola serale, e i corsi iniziavano ogni pomeriggio alle cinque. Un pomeriggio una studentessa timidissima, una simpatica ragazza di nome Fatin Fuad, venne da me dicendo:

‘Il fidanzato di mia sorella conosce tua madre, ma ha perso il suo numero di telefono. Per favore, puoi darmelo?’

«Un po’ diffidente, le domandai chi fosse quell’uomo. ‘Il dottor Fadil Al-Barrak Al-Takriti’, rispose lei. Non l’avevo mai sentito prima. Non avevo niente a che fare con il governo iracheno, ed ero vissuta all’estero per qualche anno. Fatin, però, era una giovane donna dal viso dolce, capace di guadagnarsi la tua fiducia con un solo sguardo, così le diedi il nostro numero. Dopo la scuola, andai a casa e citai quel nome con la mamma, la quale, per quanto si mostrasse stupita, non mi spiegò quanto potente fosse questo Al-Barrak. Io non pensai a farle altre domande, dato che lei conosceva tutti quelli che contavano in Iraq.

«Il giorno dopo fui svegliata dal telefono. Non riconobbi la voce di chi parlava; ero ancora mezzo addormentata, e la conversazione con Fatin mi era uscita di mente. La persona chiese di parlare con mia madre e io gli dissi con freddezza che Salwa era al lavoro. Lui domandò: ‘Con chi parlo?’ e io risposi: ‘Con sua figlia’. ‘Quale figlia?’ insistette. ‘La maggiore’, replicai io. Dopo una pausa misurata, lui rise forte e continuò: ‘Come posso convincerla a dirmi il suo nome?’ Pensai che quel tale volesse flirtare con me, perciò non stetti al gioco, invitandolo invece a richiamare più tardi. Prima di riagganciare, lui concluse: ‘Riferisca a sua madre che ha telefonato Fadil Al-Barrak. Gli dia il mio numero privato’. Non ho mai dimenticato quel numero.

«Quella sera vidi Fatin a scuola e le chiesi del fidanzato di sua sorella, che credevo volesse provare a farmi delle avance. Lei rispose in fretta: ‘No, non credo che sia così: parla in quel modo con quasi tutti. È un uomo *molto* fuori del comune’. Poi mi spinse in un angolo del corridoio e mi confidò: ‘Lascia che ti racconti una storia bizzarra. Il fidanzato di mia sorella doveva essere il mio fidanzato’.

«Notando la mia aria sbalordita, disse: 'Ora ti spiego. Il dottor Al-Barrak è un uomo molto in vista e mio padre, che è un giudice, accettò la sua proposta di sposarmi. Papà è all'antica, e io non avevo nemmeno ancora incontrato il mio promesso sposo, ma era previsto che lo conoscessi in occasione del fidanzamento ufficiale. Il giorno stabilito lui venne a casa nostra, dove io, vestita con il mio abito migliore, aspettavo che ci fidanzassimo formalmente. Poi entrò nella stanza mia sorella minore, Jinan. Dovresti vederla, Mayada: è davvero la più bella ragazza di Baghdad. In ogni caso, il dottor Al-Barrak le diede un'occhiata e rimase talmente abbacinato dalla sua bellezza radiosa da rivolgersi a mio padre e lasciarci tutti di stucco dicendo: "Voglio quella". Papà era così sbalordito che non riusciva neppure a parlare. Io me ne stavo lì paralizzata dalla vergogna, e Jinan scappò via dalla stanza. Be', non desideravo affatto sposare un uomo che voleva mia sorella, perciò dissi a mio padre che non m'importava, e che il dottore sposasse pure Jinan, se era quello che voleva, e se lo desiderava anche lei. Considerate le circostanze, sulle prime mia sorella era riluttante, ma le assicurai che ciò non avrebbe tolto nulla al nostro affetto, né avrebbe influito sulla nostra famiglia. Le ricordai che non avevo mai visto prima Al-Barrak, perciò il fidanzamento non implicava sentimenti di sorta. Inoltre, il dottore era un uomo potente nei servizi di sicurezza, e papà temeva di irritarlo; presto, perciò, mia sorella sposerà il mio ex fidanzato'».

Samira scosse la testa.

«Mentre Fatin mi raccontava quella storia, io studiavo attentamente la sua faccia, e posso dire che quella poverina era umiliata, nonostante ciò che sosteneva a parole. Era molto carina, aveva gli occhi verdi e il viso rotondo, grazioso. I suoi capelli erano lunghi e folti, di un castano dorato. Dubitavo che sua sorella potesse essere più bella.» Mayada si guardò brevemente intorno nella cella, prima di riportare gli occhi su Samira. «Poi conobbi Jinan e compresi le reazioni del dottor Fadil: era davvero la donna più bella che avessi mai incontrato. Altissima, con un viso indimenticabile, sembrava una giovane Brooke Shields. Aveva profondi occhi fra l'azzurro e il verde e le ciglia nere più lunghe che avessi mai visto. Sul serio, era così sbalorditiva che accanto a lei qualunque donna impallidiva, compresa la sorella. Era talmente bella che ben presto il dottor Fadil smise di portarla con sé alle cerimonie pubbliche: uno dei fratellastri di Saddam, Barzan Al-Tikriti, perse la testa per lei la prima volta che la vide, e Fadil cominciò a temere che potesse chiedere a Saddam di intervenire per costringerlo a divorziare dalla sua giovane e avvenente moglie.»

Mayada fece una pausa, e Samira intervenne. «Come ha fatto la tua famiglia a conoscere il dottor Fadil?» le domandò.

«Prese contatto con mia madre unicamente per avere accesso ai libri e alle carte personali di Sati, che la mamma custodiva in casa nostra. Mandò da noi alcuni uomini a spruzzare i documenti del nonno con un preparato chimico speciale per evitare che fossero distrutti dagli insetti. In seguito cominciò a farci visita spesso, e a poco a poco mi abituai a quell'estraneo che frequentava da solo la nostra biblioteca, anche se non feci mai l'abitudine alla pistola che lasciava sempre sul tavolino dell'ingresso. Maneggiava la sua arma con la stessa disinvoltura con cui io tenevo in mano un bicchiere d'acqua.»

S'interruppe e rifletté un attimo. «A ripensarci, Samira, credo che il dottor Fadil fosse un uomo che viveva in due universi. Era uno studioso che adorava i libri, poteva parlare per ore degli argomenti più affascinanti. E, tuttavia, dirigeva le prigioni irachene. Sono convinta che il lato oscuro della sua esistenza lo disturbasse, perché aveva *sempre* un'aria preoccupata. Le uniche volte in cui lo vedevo rilassato era quando prendeva in braccio uno dei suoi cinque figli, oppure quando era nella nostra biblioteca a coccolarsi un testo di pregio. Nello stesso periodo avevo trovato lavoro in una rivista per bambini intitolata *Majalaty Wa Al-Mizmar*», continuò Mayada, notando l'espressione stupita sul viso di Samira. «Un pomeriggio ricevetti una telefonata inattesa da Lutfi Al-Khayat, un importante firma di *Al-Jumhuriya*, il giornale più letto dell'Iraq, che però non era un foglio di partito. Giovane e impaziente di fare carriera com'ero, quella chiamata mi elettrizzò, sebbene non riuscissi a immaginare per quale motivo mi avessero cercata.

«Quando arrivai in redazione, Lutfi mi condusse nel suo vasto ufficio, dove per poco non svenni per l'emozione. Uno dei miei sogni più grandi si avverava: ero stata presa sul serio come scrittrice. Lui mi disse infatti di avere letto alcuni articoli da me scritti per i ragazzi, e si domandava se sarei stata altrettanto brava con gli adulti. Ero così esaltata che non volli perdere quell'opportunità, perciò gli confidai che stavo lavorando a un libro di racconti per un pubblico adulto. Lutfi mi assunse, e mi affidò anche una rubrica settimanale, 'Itlalat'. Poi, poco tempo dopo, mi fu riferito che il dottor Fadil Al-Barrak aveva chiesto che andassi a intervistarlo. Il caporedattore del giornale, Sahib Hussein Al-Samawi, ne era entusiasta, perché la polizia segreta irachena non rilasciava mai interviste. Mentre Sahib era al settimo cielo, io rimasi per un momento costernata, comprendendo che non avevo ottenuto l'impiego che tanto desideravo grazie ai miei meriti, ma che dietro la mia repentina carriera c'era il dottor Fadil. Quando tornai a casa, gli telefonai per domandargli se fosse vero. Lui scoppiò a ridere e rispose: ‘Ma certo’. Spiegò che voleva che diventassi una grande scrittrice, e mi chiese: ‘In quale modo migliore, se non scrivendo?’ Perciò, per dimostrare che ero all’altezza del compito, mi davo da fare più di chiunque altro, in quel giornale, e credo di averlo dimostrato.

«Da quel momento e sino al giorno in cui Al-Barrak fu arrestato, la nostra esistenza fu piena di piccoli miracoli. Ma il lato migliore della nostra amicizia con lui fu che mi trovavo nelle condizioni di aiutare altra gente… in qualche caso, perfino di salvare delle vite.»

«Te l’avevo detto, io, che usavi la tua amicizia con quell’uomo per fare del bene», osservò Samira agitando un dito. «Era questo a rendere benefico il vostro rapporto, Mayada.»

Lei chiuse per un istante gli occhi, li riaprì, per poi richiuderli un’altra volta. «Prego che sia vero. Mi perseguita il timore di avere potuto fare qualcos’altro.»

«Se fosse così, te lo direi. Sono una donna sincera», insistette Samira con una luce negli occhi. «Parlami delle persone che sei riuscita ad aiutare.»

Mayada esitò.

«Su, dai, sto aspettando», la sollecitò la compagna con un sorrisetto.

«Va bene. Una volta, alla fine del 1979 o all’inizio del 1980, dopo avere conosciuto il dottor Fadil, vivevo ancora con mia madre e un mattino ero pronta per andare al lavoro, quando suonò il campanello. Um Aziz, la nostra domestica, andò ad aprire e salì di corsa le scale per dirmi che c’era la moglie del dottor Saib Shawket, Jalela Al-Haidari, in camicia da notte. Jalela era una signora distintissima, un’autentica aristocratica, perciò intuii immediatamente che era successo qualcosa di terribile.

«Andai ad accoglierla, trovandola sull’uscio di casa con la faccia di una donna tirata giù dal letto a metà della notte.

Piangeva. La feci entrare, tentando di calmarla, il che fu arduo, perché non riusciva a smettere di singhiozzare. Alla fine la convinsi a parlare. Per qualche istante credetti che avesse perso la ragione, perché cominciò a raccontarmi della fattoria di famiglia, ad Al Dora. Si dilungò a spiegarmi che si trattava di un'ampia tenuta con palme vecchie di cinquant'anni inframmezzate da begli aranceti, poi passò a descrivermi una grossa pompa per l'irrigazione. Parlava di quella pompa con entusiasmo tale che per un folle istante credetti che me la volesse vendere; aggiunse che era stata comprata in Inghilterra ed era talmente potente da essere in grado di irrigare metà del terreno.

«Poi proseguì con una faccenda strampalata, riguardante il sindaco di Baghdad, Khayrallah Tilfah, che era zio di Saddam, nonché l'uomo che lo aveva cresciuto. Mi disse che costui aveva fatto visita ad Al Dora, esercitando pressioni su suo marito perché gli vendesse la tenuta. Il dottor Shawket, che a quel tempo aveva ottantatré anni, non voleva farlo ed era sicuro che, anche se avesse accettato, non avrebbe mai visto un soldo da quell'uomo. Tutti gli iracheni sapevano infatti che i parenti di Saddam erano notoriamente avidi e fingevano sempre di comprare qualcosa, però in realtà se ne appropriavano. Il dottor Shawket immaginava che prima o poi avrebbe perduto la sua fattoria, perciò si offrì di cedere metà del terreno al potente zio di Saddam. Khayrallah acconsentì, ma pretese di avere la parte in cui si trovava la pompa d'irrigazione. Il dottore l'aveva pagata un sacco di soldi, inoltre senza quell'acqua i suoi alberi sarebbero morti. Respinse perciò le pretese del sindaco; quest'ultimo allora cambiò nuovamente idea, insistendo che non si sarebbe accontentato di nulla di meno dell'intera tenuta.

«Il mattino in cui Jalela si presentò alla nostra porta in camicia da notte, la polizia segreta era arrivata a casa loro per prendere il dottore. Lo avevano portato via in pigiama. Samira, lui era il miglior chirurgo iracheno, il fondatore della prima facoltà di Medicina del Paese, nonché uno dei primi a ricoprire la carica di ministro della Sanità. Il suo arresto fu un colpo terribile per tutti noi.

«Non sapevo che cosa fare per quel disastro, perciò chiamai mia madre, che era già in ufficio. Ne fu molto turbata, e mi diede istruzioni di telefonare immediatamente a Fadil, temendo che l'anziano dottor Shawket potesse morire d'infarto, se non fosse stato salvato subito.

«Chiamai quindi Al-Barrak e gli raccontai la storia. Lui fece una pausa, poi ribatté: 'Telefona al nostro vicepresidente. La sua linea diretta è libera. Spiegagli tutto'.

«Rimasi stupefatta, ma obbedii. Composi il numero di Saddam, che rispose dopo un paio di squilli. Mi presentai e dissi che parlavo per conto della moglie di Saib Shawket, quindi gli riferii l'accaduto, e che l'arresto era avvenuto a causa del terreno. Lui ascoltò in silenzio, poi replicò che potevo rassicurare la signora che ogni cosa sarebbe stata sistemata; dovevo anche avvertirla che il marito sarebbe presto tornato a casa e comunicarle che il dottore sarebbe dovuto andare al palazzo presidenziale quel pomeriggio, alle quattro.

«Dopo cinque minuti il telefono suonò. Era il dottor Fadil, il quale mi disse: 'Avverti la moglie del dottor Shawket che mentre parlo lui ha appena lasciato la prigione ed è sulla strada di casa'. Riagganciò senza nemmeno salutare.

«Più tardi capii per quale motivo Al-Barrak aveva fatto fare a me quella chiamata: sarebbe stato imbarazzante per Saddam sentirsi dire da un collaboratore che suo zio era un ladro. Viceversa, udire la storia al telefono, da parte della vittima, gli creava meno problemi.

«Quando il dottore fece ritorno dal carcere ero ad aspettarlo con la moglie. Il pover'uomo era ancora in pigiama, naturalmente, e in stato di choc. Ricordo le sue prime parole. Se ne stava lì, curvo e fragile, con un'espressione attonita sul viso, ripetendo: 'In quella prigione c'era gente maleducata. Ci credete che mi hanno preso a schiaffi?' e si toccava le guance arrossate.

«Poi, però, si ricompose, si vestì adeguatamente e si recò alla residenza presidenziale. Io rimasi tutto il giorno con la signora, perché era ancora spaventata a morte.» Lo sdegno di Mayada tornò a infiammarsi mentre narrava il fatto, anche dopo tutti gli anni trascorsi. «Erano due vecchi... persone che avevano servito l'Iraq fin dal suo primo giorno come nazione moderna. Uno scandalo.»

«Che cosa accadde a palazzo?» domandò Samira, chinandosi in avanti e allontanandosi dagli occhi qualche ricciolo di capelli neri striati di bianco.

«Il dottore stette via un'oretta e quando tornò ci raccontò l'accaduto. Spiegò di essere stato accolto all'ingresso da Barzan Ibrahim Al-Hassan Al-Tikriti, fratellastro di Saddam da parte di madre, l'uomo che aveva sposato la sorella di Sajida. Lo aveva ricevuto con cortesia, dicendogli che Abu Uday [Saddam] si trovava nella stanza. Lui aveva girato la testa ma, per quanto guardasse qua e là, c'erano solo loro due. Aveva fissato perplesso Barzan, e quest'ultimo gli aveva indicato un tavolo al centro del locale: 'Eccolo. Saddam è là sopra'. Shawket era vecchio e non ci vedeva bene, perciò si era diretto verso il tavolo. 'Io non lo vedo ancora', aveva detto, confuso. L'altro aveva riso e aveva raccolto un registratore. 'È qui', aveva chiarito, lasciando intendere che più tardi Saddam avrebbe ascoltato le loro parole.

«Il dottore riferì di essere rimasto un po' sbalordito per quell'episodio ridicolo, ma aveva cercato di spiegare, nei termini più prudenti possibile, ciò che era successo. Aveva parlato con molta cautela, perché la storia gettava una luce poco lusinghiera su Khayrallah, che era zio del suo interlocutore e aveva cresciuto Saddam. I legami, poi, erano ancora più stretti, perché sia Saddam sia Barzan avevano sposato le figlie di Khayrallah. Comprendendo appieno quei rapporti famigliari, Shawket aveva intuito che c'era una linea invisibile oltre la quale non si doveva spingere, altrimenti sarebbe tornato in prigione.

«Finalmente Barzan gli disse: 'Ci racconti esattamente che cosa è avvenuto, e non stia a preoccuparsi delle buone maniere'. Batté sulla spalla dell'anziano medico, rassicurandolo che poteva esprimersi liberamente. Insultò addirittura lo zio di Saddam, nonché proprio, scherzando: 'Mi creda, se Abu Uday non fosse stato chiamato e informato della sua situazione, nostro zio e suocero le avrebbe confiscato tutto ciò che possiede, perfino la giacca che indossa'. Lo sbalordì ancora di più quando riconobbe: 'È un vecchio avido. Siamo costretti a tenerlo d'occhio attentamente'.

«Il dottore non riusciva a credere che i nipoti di Khayrallah ammettessero una cosa del genere, ma era lieto di sentirla. Perciò, la sua preziosa tenuta rimase intatta. Qualche tempo dopo, lui e la moglie ci fecero visita. La coppia era talmente riconoscente per il mio intervento che voleva farmi dono di alcuni ettari della fattoria, ma naturalmente declinai l'offerta, rispondendo che per me sapere che lui stava bene era un regalo sufficiente. Gli suggerii piuttosto di concedermi un'intervista per la rivista *Alef Ba* sul suo lavoro di medico fin dai primi giorni della nascita dell'Iraq. Lui accettò con gioia.

«L'articolo fu pubblicato e venne letto da Saddam Hussein. Pochi giorni dopo, i suoi collaboratori telefonarono al dottor Shawket per comunicargli che il suo operato professionale era così importante che avrebbe ricevuto una decorazione. Un soddisfattissimo dottor Fadil ci chiamò per dirci di guardare la televisione, aggiungendo con una bella risata che per merito mio il dottore aveva ricevuto una medaglia, invece di un soggiorno in prigione.»

Ricordare quel giorno aiutò Mayada a vincere lo sconforto per la sua situazione attuale a Baladiyat; poi si nascose la faccia tra le mani e rise piano. «Ci crederesti? Lo zio di Saddam non rinunciò mai a quella terra. Shawket morì sei anni dopo, nel 1986. Khayrallah aspettava ancora di prendersi la sua tenuta, per quanto ormai fosse vecchio e malato e avesse perso entrambe le gambe per la cancrena: aveva già un piede nella fossa anche lui, eppure non riusciva a togliersi dalla testa quella fattoria e la sua pompa per l'irrigazione. Dopo il funerale del dottore, andò direttamente dalla vedova in lutto e si piazzò davanti a casa sua, seduto in macchina. Quando Jalela andò a vedere che cosa desiderasse, lui la chiamò e le domandò, senza giri di parole: 'Adesso è disposta a vendere la fattoria?' La vedova fu coraggiosa. Pur sapendo quello che era successo al marito, rispose: 'Mai!' e girò sui tacchi. Poi si voltò a guardare quell'uomo abituato ad avere praticamente tutto ciò che voleva. Lui le lanciò un'occhiataccia, ordinando all'autista di partire; temeva però che venisse informato Saddam, se avesse cercato ancora di impadronirsi della tenuta, perciò non c'era nient'altro che potesse fare. Quel terreno rimase in possesso della famiglia alla quale apparteneva.»

Mayada era immersa in ricordi lontani. «Sai, una volta ho salvato la vita anche a mio marito», mormorò.

Samira fece un sorrisetto ironico, perché la compagna di cella le aveva parlato del comportamento di Salam. «Ma allora sei una santa!»

«Successe più avanti, nel 1984. Ero stata via due mesi,

per un viaggio di lavoro in Sudan. Quando arrivai all'aeroporto di Baghdad, telefonai per sapere come stava Fay, che aveva solo un anno, e mi riferirono che mio marito era appena stato portato via dalla polizia segreta militare.

«Lui era stato richiamato per via della guerra con l'Iran. Una notte gli fu ordinato dal suo comandante di tradurre un disertore: stupidamente, costui era andato dritto a casa, in un luogo di nome Qalat Sukar, a Umara, nel Sud, ed era stato subito riacciuffato. Dopo il suo arresto, Salam fu incaricato di andarlo a prendere e portarlo al comando.

«Pur essendo un compagno inutile, Salam non è un uomo violento; di conseguenza accompagnò quell'uomo con gentilezza, senza ammanettarlo. Quando si fermò a un semaforo rosso, lui colse l'occasione per aprire la portiera dell'auto e scappare, scomparendo nella notte. A causa di quell'incidente, mio marito sarebbe stato condannato all'ergastolo.

«Feci perciò l'unica cosa che potessi: telefonai al dottor Fadil, comunicandogli la terribile notizia. Lui mi disse di rimanere all'aeroporto e che mi avrebbe mandato una macchina con l'autista. Era ormai notte fonda, ma accettò di ricevermi nel suo ufficio. Mi precipitai da lui, che mi domandò quale fosse il reparto di Salam, poi premette un pulsante su un quadro e fu immediatamente collegato con il comandante. Chiese chiarimenti sulla vicenda, quindi si informò su dove fosse trattenuto mio marito. Venne informato che era già in prigione; ordinò allora all'ufficiale di ritirare tutte le accuse, di liberarlo subito e di rimandarlo a casa sano e salvo nel giro di un'ora.

«Ricordo quella notte come se fosse ieri. Al-Barrak mi guardò con un sorriso dolce, chinando di lato la testa e grattandosi una tempia. Disse: 'Non ti preoccupare. Il tuo caro consorte tornerà presto con te'.

«Poi, davanti ai miei occhi, quell'uomo affabile si trasformò in un mostro spietato. Richiamò il comandante di prima, abbaiando: 'Mi spieghi del disertore'. Lui rispose che era di Qalat Sukar. Fadil telefonò subito alla polizia segreta di quel distretto, ordinando al responsabile locale di andare a casa del soldato e arrestare tutti i suoi parenti, fino all'ultimo bambino. La famiglia doveva essere tenuta in ostaggio finché lui non si fosse consegnato.

«Ero allibita nel vedere quell'individuo compiere una buona azione e subito dopo un'altra così malvagia. Ricordo che lo supplicai: 'Per favore, non faccia incarcerare altre persone innocenti'.

«Con uno sguardo duro, lui ribatté che, oltre a mio marito, null'altro della questione mi riguardava. Di conseguenza, per me il ritorno a casa di mio marito rimase collegato a un assillo doloroso, non potendo evitare di pensare a quei poveretti; tuttavia, non c'era nulla da fare. Poco dopo un felicissimo Salam arrivò a casa. In seguito venne a sapere che dopo un'ora anche il disertore si era presentato spontaneamente alle autorità.»

«Quel dottor Fadil era un uomo strano», osservò Samira in tono insolitamente intenso e grave. «Mi domando come potesse oscillare con tanta facilità fra il bene e il male.»

«Questo è il mistero», convenne Mayada. «Per due volte salvò anche me dalla prigione. La prima avevo stupidamente incollato nella mia camera da letto una fotografia di Khomeini, che fu scoperta, ma grazie al dottor Fadil non mi accadde nulla. La seconda volta fu nel 1985. Ero sposata, Fay aveva due anni ed ero incinta di Ali. Lavoravo presso l'Organizzazione laburista araba, ed ero talmente ingenua da non sospettare che praticamente tutti quelli che lavoravano lì erano del Mukhabarat.

«Ogni impiegato aveva l'ordine di ascoltare discorsi che

potevano essere fraintesi. Un collega inoltrò un rapporto negativo sul mio conto, sottolineando che non dimostravo sufficiente rispetto per il presidente e che parlavo con troppa libertà con chiunque. Inoltre, denunciava che non usavo mai gli slogan del Baath.

«Un giorno, perciò, ebbi la sorpresa di ricevere una telefonata dalla polizia segreta, nella persona di un certo Abu Jabbar, il quale mi ordinò di presentarmi quel mattino nel suo ufficio. Non avevo idea di che cosa volesse quel tizio, ma non poteva essere nulla di buono, perciò contattai il dottor Fadil, riferendogli della mia convocazione. Lui lo trovò strano, ma mi disse di andare all'appuntamento; nel frattempo lui avrebbe fatto qualche controllo. Sottolineò poi di richiamarlo appena fossi tornata dal colloquio.

«Mi recai dove mi era stato indicato e non avevo paura, sapendo che Al-Barrak era a conoscenza dei miei movimenti e che se non gli avessi telefonato nel giro di qualche ora ne avrebbe indagato il motivo.

«Entrai nell'ufficio di Abu Jabbar: era un tipo grasso e calvo, con gli occhiali più spessi che avessi mai visto e che gli ingigantivano gli occhi, facendolo sembrare una rana. Mi accorsi subito che il dottor Fadil aveva già parlato con quell'uomo, perché era più nervoso di me. Molto probabilmente Abu Jabbar intendeva arrestarmi, prima, ma adesso era consapevole che per lui io ero veleno, quindi non sapeva come comportarsi... Doveva trovare qualche scusa che non irritasse Fadil per avere scomodato una donna in stato di avanzata gravidanza, la quale palesemente godeva di ottime conoscenze. Si mise perciò a bofonchiare, passeggiando su e giù e scuotendo la testa. Gli domandai se c'era qualcosa che non andasse, e lui rispose più volte: 'Niente, niente'. Alla fine spiegò che mi aveva invitata per offrirmi un caffè. Non credevo alle mie orecchie. La mia voce divenne isterica quando protestai, chiedendogli se avesse fatto andare sin lì una donna incinta di otto mesi per offrirle sul serio un caffè. Sentendomi forte della protezione di Al-Barrak, aggiunsi: 'Si rende conto che sono stata sveglia tutta la notte a preoccuparmi e che potrei abortire?'

«Lui si fermò, mi fissò e rispose: 'Sta scherzando. Perché avrebbe dovuto avere paura? L'ho forse offesa in qualche modo?'

«Insistetti: 'Mi dica perché sono stata convocata'.

«A quel punto era talmente fuori di sé che alzò la voce: 'Sono *spiacente* di averla disturbata. Dimentichi il caffè. Ora vada a casa e si rilassi'.

«Uscii infuriata e, appena rientrata, telefonai a Fadil, il quale mi raccontò del rapporto del collega sul mio comportamento, ammonendomi che ero stata criticata perché non parlavo il 'linguaggio baathista'.

«Con il senno di poi, immagino che avrei dovuto adottare alcune delle loro frasi ridicole, tipo: 'Chi non pianta non mangia' o qualche altra sciocchezza del genere, cui quella gente attribuiva tanto valore. Secondo me, ogni parola che pronunciavano era uno spreco di fiato prezioso.

«Il dottore mi rivelò che in quel posto si spiavano tutti l'uno con l'altro, mi invitò a tenere chiusa la mia bocca irriverente, occupandomi soltanto del lavoro, e a non fidarmi di un solo collega. Quella consapevolezza mi rendeva poco gradevole il lavoro. Divenni più circospetta, però rifiutai di seguire l'esempio degli altri e di recitare versetti socialisti.»

«Dio avrà un bel grattacapo quando deciderà se il dottor Fadil dovrà salire in paradiso o precipitare all'inferno», commentò Samira scuotendo piano la testa.

«Sì, hai ragione. Era un uomo che mescolava poche buone azioni in un ammasso di gesti orribili. Ricordi quando cominciarono le deportazioni per via del documento *Tabaeya iraniya*? Nel 1980?»

Samira si fissò tristemente le mani, prima di rialzare lo sguardo su Mayada. «Qualcosa ho sentito. Erano gli sciiti a essere destinati alla deportazione. Me ne avevano parlato, ma non ho mai saputo molto di ciò che accadeva. Avevo alcuni vicini di casa che furono presi. Di che si trattava?»

«Essendo sunnita di discendenza ottomana, io non ero interessata», spiegò Mayada. «Per lo meno, non all'inizio. Presto, però, scoprii che molti incontravano seri guai con il loro certificato di nazionalità. Il documento fu istituito nel 1921, dopo il crollo dell'impero turco. Quando si fece il primo censimento, agli iracheni fu proposto di scegliere di dichiarare se fossero di origine ottomana o iraniana. In quest'ultimo caso, i loro figli sarebbero stati esonerati dal servizio militare. Perciò, per salvaguardare i propri ragazzi, molti optarono per questa soluzione, anche se erano di pura origine ottomana. In una stessa famiglia, i maschi si dicevano iraniani, le femmine ottomane. Purtroppo, dopo la rivoluzione in Iran quella decisione si rivelò una maledizione per molte famiglie irachene.

«Quando Khomeini tornò trionfalmente al potere, Saddam decise di espellere chiunque avesse scritto sui documenti d'identità: '*Tabaeya iraniya*'. Lo fece benché quella gente fosse assolutamente irachena; molti da almeno quattro generazioni. So di persone sbattute fuori casa senza alcun preavviso e con la proibizione di portare qualsiasi cosa con sé. Quei poveretti furono deportati a piedi e abbandonati alla frontiera iraniana; sparavano a chiunque tentasse di tornare indietro. Famiglie intere furono trattate in quel modo, anche se c'erano anziani, invalidi, malati o donne incinte. Alle madri con neonati non fu permesso di prendere nemmeno il biberon per nutrirli.

«Anche gli iraniani diffidavano di loro: temevano che Saddam mandasse molte spie nel loro Paese. Dopo un certo tempo, però, si rassegnarono e allestirono alcune tendopoli per ospitare i disgraziati profughi.

«Il risvolto più strano della faccenda è che furono in pochi a sapere che cosa stava succedendo. Gli uomini di Saddam andavano zitti zitti da una famiglia all'altra, sbattendola fuori dall'Iraq a calci. La pratica cominciò piano, ma in seguito si estese. Nel 1981 giravano voci inorridite sugli avvenimenti in corso. Poi, un altro grande crimine fu commesso contro miei conoscenti.

«Ero in ufficio all'Organizzazione laburista araba, quando venne da me un superiore; dietro di lui c'era un uomo di nome Jaweed, uno dei dirigenti dell'ente. Era in preda al panico. Mi spiegò di avere appena ricevuto da casa una telefonata delirante: la famiglia lo aveva avvertito che un autocarro carico di persone si aggirava per il quartiere, con a bordo soldati che controllavano i documenti per ordinare di lasciare immediatamente la propria casa a chiunque avesse origine iraniana. Gli avevano detto di andare a casa a raggiungere i suoi: sarebbero stati deportati. Dove? Jaweed non lo sapeva.

«Lo accompagnammo dal direttore generale dell'Organizzazione, il quale disse di non poter fare nulla; tuttavia, spiacente per lui, chiese alla direzione del personale di pagargli un anno di stipendio. Il tesoriere però non era al suo posto, così il capo del personale fece il giro degli impiegati, a uno a uno, sollecitandoci a vuotare le tasche per Jaweed, che lasciò i nostri uffici con dodici mesi di paga. Non fu più rivisto.

«I giornali non scrissero una parola di tutto ciò. Nessuno, fuori dell'Iraq, sembrava addirittura saperne qualcosa. Poi scoppiò la guerra, che rese Saddam ancora più risoluto a eliminare chiunque avesse a che fare con l'Iran. Per lui ogni iracheno con scritto sui documenti: '*Tabaeya iraniya*' era una spia nemica.

«Nel dicembre del 1982 la persecuzione colpì anche alcuni membri della famiglia di mio marito. Una volta, dopo un viaggio di lavoro, feci visita ai genitori di Salam, che è uno dei loro quattro maschi e ha cinque sorelle. Trovai tutta la famiglia impegnata in consultazioni disperate. C'era Nibal, una delle sorelle di Salam, con i suoi bambini, Wissam di tre anni e il più piccolo, Bassam. Quei tre sembravano profughi. Chiesi quale fosse il problema, e Nibal scoppiò in lacrime, raccontandomi che suo marito, il dottor Karim Al-Saadi, era stato arrestato.

«Karim era più vecchio di Nibal di quindici o sedici anni, ma lei aveva deciso di sposarlo perché era un uomo istruito, avendo conseguito una laurea in Chimica inorganica negli Stati Uniti. La ragazza aveva spiegato ai genitori che si presumeva che una persona educata alla maniera occidentale trattasse la consorte meglio di un iracheno ignorante che non era mai uscito dal Paese, perciò le avevano permesso di fare quella scelta.

«La casa di Nibal era ad Hai Al-Jamia, il quartiere universitario, e quella mattina presto tre uomini avevano suonato il campanello d'ingresso, dicendo che avrebbero portato in prigione il dottore perché sui suoi documenti c'era scritto: '*Tabaeya iraniya*'.

«Karim non era più iraniano di Saddam Hussein ma, dato che entrambi i genitori erano morti presto, lasciandogli la custodia di quattro fratelli più giovani, aveva deciso di dichiarare di essere di origine iraniana. Gravato di responsabilità, non poteva lasciare la famiglia per militare nell'esercito. Prima della rivoluzione e della guerra con l'Iran, gli iracheni credevano che farsi registrare in quel modo non significasse nulla. Lui aveva ritardato il matrimonio proprio per poter crescere i fratelli; ora, però, veniva punito per essersi sottratto alle armi.

«Nibal ci riferì che gli uomini che avevano arrestato suo marito erano stati inutilmente brutali e lo avevano costretto a uscire di casa in pigiama, poi le avevano ordinato di prendere i suoi due figli e andarsene. Non le avevano permesso di prendere con sé nulla, sequestrandole perfino le chiavi di casa. La poverina era stata gettata in mezzo alla strada in stato di choc, con due bambini in braccio, a guardare quegli individui che sprangavano la porta e la sigillavano con la cera rossa. Ovviamente, era in preda al terrore di essere arrestata anche lei con i due piccoli, ma l'avevano invece informata che aveva il diritto di chiedere il divorzio da Karim davanti a qualsiasi tribunale: era un iraniano, le dissero.

«Ebbene, io sapevo di dover fare qualcosa, ma non ero sicura di poter essere di aiuto in tali circostanze. Pensai al dottor Fadil e decisi che non sarebbe certo stato un male rivolgermi a lui. Mi aveva pregata di portargli alcuni libri dall'ambasciata irachena a Khartoum, e gli avevo anche acquistato un regalino, alcune statuette d'ebano. Ciò mi fornì un buon pretesto per vederlo e fargli presente la situazione di Nibal.

«Il giorno dopo gli telefonai, spiegandogli che avevo alcune cose per lui. Rispose che sarebbe passato da casa nostra dopo il lavoro.

«Appena arrivò gli diedi i libri e i doni, poi gli dissi che avevo un problema urgente. Lo misi al corrente della storia, del fatto che il dottor Karim non era iraniano, anzi, non aveva nemmeno le più lontane origini iraniane. Era rimasto coinvolto in una situazione terribile soltanto perché anni prima aveva cambiato i documenti per provvedere ai fratelli minori.

«Il dottor Fadil non si lasciò commuovere. Scosse la testa, mormorando: 'Male. Non avrebbe dovuto farlo'.

«Quando vide la mia espressione costernata, aggiunse: 'Inoltre, ormai è stato deportato, e io non posso fare più niente'. Obiettai che avevo buone notizie, che non era troppo tardi: Nibal aveva infatti appreso che il marito, grazie alla reputazione di stimato studioso, non era stato espulso, bensì era ancora in prigione.

«Lui non sembrò lieto di sentire che la situazione era ancora recuperabile. Fece una pausa, poi accettò di occuparsi della faccenda.

«Lo chiamai l'indomani, ma mi disse che era troppo impegnato. Gli ritelefonai il giorno successivo, e mi trovò la stessa scusa. Ritentai per nove giorni di fila. Intanto, Nibal impazziva di paura. Non poteva tornare a casa, i bambini piangevano continuamente. La polizia segreta aveva cominciato a portare via i fratelli minori del dottor Karim; anche se i documenti ne attestavano la discendenza ottomana, avrebbero seguito la sorte del loro congiunto. Poi ai mariti delle sue sorelle fu ordinato di divorziare.

«Nibal insegnava in una scuola superiore; comunicarono al preside dell'istituto che, se lei non avesse divorziato da Karim, avrebbe dovuto licenziarla. La vita di tutti i componenti della famiglia era distrutta. *E per niente!*

«Il dottor Fadil mi evitava. Per una settimana non si fece più vedere a casa nostra. Io, però, avevo deciso di perseverare. La decima volta che gli telefonai, il tono della sua voce dimostrò chiaramente che la mia insistenza lo infastidiva. Gli assicurai che non chiamavo per il dottor Karim, così si rilassò e parlammo per qualche minuto. Al termine della conversazione gli domandai: 'Se in futuro avrò un bambino, gli sarà possibile entrare in un'accademia militare irachena?' 'Certo, Mayada', rispose cordialmente. 'Perché me lo chiedi?' Gli dissi allora che ero preoccupata perché, se lo zio di mio figlio fosse stato deportato, il futuro del ragazzo sarebbe rimasto in qualche misura compromesso.

«Al-Barrak rimase a lungo in silenzio. Alla fine trasse un profondo sospiro e replicò: 'Ti richiamerò più tardi'.

«Non mi aspettavo che ritelefonasse se non dopo qualche giorno, invece lo fece subito dopo pranzo. Parlò in fretta: 'Il dottor Karim sarà rilasciato entro un'ora. Avverti sua moglie di presentarsi all'ufficio della polizia segreta per ritirare le chiavi di casa.

«Cominciai a ringraziarlo, ma lui mi interruppe: 'Mayada, non parlarmi più di questo argomento', e riagganciò. Era in collera con me, ma aveva risolto il problema.

«Certo, Karim tornò dalla prigione. Samira, non avevo mai visto un uomo invecchiare così in fretta. Aveva perso ventidue chili e i capelli gli erano diventati completamente bianchi. Rifiutava di parlare della prigionia… ne era atterrito.»

«Il dottor Fadil non chiese mai a te o a tua madre di fare la spia a danno di qualcuno?» si informò incuriosita Samira.

«Non a me. Mai. In quei giorni avevo un coraggio folle, ma la mamma era un altro discorso. Come sai, da quando è al potere Saddam non è permesso agli iracheni fare amicizia con diplomatici stranieri; se però si trattava di Salwa, si faceva uno strappo alla regola. Era probabilmente l'unica eccezione in tutto l'Iraq, un accomodamento assolutamente irregolare. Lei, infatti, era talmente cosmopolita da dare una buona impressione del nostro Paese ai diplomatici stranieri: parlava correntemente l'inglese, il francese, l'italiano e il turco, ed era un'ospite così abile che sapeva accogliere cinquanta persone con un preavviso di appena un'ora. Saddam e il dottor Fadil l'ammiravano per queste sue capacità, e la incoraggiavano a contribuire al buon nome dell'Iraq presso le sue amicizie straniere.

«Al-Barrak, però, divenne così sicuro della sua confidenza con la mamma che commise un errore: le chiese di riferirgli sulle persone. Lei rifiutò decisamente, ribattendo che non era una spia né mai lo sarebbe stata. Una volta Fadil la pregò di installare un microfono nascosto a casa nostra quando i diplomatici esteri venivano a farci visita, in modo che ogni conversazione fosse automaticamente registrata. Lei però reagì con irritazione, e l'argomento fu subito lasciato cadere. Mia madre amava moltissimo l'Iraq, non il suo governo. Saddam riteneva estremamente lusinghiero che la figlia di Sati avesse deciso di vivere in patria sotto il regime baathista e non voleva contrariarla, desideroso di non perdere il nome di Al-Husri. Da quella reciproca intesa ci derivò più di un vantaggio. Visto che il dittatore e il dottor Fadil avevano fiducia in lei, la mamma poté salvare la vita a una donna inglese.»

Samira si piegò in avanti e, con un bisbiglio sorpreso, domandò: «Un'inglese? E come?»

«Rammenti il caso Bazoft, nel 1989? Quel giornalista inglese, Farzad Bazoft, che lavorava per il *British Observer*, accusato di essere una spia di Israele mentre conduceva un'inchiesta su un'esplosione in uno stabilimento per la produzione di armi? Fu processato, condannato e impiccato. Molti, però, dimenticano che anche una donna innocente era coinvolta nella storia.»

Il lampo di un ricordo balenò negli occhi di Samira. «Sì, adesso mi è venuto in mente. Fu un grosso scandalo. Era su tutti i giornali.»

«Proprio così. Quando scoppiò il putiferio, il governo iracheno aveva pochi dubbi sulla colpevolezza di Bazoft; c'erano meno certezze, invece, sul conto della persona che lo aveva condotto allo stabilimento, un'infermiera inglese di nome Daphne Parish. In quel periodo mia madre era buona amica della moglie dell'ambasciatore britannico, lady Terence Clark. Durante una conversazione con lei, si convinse che la signora Parish era del tutto innocente. La donna, che conosceva bene l'Iraq, aveva semplicemente offerto un passaggio al cronista. Sapendo che Saddam era furioso e che molto probabilmente quell'uomo sarebbe stato impiccato, la mamma temeva che potesse ordinare l'impiccagione anche dell'infermiera, perciò telefonò al dottor Fadil e, per la prima volta, gli riferì la conversazione personale avuta con Liz Clark, sollecitandolo a proteggere la Parish. Al-Barrak le credette e, dopo un turbine di riunioni, nelle quali il colloquio con la moglie dell'ambasciatore ebbe una parte di primo piano, fu stabilito che l'infermiera sarebbe stata condannata alla prigione, invece che a morte. La decisione lasciava a Saddam e ai suoi la possibilità di graziarla in seguito.

«Perciò, quando Bazoft fu riconosciuto colpevole e giustiziato, nel marzo del 1990, Daphne Parish ebbe una pena di quindici anni di reclusione. Nel corso di indagini successive si scoprì che la signorina era senz'altro innocente, proprio come aveva detto mia madre. Sei mesi dopo le fu concessa la grazia e poté anche lasciare il Paese.»

«Torniamo al dottor Fadil. Mi pare di avere sentito dire che Saddam lo fece uccidere, vero?»

«Infatti. Fu quello l'inizio delle nostre disgrazie, almeno per me. Nel 1989 tutto cambiò. La mamma decise di stabilirsi in Inghilterra e Fadil fu trasferito dai servizi segreti al palazzo presidenziale, dove divenne consigliere di Saddam. Ricordo l'ultima volta che lo vidi: venne da noi per prendere congedo da mia madre, e parlammo della sua nuova posizione. Ci disse di sentirsi già in pensione, che l'incarico era insignificante.» Mayada guardò oltre la spalla di Samira. «Considerato ciò che so adesso, mi domando che cosa gli mancasse del suo lavoro.»

«Non sapremo mai esattamente quali fossero tutti i suoi compiti, nel bene e nel male; è abbastanza, però, sapere che ha fatto *qualcosa* di buono. E ora torniamo alla tua storia, al dottor Fadil che prende congedo da Salwa.»

«Sì. La mamma era contentissima di lasciare l'Iraq. Io ne ero stupita, ma il regime di Saddam gettava ormai una grande ombra sulle nostre esistenze e lei non vedeva l'ora di andare a vivere a Londra o a Beirut, le sue città preferite. In quanto a me, speravo che tutto andasse per il verso giusto: avevo appena divorziato da Salam, la guerra con l'Iran era finita, gli iracheni erano nuovamente liberi di viaggiare, perciò sapevo di potermi spostare per andare a trovare mia madre in Inghilterra quando ne avessi avuto voglia. Al-Barrak aveva ancora molto potere a palazzo, o almeno era quello che credevo.»

Mayada si accostò un po' di più a Samira, scegliendo le parole con cura.

«Poi, un giorno, Fadil semplicemente sparì. Telefonai a casa sua, ma trovai occupato. Riprovai per giorni e giorni, senza udire altro che il segnale di occupato. Allora chiamai Fatin, sua cognata. Nessuna risposta. Cominciò a girare la voce che il dottore fosse stato arrestato. Tutta la sua famiglia era scomparsa, perfino la sua bella moglie Jinan e i loro cinque figli: era come se lui e tutti i suoi parenti fossero partiti per la luna.» Mayada fece una pausa. «Per oltre un anno non seppi nulla di loro. Poi, piano piano, misi insieme i pezzi del rompicapo rappresentato dalla scomparsa di Al-Barrak. Nel giugno del 1991, dopo la conclusione della guerra del Golfo, mia madre trovò casa ad Amman e mi invitò ad andarla a trovare con i bambini. Comprai i biglietti della Businessman's Bus Line, che è molto migliore dei pullman di linea.

«L'autobus era pieno di gente, ma notai in particolare una persona interessante, un'anziana vestita di nero, dall'aria quanto mai dignitosa. Aveva la pelle bianca come la neve, in contrasto con gli abiti scuri, e mi parve subito fuori del comune, tuttavia, non le dissi nulla. Dopo avere passato la frontiera, Fay e Ali si addormentarono, e io pensavo alle nostre vite, riflettendo su che cosa avremmo fatto in futuro. L'autista aveva messo il nastro di una vecchissima canzone irachena, una melodia triste, che parlava di una donna che aveva perduto suo figlio. La signora che avevo notato prima cominciò a piangere in silenzio, coprendosi in parte il viso con il foulard. Appariva così costernata che solo guardandola vennero le lacrime gli occhi anche a me.

«Desiderosa di aiutarla in qualche modo, le offrii un bicchiere d'acqua. Lei ne bevve un sorso, ma le lacrime non cessavano di scorrere. Alla fine chiese al guidatore di togliere quella canzone. Capii allora che doveva avere perso un figlio, perciò le domandai se stesse male.

«Non eravamo più in Iraq e lei si sentiva al sicuro, quindi mi aprì il cuore. Raccontò che una volta aveva un ragazzo meraviglioso, Sabah, che adorava la vecchia madre. Aggiunse che era stato rinchiuso per due anni ad Al-Hakimiya, una prigione famigerata per la brutalità. Due settimane prima del suo viaggio ad Amman era stata informata dalle autorità che il figlio sarebbe stato rilasciato e che sarebbe potuta andare a prenderlo per riportarlo a casa. Le avevano anche ordinato di portare con sé una banda musicale, in modo che lei il giovane potessero festeggiare il ritorno a casa. La donna era fuori di sé dalla gioia. Secondo le istruzioni, aveva affittato un complesso e si era presentata al carcere.

«Immagina il suo orrore quando, invece di vedere uscire

il ragazzo, le presentarono una bara con dentro il suo corpo. Dopo quella tragedia, la poveretta si sentiva così infelice in Iraq che aveva deciso di andare a vivere per un po' ad Amman. Disse poi il nome completo del figlio: Sabah Al-Ani. Rimasi talmente sbigottita da non poter pronunciare una parola, perché sapevo che era il migliore amico di Al-Barrak. Sbottai, senza riflettere: 'Non sa nulla della sorte del dottor Fadil?'

«Um Sabah [la madre di Sabah] divenne immediatamente fredda e riservata. Ribatté: 'Lei chi è?' Le spiegai che mia madre era Salwa Al-Husri e che era una buona amica di Fadil, poi aggiunsi che da quando era scomparso la mia famiglia era in grande ansia. Non avevamo idea che il figlio della signora fosse stato arrestato.

«Nell'udire le mie parole, lei crollò completamente, rivelandomi che il dottore era stato ucciso insieme con il suo ragazzo.

«Quando giunsi ad Amman, mi precipitai a raccontare la storia a mia madre. Lei mi riferì allora di avere appena incontrato l'ex ambasciatore egiziano in Iraq, il quale le aveva fornito ulteriori informazioni. Costui affermò di sapere, da fonti attendibili, che il dottore era stato incastrato con l'accusa di spionaggio, tradimento e ogni sorta di crimini gravissimi. Aggiunse che qualcuno ad alto livello nella cerchia di Saddam voleva eliminarlo, qualcuno che disponeva dei contatti necessari per aprire un conto in una banca svizzera a nome di Al-Barrak, prima di raccontare al dittatore che questi lavorava come spia per conto della Germania e che i tedeschi gli avevano versato una grossa somma. La mamma e io sapevamo bene che era falso, perché Fadil amava il nostro Paese più della sua stessa vita, ma Saddam era un paranoico tale che, quando aveva scoperto quel conto intestato a lui, nulla più aveva potuto salvarlo.

«Tuttavia, sapevamo ancora poco o nulla delle circostanze del suo arresto e della sua prigionia. I particolari sarebbero arrivati più tardi.

«Al mio ritorno a Baghdad, scoprii un'altra tessera del puzzle. Dietro casa nostra c'è una galleria d'arte. Un giorno suonò il campanello d'ingresso, andai ad aprire e trovai sull'uscio il proprietario della galleria, il quale mi domandò se ero disposta a vendergli i due grossi alberi che avevamo in giardino. Gli risposi di no, perché piacevano moltissimo a mia madre. Lui, allora, mi pregò di farglieli almeno vedere. Ali, che era ancora piccolo, mi disse di avere riconosciuto quel signore, perché il suo migliore amico abitava accanto alla galleria; lo invitai perciò a prendere una tazza di caffè.

«Sedemmo a conversare, guardando gli alberi. Scoprii che quell'uomo si era laureato in legge ed era diventato membro del Mukhabarat, così gli chiesi se sapesse che cos'era accaduto al dottor Fadil. Dato che sperava ancora di convincermi a vendergli gli alberi, mi confidò che Al-Barrak era stato incolpato di crimini gravissimi, di essere una spia. Aggiunse che era stato detenuto per oltre un anno nella prigione di Al-Hakimiya, proprio come mi aveva riferito la madre di Sabah durante il viaggio in pullman.

«Samira, rimasi sinceramente afflitta quando il proprietario della galleria mi spiegò che il passatempo preferito dei secondini era andare a cercare Fadil per prenderlo a calci, tirargli i capelli o le orecchie e che alcuni praticavano il rituale quotidiano di sputargli in faccia.

«Udire cose del genere mi riempiva di tristezza. Sedevo in casa mia, ricordando il dottore come un essere umano, una persona che sorrideva sempre e amava parlare della grandezza dell'Iraq, come un padre raggiante, con la bimba fra le braccia che gli mordicchiava le dita. Lo ricordavo soprattutto come un uomo tenero, che amava la moglie e i figli, nonché come colui che mi aveva sempre aiutata quando tentavo di riparare a qualche torto. Eppure, in seguito venni a sapere che si vantava dell'uccisione di migliaia di sciiti dell'Hizb Al-Dawa Al-Islamya [il partito islamico].

«Poi, nel 1993, venni i possesso degli ultimi due pezzi del rompicapo della sorte di Al-Barrak.

«Un tale di nome Usama Al-Tikriti entrò nel mio ufficio a Baghdad per farmi alcune domande su mia madre. Sapevo che non prevedeva di tornare in Iraq, ma non glielo rivelai. Mentre parlavamo, la conversazione cadde su Fadil, perché quell'uomo era stato uno dei suoi assistenti. Mi disse che, dopo l'arresto, il dottore era stato torturato finché aveva ammesso ogni genere di assurdi crimini contro il presidente. Le confessioni erano state registrate, poi gli aguzzini lo avevano costretto a indossare un collare da cane e un guinzaglio, lo avevano caricato sul cassone di un pick-up e lo avevano portato dalla sua tribù, a Tikrit. Le dichiarazioni che gli erano state estorte erano state lette di fronte agli anziani, i quali si erano dichiarati pronti a ucciderlo loro stessi su due piedi, se era ciò che voleva il governo; Saddam, però, non aveva ancora finito con lui, che infatti era stato riportato in carcere per essere nuovamente seviziato.

«Solo più avanti ebbi le ultime informazioni sulla sua fine. Era l'estate del 1994 o del 1995, e ancora una volta mi trovavo ad Amman, in visita a mia madre. Aveva invitato a pranzo numerosi amici e io mi ero offerta di cucinare le mie specialità. Tutti avevano mangiato a sazietà ed erano allegri; notai tuttavia un uomo in particolare, perché se ne stava zitto in disparte, con l'espressione più triste che avessi mai visto. Si chiamava dottor Mohammed. Quando gli ospiti finirono di bere il tè, quasi tutti andarono nella stanza del televisore per guardare il telegiornale, invece lui rimase ad aiutarmi a rigovernare.

«Era una giornata torrida, ma lui indossava una camicia con le maniche lunghe. Quando allungò un braccio per riporre alcuni piatti, la manica scivolò indietro e gli vidi sul polso una profonda cicatrice rossa.

«La mia curiosità venne ridestata, perciò gli domandai in che ramo della medicina fosse specializzato. Rispose di essere un chirurgo. Una cosa tirò l'altra, e mi raccontò la sua storia.

«Il padre del dottor Mohammed era un alto ufficiale dell'esercito durante la guerra Iran-Iraq. Era una persona onesta, molto amata dai soldati. A causa della sua vasta popolarità, non era ben visto da alcuni generali, che lo avevano tacciato di essere troppo indulgente con i suoi uomini, troppo poco ardente nell'attaccare gli iraniani, nonché di essere a capo di un complotto contro il presidente, una logora accusa che i seguaci del dittatore tiravano sempre in ballo quando volevano liberarsi di qualcuno. Quando Saddam era venuto a saperlo, aveva dato ordine di arrestarlo.

«Visto che il padre di Mohammed, capofamiglia, era in carcere, il Mukhabarat aveva piazzato delle microspie in casa sua, senza che la moglie e il figlio ne fossero informati. A causa di quelle cimici accaddero altre disgrazie. Era il 1988, e la guerra infuriava ancora. Il dottore e sua madre stavano guardando un servizio su Saddam e la sua famiglia in televisione: il tiranno aveva fatto visita alla moglie Sajida e alla figlia minore Hala, nella residenza di Tikrit, quando un missile Scud iraniano aveva colpito l'edificio. Il palazzo era andato pressoché distrutto, ma gli occupanti si erano salvati. Il presidente era evidentemente molto emozionato, perché aveva baciato la moglie su una guancia e, come ben sai, gli arabi non lo fanno mai in pubblico, qualunque cosa accada.

«Il giovane dottore aveva guardato la mamma e casualmente aveva commentato: 'Avrebbe fatto meglio a non baciare sua moglie davanti a tutti'.

«Due giorni dopo era arrivato il Mukhabarat e aveva arrestato lui e la madre. Li avevano portati ad Al-Hakimiya, dov'erano stati rinchiusi insieme in un'angusta cella ed erano stati lasciati lì per un mese, ricevendo a malapena il cibo sufficiente per vivere. Poi i carcerieri avevano cominciato a portare fuori ogni giorno il dottore per torturarlo. Mi disse che le sevizie che aveva subito erano intollerabili: per esempio, lo facevano stare in piedi nell'acqua mentre gli davano scosse con l'elettricità. Gli avevano strappato le unghie, poi gli colpivano la carne viva con verghe elettriche. Quando la tortura quotidiana finiva, era più morto che vivo. Erano i gemiti di disperazione della mamma a risvegliarlo e a rafforzare la sua determinazione di sopravvivere per lei.

«Quei due disgraziati avevano dovuto sopportare orribili crudeltà per anni; tuttavia, Mohammed sosteneva che una delle cose peggiori era l'attesa di essere seviziato. In quella prigione i secondini avevano escogitato una consuetudine particolarmente spietata: ogni mattina radunavano i detenuti che avevano in programma di torturare quel giorno, poi li ammanettavano tutti, in una lunga fila, a un tubo metallico che correva orizzontalmente lungo il corridoio. Ogni carcerato non poteva vedere altro che la schiena di quello davanti a lui. A volte dovevano aspettare anche dieci ore prima di essere picchiati.

«Poi, un giorno, il dottore non ce l'aveva più fatta. Aveva avuto una crisi isterica. Era incatenato al tubo da più di otto ore e per tutto quel tempo non gli avevano dato nemmeno un po' d'acqua. Aveva urlato che era un medico, figlio di un alto ufficiale dell'esercito, e che nessuno aveva il diritto di trattare un essere umano in quella maniera. Uno degli aguzzini, un certo Abu Faisal, lo aveva preso a calci sbraitando: 'Tu non sei altro che un pezzo di merda'. Poi era corso più avanti, a tirare fuori dalla fila un prigioniero, e lo aveva trascinato di fronte a Mohammed, gridando: 'Credi di essere troppo importante per essere torturato? Lo sai chi è questo?' La guardia aveva sollevato con violenza la testa dell'uomo, prendendolo per i capelli. Era stato seviziato con tale ferocia che a stento riusciva ad aprire gli occhi. Il giovane per poco non era svenuto quando aveva riconosciuto Fadil Al-Barrak, un personaggio che sapeva avere occupato una delle posizioni di maggior potere nel governo.

«Mohammed aveva allora capito che nessuno, in Iraq, era al riparo da rischi. Dopo avere visto il viso del dottor Fadil aveva perso ogni speranza. Non avrebbe potuto passare un altro giorno in quel posto, così aveva deciso di uccidersi. Dopo che l'avevano torturato e riportato in cella, aveva aspettato che la madre si addormentasse e aveva cominciato a lacerarsi il polso destro con i denti per recidersi le vene, procurandosi una ferita di cui rimaneva la cicatrice che quel giorno ad Amman gli avevo visto sotto la manica della camicia.

«Voleva morire sul serio. Il giorno dopo, quando gli aguzzini erano andati a prenderlo per le solite sevizie, lo avevano trovato agonizzante, ma lo avevano portato subito nell'infermeria e gli avevano salvato la vita. Poi era stato processato e condannato a vent'anni di carcere per avere parlato male di Saddam; la madre aveva avuto la stessa pena, soltanto per averlo *ascoltato*. Fortunatamente, la donna era stata presto graziata.

«Nel frattempo il padre di Mohammed era stato giustiziato. Un suo amico, il generale Al-Dulaimi, aveva fatto visita alla vedova per porgerle le condoglianze; quando aveva saputo che suo figlio era in prigione, le aveva parlato di un certo secondino che intascava bustarelle tramite una ben nota ballerina zingara di nome Dollarat [che significa dollari]. Il contatto era stato subito stabilito, e l'uomo aveva accettato cinquemila dollari per organizzare l'evasione del dottore, che era stato fatto uscire di nascosto da Al-Hakimiya dentro uno dei sacchi abitualmente impiegati per il trasporto dei cadaveri. Con l'aiuto di alcuni contrabbandieri aveva attraversato il confine con la Siria, dove aveva incontrato alcuni ufficiali iracheni dissidenti, i quali avevano disertato, e da loro era stato condotto ad Amman.

«Fu dunque dal dottor Mohammed che ricevetti la terza conferma dell'arresto e delle torture inflitte a Fadil. Non so esattamente in che data fu ucciso; tutto ciò che so è che fece una morte orribile. Aggiungendo oltraggio a oltraggio, la sua bella moglie fu costretta a sposare il fratellastro di Saddam, Barzan. Quest'ultimo aveva già preso in moglie la sorella di Sajida, ma quando lei morì di cancro, nel 1998, la prima cosa che Barzan fece fu prendersi l'avvenente Jinan.»

Samira aprì la bocca per rispondere, ma in quel momento la porta della cella si spalancò. Mayada udì un tonfo e guardò oltre la spalla della compagna.

Sara giaceva sul pavimento, raggomitolata a faccia in giù. A dispetto delle torture e delle lesioni recenti di cui avevano sofferto, Samira e Mayada si affrettarono a radunarsi presso di lei con le altre donne-ombra. Iman voltò delicatamente la poveretta; le usciva fumo dalla bocca.

Mayada emise un ansito soffocato, facendo un passo indietro. «Che cos'è quel fumo?»

«Le hanno dato fuoco dentro?» gridò Muna.

«Ho paura che questa volta l'abbiano proprio ammazzata», rispose Samira scuotendo la testa.

«Che cosa facciamo?» le domandò la dottoressa Sabah.

Samira esaminò il corpo di Sara. Le avevano lacerato il vestito sul davanti. «Le hanno applicato la corrente in diversi punti.»

Mayada si avvicinò per guardare. Tracce rivelatrici le marchiavano le orecchie, le labbra, i capezzoli, i polsi e le caviglie. Ricordando quanto dolorosa e squassante fosse stata la scossa con i morsetti solo all'alluce e all'orecchio, rabbrividì, incredula. Dubitava che Sara potesse sopravvivere.

Samira diede rapidi ordini: «Fuma dall'interno. Dobbiamo versarle dentro dell'acqua. Portatela sotto la doccia e raffreddatela».

Seguendo con cura le sue istruzioni, la dottoressa Sabah, Muna e Aliya sollevarono da terra la disgraziata, portandola sotto l'unica doccia, vicino alla toilette. «Usate solo acqua fredda», si raccomandò Samira.

Mentre Sara veniva sorretta, Sabah le spruzzò il viso e il corpo. Per pudore, le tennero addosso gli abiti a brandelli.

Sotto il getto d'acqua, la giovane accennò a riprendere conoscenza. Aprì gli occhi e guardò le facce intorno a lei, rendendosi conto a poco a poco di dove fosse e di ciò che era accaduto. Quando i ricordi si abbatterono su di lei con tutto il loro peso, pianse e invocò la madre e il padre in modo straziante: «*Yuma!* [Mamma] *Yabba!* [Papà] Venite a vedere che cos'è successo a vostra figlia! *Yuma! Yabba!*» Cominciò a colpirsi sul viso e sul corpo con la mano destra. «*Yuma! Yabba!* Aiutate la vostra povera figlia! Salvatela!» Singhiozzava tanto forte da piegarsi in due. «*Yuma! Yabba!* Aiutatemi, aiutatemi!»

Non sapendo che altro fare, Mayada si mise a recitare i

versetti della *Fatiha*, le confortanti parole della prima sura del Corano, nella speranza di calmarla: «Nel nome del Dio, ricco in clemenza, abbondante in misericordia, sovrano assoluto del giorno del giudizio. Davanti a te, a te solo, ci prostriamo in adorazione; da te, da te solo, imploriamo aiuto. Guida i nostri passi sul sentiero sicuro, sul sentiero di coloro cui hai elargito benefici in abbondanza, sentiero ben diverso da quello di coloro con i quali ti sei adirato, ben diverso da quello di coloro che, errando, si sono smarriti».

Sara, disperata, continuava a chiamare i genitori, per quanto fossero morti da parecchi anni. Tutte le donne-ombra piangevano con lei, una ragazza innocente, non sposata, atterrita e priva della protezione della famiglia. Il loro pianto crebbe, trasformandosi in un clamore di lamenti femminili che avrebbe impietosito anche il più duro dei cuori.

Samira fu la prima a riprendere il controllo delle proprie emozioni, e disse alle compagne di portare la poveretta sulla branda, dove le misero premurosamente addosso una coperta. A turno, le detenute le inumidivano il viso e la testa con un panno bagnato.

«Questa è davvero la storia più triste del mondo», confessò Samira a Mayada. Dal giorno dell'arresto di Mayada, Sara aveva parlato poco, perciò non sapeva granché di lei, né del motivo della sua prigionia. «Che cos'ha portato qui questa ragazza?» domandò a bassa voce.

«Appartiene a una famiglia della media borghesia. Il padre morì quando lei aveva appena otto anni, ma la madre era una donna istruita, un'agronoma, che dedicò l'intera vita a Sara e ai suoi fratelli minori, Hadi e Adel, rifiutando di risposarsi.» Samira aggiunse altri particolari. «Sacrificò tutto. Nutriva grandi progetti per i figli. Aveva un pezzo di terra lasciatole dal marito, e ripeteva sempre ai ragazzi che, quando avessero terminato gli studi, lo avrebbe venduto per consentire a ciascuno di loro di mettersi in affari. Poi accadde il disastro. L'anno scorso Sara frequentava l'ultimo anno della facoltà di Farmacia, e sognava di aprire una farmacia propria. I due maschi si erano iscritti a Medicina. Un giorno Hadi corse a casa senza il fratello, riferendo in lacrime che gli agenti della polizia segreta erano andati all'università e avevano portato via Adel. Lui li aveva seguiti di corsa e un poliziotto gli aveva spiegato che dovevano interrogarlo, ma che nel giro di un paio d'ore sarebbe stato di ritorno. Adel era il più grande dei due, perciò aveva detto ad Hadi di non preoccuparsi, assicurandogli che sarebbe stato a casa per cena. Hadi, però, era più realista, e non aveva creduto a quegli uomini, così si era messo a gridare nell'atrio della facoltà che non potevano prendere suo fratello. Allora un agente gli aveva afferrato un polso e per poco non glielo aveva rotto, sibilandogli brutalmente: 'Pensa ai fatti tuoi, figlio di puttana, o sarà peggio per te'.

«I giorni successivi furono un incubo per la famiglia, che cercò il ragazzo in tutte le prigioni. Non lo ritrovarono mai. Poi, la settimana dopo, a notte fonda, la polizia segreta andò da loro. Era mezzanotte passata, e tutti erano a letto. Hadi corse alla porta, sperando che fosse Adel, finalmente di ritorno sano e salvo. Invece no, i visitatori notturni erano gli stessi tre uomini dei servizi segreti che avevano portato via suo fratello. Lo spinsero da parte e fecero irruzione in casa, ordinando a Sara e alla madre di rimanere in cucina, quindi trascinarono con la forza Hadi in camera sua. Quando le due donne udirono colpi e baccano, uscirono di corsa e videro i tre agenti uscire in fretta e furia. Si precipitarono nella stanza del giovane: era stata completamente devastata, come se stessero cercando qualcosa. Hadi era stato gettato a terra fra il letto e il muro. Era stato assassinato.

«Naturalmente, Sara e la madre erano fuori di sé: due

fratelli, due figli perduti in una sola settimana. Dopo i tradizionali sette giorni di lutto, Sara aveva paura di tornare all'università, ma la mamma insistette. Quella povera ragazza aveva il terrore che gli assassini del fratello andassero a cercare anche lei.

«Dietro le sollecitazioni della madre, Sara riprese gli studi. Ma il suo incubo si avverò. Dopo una settimana, quegli stessi uomini vennero per lei. Proibendole di telefonare, l'arrestarono e la sbatterono qui, a Baladiyat; da allora la torturano. Nel corso degli interrogatori è venuta a sapere che qualcuno aveva accusato anonimamente Adel di far parte di una cellula clandestina che tramava contro il regime di Saddam, e si credeva che lei conoscesse i nomi degli altri cospiratori. Ovviamente, non c'era nessun complotto. Quei ragazzi erano così impegnati a studiare che non avevano il tempo di dedicarsi a certe attività.»

Evidentemente Sara ascoltava le parole di Samira, perché i suoi singhiozzi si fecero ancora più strazianti. «*Yuma! Yabba!* Vi scongiuro, aiutate vostra figlia!» gridava. «Non ne posso più! Non ne posso più!»

Muna la interruppe, ricordando che rimaneva incerta anche la sorte di un'altra donna-ombra: «Samira, sono molto preoccupata per Safana. È via da troppo tempo».

I gemiti di Sara riempivano la cella. Tutte le prigioniere si raccolsero intorno a lei, alcune stringendosi le mani, altre piangendo sommessamente.

Mayada sedeva fissando il soffitto, pregando di essere a casa sua e che Fay e Ali fossero a letto tranquilli, in fondo al corridoio.

9

Il cinguettio del «qabaj»

QUANDO, meno di un'ora dopo, la porta della cella 52 si spalancò e dall'esterno una mano risospinse tra loro Safana, le donne-ombra alzarono ansiosamente lo sguardo. Per quanto barcollasse attraverso la soglia con le proprie gambe, non era la stessa persona che era uscita. Una volta dentro, vacillò per due o tre passi, poi si appoggiò al muro per non cadere. Aveva il foulard di traverso e i lembi dell'*abaaya* pendevano aperti. L'odissea di quel giorno aveva invecchiato il suo viso giovanile e le guance, un tempo sode, erano adesso flosce, chiazzate e arrossate. Aveva la schiena piegata in un modo terribile, come se durante l'interrogatorio le avessero torto la spina dorsale. I suoi occhi iniettati di sangue frugavano la stanza con un'espressione demente.

Le gambe le tremarono e si piegarono come gomma, e Muna corse verso di lei a braccia aperte. L'afferrò per le spalle, gridando: «Safana? Stai bene?»

Lo sguardo della poveretta vacillò, confuso, poi il volto le si raggrinzì, mentre emetteva un sordo lamento. Il suo corpo si contorse, poi si accartocciò. Muna la strinse forte tra le braccia, chiamando le compagne: «Ho bisogno di aiuto». La dottoressa Sabah si affrettò ad assisterla e altre due prigioniere la sospinsero con delicatezza verso il giaciglio preparato per lei sul pavimento.

Samira osservava con la fronte aggrottata per la preoccupazione. «Attente alla schiena», disse con un cenno della testa. «Le cola del sangue fra il vestito e l'*abaaya*. Distendetela a pancia in giù.»

Le tre donne abbassarono lentamente Safana. Quando giacque a terra, Samira le fece cautamente scivolare giù dalle spalle l'abito intriso di sangue, abbassandolo fino alla vita. Mayada era sconvolta dalla pena e desiderava soccorrerla, ma quando Samira la vide tentare di alzarsi, le ordinò: «Tu resta dove sei».

Lei obbedì ma si tirò su, appoggiandosi sui gomiti, per esaminare la schiena di Safana: dalla base del collo fino alle natiche c'era solo un ammasso di carne sanguinolenta. Era stata frustata con ferocia.

Samira si affaccendava a curare le ferite della ragazza. Dapprima le esplorò delicatamente, tamponandole con un panno asciutto, poi le lavò piano piano con uno straccio bagnato, sciacquando la stoffa arrossata in un secchiello. Safana si contorceva per il dolore, gemendo: «Ooooh... Ooooh».

Anche Samira era pallida e aveva l'aria molto stanca, ma interrompeva la medicazione soltanto per sussurrarle all'orecchio parole di conforto.

Mayada osservava, errando lentamente con gli occhi qua e là per la cella. Le donne-ombra si erano radunate intorno alla compagna appena torturata, e tutte avevano le guance rigate di lacrime. Muna, piangeva in silenzio stringendole forte una mano. Rasha era accovacciata a poca distanza con le gambe ripiegate sotto di sé e ondeggiava avanti e indietro. La dottoressa Sabah guardava le altre tentare di curare Safana: le rughe sempre più profonde intorno agli occhi e alla bocca tradivano i suoi cinquant'anni.

Mayada fissava Sara, e lei aprì gli occhi. Le due donne-ombra si scambiarono una lunga occhiata colma di tristezza. A Mayada quella ragazza sembrava una bambina; se le fosse stato permesso di scegliere un'unica prigioniera da liberare, avrebbe scelto lei... Dopo tutto, aveva solo pochi anni più della sua adorata Fay.

Sara aveva pianto tutte le lacrime che il suo corpo tormentato poteva produrre, ma niente riusciva ad alleviare le sue sofferenze fisiche. Aveva udito i sussurri delle compagne sul fumo uscitole dalla bocca e aveva riflettuto a lungo sulla causa di quel fenomeno. Esitante, spiegò con voce soffocata: «Invece di darmi scosse intense ma brevi, hanno regolato il macchinario a un basso voltaggio, applicando l'elettricità al mio corpo molto lentamente e a lungo. Dopo un po' non riuscivo nemmeno più a tenere le palpebre chiuse: i bulbi oculari si erano gonfiati al punto che me li sentivo premere nelle orbite». Singhiozzò: «Credevo che gli occhi mi sarebbero schizzati fuori dalla testa. Mi hanno bruciata dentro, ecco perché usciva quel fumo».

Samira disse: «Qualcuna le dia ancora un po' d'acqua. Devi bere più che puoi, è la sola cosa che possa curarti dentro: acqua fredda. E smettila di pensare al fumo».

Iman si rialzò sul naso gli occhiali dalle spesse lenti, si chinò a prendere un bicchiere d'acqua e scivolò a fianco di Sara. Corrugando le sopracciglia sottili, la convinse a bere, poi le rimase accanto, dandole colpetti affettuosi sulla schiena con una mano, mentre con l'altra le offriva il bicchiere che aveva nuovamente riempito. Iman, che aveva cinquantaquattro anni ed era sposata, era una delle detenute più anziane. Era piuttosto pienotta e aveva la pelle chiarissima. Era arrivata a Baladiyat per avere tentato di giovare alla sua comunità. Pur senza essersi mai iscritta al partito Baath, era stata scelta come membro del comitato popolare del suo distretto. Aveva accettato l'incarico con entusiasmo, desiderosa di migliorare le condizioni della gente, però era ignorante e sprovveduta e non si era resa conto che, nell'Iraq di Saddam Hussein, protestare per una mancata raccolta di rifiuti avrebbe potuto causarle guai seri: era stata arrestata per avere rivolto al governo critiche «volgari».

Wafae, la donna-ombra soprannominata «pomodoro» per il colore dei capelli – un incrocio fra un pomodoro maturo e il grano dorato –, correva su e giù da Samira alla toilette, dove vuotava il secchiello d'acqua diventata rosa per il sangue di Safana, riempiendolo poi di acqua fresca. Era stata presa dalla polizia segreta perché il fratello era fuggito in Siria.

Anwar era alta e aveva le spalle larghe. Era molto attraente, con i capelli biondi, gli occhi nocciola, il naso delicato e le labbra sottili, che stringeva mentre si chinava su Safana, esprimendo il suo parere sul modo migliore per arrestare l'emorragia. Era energica e taciturna, e raramente si lamentava dei suoi problemi, perciò Mayada non sapeva molto delle sue vicende personali, se non che era diplomata in belle arti e insegnava scienze sociali, che sua sorella era invalida e che le due donne si prendevano cura insieme delle rispettive famiglie. Anwar era l'unica nella cella 52 ad avere effettivamente commesso un reato. Il suo lavoro richiedeva che si recasse nello Yemen per tenervi alcune lezioni in una scuola locale; lei, che non poteva permettersi la spesa del passaporto, aveva preso in prestito quello della sorella, che le somigliava molto. Un parente desideroso di assicurarsi il favore della polizia segreta aveva riferito la sua infrazione. Anwar era stata messa in guardia: doveva aspettarsi una lunga condanna e la sua preoccupazione maggiore era di avere lasciato la sorella invalida a occuparsi da sola dei loro cari.

Altre due prigioniere, Hayat e Asia, stavano a fianco a fianco, tenendosi per mano. Erano state incarcerate insieme sette mesi prima a causa della sparizione di due scatole di piastrelle per pavimenti. Le avevano arrestate nel loro ufficio, in un'impresa di costruzioni che prendeva appalti per fabbricare gran parte delle numerose residenze di Saddam. Erano state accusate perché Hayat aveva firmato il documento che attestava che quei contenitori avevano lasciato il magazzino dell'azienda, e la controfirma di Asia confermava che erano stati caricati su un camion.

Hayat era nubile, aveva trentadue anni e in precedenza viveva con il fratello e i suoi cinque figli; aveva il viso sottile e il corpo emaciato. Non riusciva a parlare con calma, andava su e giù di continuo, piangendo: con quegli occhi spaventati che saettavano senza sosta da un angolo all'altro della cella, ricordava a Mayada un coniglio in trappola. Una volta aveva confessato che temeva di essere rimessa in libertà: il fratello era infuriato con lei, perché il suo arresto aveva gettato sospetti sull'intera famiglia.

Asia, invece, aveva quarantadue anni, era stata felicemente sposata e aveva tre figli; era sempre in ansia e si disperava per loro. Piangeva giorno e notte, ripetendo che i volti dei suoi ragazzi non le uscivano mai di mente. Tutte quelle lacrime le avevano lasciato sotto gli occhi indelebili chiazze violacee.

Sopraffatta dalla mancanza dei bambini, Mayada si torceva le mani, domandandosi se sarebbe sopravvissuta per rivedere Fay e Ali. E se invece fosse perita sotto le torture, come la povera Jamila? Mentre morire di vecchiaia non le faceva paura, ad atterrirla era la morte oggi, o domani. Semplicemente, lei non poteva andarsene finché i suoi figli non fossero cresciuti: erano giovani, avevano bisogno della loro mamma.

Struggendosi dal desiderio di sentire ancora il profumo fresco dei loro capelli e accarezzare la pelle delicata dei loro visi, Mayada si asciugò una lacrima con un dito, poi si girò su un fianco a fissare il muro. Tuttavia, non riusciva a dormire, perché nella cella 52 la luce era sempre accesa e il rumore non cessava mai. Era a Baladiyat da meno di una settimana, ma le sembrava un'eternità. I lunghi giorni, e le notti più lunghe ancora, si trascinavano interminabili, rammentandole l'esistenza piacevole che aveva condotto prima, quando le ore di una giornata non bastavano a sbrigare tutti i suoi impegni; adesso, in prigione, non c'era abbastanza vita per riempirle, tant'erano interminabili. Il tempo divenne suo nemico.

Ogni ciclo di ventiquattro ore era uguale all'altro. Di notte le donne o venivano torturate, o erano costrette ad ascoltare le sevizie inferte agli altri, all'alba si alzavano per la prima preghiera del giorno, poi si servivano a turno del gabinetto e della minuscola doccia, quindi arrivava la misera colazione. Se erano fortunate e nessuna di loro era portata via per le torture, passavano la mattinata pregando o pensando ai loro cari, che costituivano il centro della loro esistenza. Dopo la preghiera di mezzogiorno veniva distribuito riso sporco in una sostanza acquosa, una poltiglia poco invitante. Di tanto in tanto ricevevano pane caldo, che puzzava di muffa perché deliberatamente fatto con farina rancida. I pomeriggi erano uguali alle mattine: pregare, chiacchierare, attendere gli aguzzini o curare le compagne che avevano subito sevizie. Subito dopo la preghiera serale ricevevano l'ultimo pasto della giornata: ancora pane e lenticchie. Quindi scendeva nuovamente su di loro la temuta notte, quando la prigione risuonava di urla.

Fra tutte le donne-ombra, solo Samira si teneva occupata, rispettando un rigoroso programma di impegni quotidiani. A meno che le torture non l'avessero fiaccata, si lavava e riordinava le sue cose, oppure si dedicava a qualunque altra detenuta avesse bisogno di assistenza. Sull'igiene personale era estremamente pignola; mentre le altre trascuravano le chiazze di vomito sugli abiti o i frammenti di cibo rimasti fra i denti, lei non poteva tollerare quel disordine. Ogni mattina, prima di lavarsi, si toglieva tutti i vestiti e li strofinava a uno a uno, poi, appena fatta la doccia, se li infilava di nuovo e andava su e giù per la cella a passo svelto, con l'*abaaya* svolazzante, sostenendo davanti alle sorridenti compagne che quel rapido movimento asciugava i panni quanto una brezza vivace.

Mayada trascorreva le giornate immersa nello sconforto, sognando a occhi aperti i figli, osservando il volto delle prigioniere o fissando la porta in un'attesa febbrile. Mentre le altre donne-ombra venivano chiamate fuori per essere interrogate e torturate, pareva che gli aguzzini di Baladiyat si fossero scordati di lei.

Nel timore che all'esterno nessuno sapesse dove si trovava e che sarebbe morta a Baladiyat, lo spirito di Mayada cominciò a venire meno. Sentiva di affondare sempre più nel gorgo della disperazione, costretta com'era a guardare alla morte come a una nuova, imprevista possibilità della sua vita. Quel pensiero la deprimeva tanto che, dopo due settimane in attesa di avere qualche novità sul suo caso, cominciò a imitare Asia e Hayat, incrociando le braccia, passeggiando senza sosta su e giù nella piccola cella e piangendo giorno e notte.

Naturalmente Samira, sempre dolce e affettuosa, sempre pronta a offrire una risposta a ogni quesito, si sforzava di alleviare la sua infelicità. «Ascolta, devi credermi», le disse. «A Baladiyat *nessuno* rimane per settimane intere senza essere seviziato. I nostri carcerieri hanno scoperto che per loro tu sei un veleno. Un giorno sarai rilasciata», e fece schioccare le dita, «così.»

La compagna le lanciò un'occhiata obliqua e, vedendo il suo volto fiducioso restituirle lo sguardo con tanto affetto, si scusò sorridendo, prima di scoppiare nuovamente in lacrime. Samira l'abbracciò e aggiunse: «Non puoi sprecare le energie lottando per sopravvivere. Devi conservare le tue emozioni». Lei, però, era troppo abbattuta per reagire con fermezza.

Poi, un giovedì mattina, tutto cambiò in un lampo.

Mayada stava a letto immobile, fissando il soffitto. I suoi occhi scivolarono verso la finestrella chiusa da sbarre in cima alla parete di fondo: aspettava che il sole sorgesse, insinuando qualche dolce raggio luminoso nella cella 52.

Allora credette di udire il cinguettio di un *qabaj*, una specie di pernice.

Una vecchia fiaba irachena narra che sentir cantare un *qabaj* è segno che presto si andrà in un altro luogo.

Il cuore di Mayada perse un colpo. Si alzò a sedere. Confusa tra i sogni e la realtà di Baladiyat, si guardò intorno per vedere se qualcun'altra avesse sentito. Ormai era in quella stanza orribile da quasi un mese, ed era il primo giorno che udiva il cinguettio di un qualsiasi uccello. Il *qabaj* continuava a esercitare l'ugola, e una brezza leggera ne portava il canto attraverso le sbarre della finestra; le sue note si diffondevano dolcemente nello squallido locale.

Le altre donne si sollevarono dai rispettivi giacigli per ascoltare quello che sembrava uno straordinario messaggio proveniente direttamente da Dio. Quella lieta melodia aleggiava nell'aria, riempiendo di speranza il cuore di ogni detenuta. A una a una, le prigioniere si alzarono, guardandosi l'un l'altra con un nuovo ottimismo: ciascuna pregava che il messaggio canoro del *qabaj* fosse rivolto a lei.

Samira fece eco all'uccello, intonando una vecchia canzone irachena in armonia con il suo cinguettio. Poi saltò su dalla branda, esclamando: «Ascoltate, è proprio fuori della nostra cella. Qualcuno sta per andarsene da Baladiyat, e presto, anche». Fece una piroetta su se stessa con un luccichio negli occhi verdi, quindi si fermò con un dito teso: «E sarà la nostra Mayada».

Da giorni Mayada era troppo depressa per fare conversazione, perciò adesso non condivideva l'allegria di Samira; tuttavia, voleva bene a quella donna meravigliosa, e non poteva ferire i suoi sentimenti. Disse, con un tenue sorriso: «Grazie, per cercare di ridarmi speranza. Sei tanto cara. Ma io sono stata abbandonata, morirò qui dentro. È scritto. Avevo previsto il mio destino nel momento in cui mi hanno rinchiusa nella cella numero 52. Questa sarà la mia tomba».

Samira la fissò con il suo bel viso risoluto. «È una sensazione che ho da giorni… e il *qabaj* me la conferma», insistette. «Tu torni a casa… e presto. Devi imparare a memoria i nostri numeri di telefono, i nostri indirizzi e i nomi dei nostri famigliari. Adesso, oggi. Non abbiamo altra possibilità, a meno che una di noi non sia liberata. Sarai tu, e quando sarai fuori potrai aiutarci tutte.»

Profondamente scoraggiata, Mayada si protesse gli occhi dalla luce con il foulard. Era troppo disperata per accettare la fiduciosa previsione dell'amica; sapeva, invece, che mai sarebbe uscita di lì.

Eppure, il *qabaj* non smetteva di cantare, senza una sola incertezza nel suo cinguettio.

Dopo la preghiera del mattino, Samira prese in un angolo la compagna di cella, ripetendole tranquillamente: «Te lo dico di nuovo, Mayada: me lo sento nel cuore. Fra poco te ne andrai da Baladiyat». Samira aveva sempre un piano pronto: «Ora, devi fare conto di essere un pappagallo. Devi imparare molti nomi e numeri. Ripeti per me questo: 882-6410».

Mayada ascoltava in silenzio. L'uccello trillava ancora, e anche le sue speranze cominciavano ad animarsi un poco. Per la prima volta si domandò se per caso Samira potesse avere ragione, se la sua liberazione fosse davvero imminente, perciò, obbediente, ripeté: «882-6410».

«Queste sono le istruzioni», riprese Samira. «Telefona all'882-6410 e di': 'Samira marcisce all'Amin Al-Amma. Ha bisogno del vostro aiuto. Vendete tutto ciò che potete e corrompete una guardia. È l'unico modo'.» I suoi occhi rilucevano mentre pensava a ogni possibilità. «La mia famiglia avrà bisogno di sapere che sei davvero mandata da me, perciò c'è un codice segreto: 'Com'è il marito di Salma'?»

Mayada ripeté il messaggio come un pappagallo ben ammaestrato: «882-6410. Samira è ad Amim Al-Amma. Ha bisogno del vostro aiuto. Vendete tutto quello che potete e corrompete una guardia. È l'unico modo. Il codice è: 'Com'è il marito di Salma'?»

«Samira, quell'uccello canta ancora», esclamò Asia.

Entrambe le donne tacquero, in ascolto. Il *qabaj*, in effetti, stava cinguettando: un fatto del tutto inconsueto, che ormai proseguiva da quasi un'ora. Proprio in quel momento la porta della cella si aprì e una guardia annunciò, in un tono insolitamente umano: «Mayada, preparati. Il giudice ti riceverà adesso».

Samira strillò di gioia, spiccando un balzo. «Chi è questo giudice? Sarà rilasciata?»

«Pensa ai fatti tuoi.»

Mayada corse a lavarsi la faccia, seguita dalla compagna che sussurrava felice: «Se un giudice è venuto fin qui per vederti, allora ti libereranno».

Mayada cominciava a rendersi conto che era accaduto un miracolo.

Nei pochi minuti da lei dedicati a fare toeletta, le donne-ombra, piene di speranza, le passarono i loro numeri di telefono e le bisbigliarono nomi e indirizzi. «Nel caso che tu te ne vada direttamente, senza tornare in cella», disse la dottoressa Sabah, sollevandole la sottana e scrivendole stentatamente il proprio numero telefonico sulle mutande, con una penna a sfera mezza rotta.

«Andiamo!» gridò il secondino. Mayada si precipitò fuori, con i nomi e gli indirizzi che ancora le echeggiavano nelle orecchie. Quando uscì dalla stanza, notò un altro uomo in attesa, un individuo sgradevole, altissimo e massiccio, dalla pelle giallognola; appena costui aprì la bocca, vide che anche i suoi grossi denti erano giallastri come la faccia.

L'agente congedò il carceriere, volgendosi verso la detenuta per domandarle: «Come sta, Um Ali?»

«Ci siamo già visti prima?» gli chiese lei.

Invece di rispondere, il poliziotto bisbigliò in fretta: «Mi chiamo Mamun. Sono particolarmente interessato al suo caso: ieri ho visto Ali e Fay. Il padre, Salam, tornerà domani da Hilla per stare con loro. Lei va da un giudice che conosce la sua famiglia; ha ordine di chiudere il suo caso. Sarà rilasciata da Baladiyat nel giro di un paio di giorni. Una volta libera, non lasci casa sua finché non verrò a trovare Ali». (Nel mondo arabo, fare visita all'uomo di casa rappresenta un segno di grande rispetto. Ali, benché fosse ancora un ragazzino di meno di vent'anni, era già considerato tale.)

Mayada si portò una mano al foulard per rassettarlo e si spianò l'abito sul davanti. L'aspettava l'incontro più importante della sua vita, eppure aveva i vestiti sporchi e puzzava. Per un istante invidiò la disciplina igienica di Samira:

che razza di impressione avrebbe fatto a un giudice conciata in quel modo?

Percorso un breve tratto lungo il corridoio della prigione, la prigioniera e la sua scorta svoltarono a sinistra, di fronte a una porta di mogano priva di indicazioni. Mamun alzò una mano: «Aspetti qui». Bussò prima di entrare, richiudendo l'uscio dietro di sé. Quasi subito la porta tornò ad aprirsi e ne uscì Mamun, che questa volta ordinò: «Entri».

Mayada fece il suo ingresso nella stanza. Un uomo elegante sedeva a una scrivania di legno; le parve una faccia vagamente familiare.

«Sono il giudice Muayad Al-Jaddir», si presentò lui.

Mayada capì immediatamente che si trattava di un nipote di Adib Al-Jaddir, che a metà degli anni Ottanta aveva ricoperto la carica di ministro dell'Informazione.

«Come sta sua madre Salwa?» domandò cortesemente il giudice.

Un fugace sorriso attraversò il volto della donna. «Prima che mi portassero qui, stava bene. Adesso non so. Grazie per avermelo chiesto», rispose.

«Mio zio Al-Jaddir era un ottimo amico di sua madre e di suo padre, e si considerava figlio spirituale di suo nonno Sati Al-Husri.»

Lei annuì lievemente, sentendosi crescere dentro di minuto in minuto la certezza che quell'uomo fosse lì per aiutarla.

Jaddir frugò nelle sue carte, prese una penna e cominciò a firmare alcuni documenti. Sollevando lo sguardo su di lei, riprese: «Mayada, c'è stato uno sbaglio. Voglio che lei esca e dimentichi questa esperienza. Cancelli dalla sua mente questi giorni».

Le ombre del dolore che per un mese aveva patito le attraversarono il corpo, ma si morse la lingua per trattenersi dal ribattere che *mai* avrebbe dimenticato Baladiyat e le migliaia di iracheni innocenti che avevano sofferto tra quelle mura. Replicò invece: «Lei sa perché sono stata arrestata?»

«Sì, lo so. Qualcuno che lavora da lei ha stampato volantini contro il governo. Questo, però, dimostra che la giustizia trionfa nel nostro grande Paese. Meglio scordare tutto.»

«Sarò rilasciata oggi?»

«Sistemeremo la faccenda prestissimo. Per ora, torni in cella. Si consoli sapendo che sarà liberata.» Quindi posò la penna e disse con calore: «Sa, venni in visita a casa sua nel 1980, con Abu Ali [il dottor Fadil Al-Barrak, il cui figlio maggiore si chiamava Ali]». Mayada annuì un'altra volta: adesso ricordava vagamente. Comprese che quell'uomo si riferiva a Fadil come ad «Abu Ali» perché Saddam lo aveva giudicato una spia, e in Iraq nessuna persona sana di mente si sarebbe vantata di essere in relazione con un uomo messo a morte con l'accusa di tradimento.

Il giudice la stava già congedando. «Ora può andare, Mayada. La prossima volta che parlerà con sua madre, la prego di porgerle i miei ossequi.»

«Grazie. Arrivederci», rispose lei, e varcò la porta di legno. Fuori c'era Mamun, che la pregò di aspettare un attimo. L'omone entrò di nuovo nella stanza, facendo rapidamente ritorno con il fascicolo della detenuta. Si chinò su di lei; a dispetto dei suoi modi, adesso amichevoli, la sua faccia le faceva ancora paura. Le disse: «I suoi documenti devono fare il loro iter burocratico. Un'altra guardia la scorterà in cella. Quando sarà ora che torni a casa, verrò a prenderla».

Mayada era folle di impazienza di sapere quando avrebbe rivisto i figli, perciò si arrischiò a domandare: «Quando tornerà?»

Il viso di Mamun si contrasse in una smorfia di insofferenza, le si accostò fino a incombere su di lei come una torre e abbaiò, gonfiando il petto: «Come le ho spiegato, quando i suoi documenti saranno in regola. Oggi, o domani, o dopodomani. Vada, e aspetti». Schioccò le dita in direzione di un secondino perché venisse a prenderla in consegna, poi se ne andò.

Tornando verso la cella 52, Mayada non poteva credere agli avvenimenti di quella giornata: prima il *qabaj*, poi il giudice. Per una volta riuscì a stare dietro al passo affrettato della guardia, ansiosa com'era di comunicare le novità a Samira e alle altre donne-ombra.

Nel momento in cui fece il suo ingresso in quell'orribile stanza, il cinguettio cessò. Tutte le prigioniere lanciarono un rapido sguardo verso la finestrella sbarrata, stupite dal canto del volatile, nonché dalla sua improvvisa interruzione. Rula, che era stata arrestata perché leggeva il Corano sul lavoro e pregava troppo, gridò: «Quel *qabaj* è stato mandato da Dio, per rammentarci la sua potenza».

Parecchie annuirono, d'accordo con lei.

Samira fece un passo avanti a braccia aperte, con un gran sorriso. «Non possiamo restare in sospeso: raccontaci tutto», esclamò.

«Avevi ragione», annunciò Mayada. «Il *qabaj* era un messaggero di Dio. Me ne vado!»

Un piccolo boato salì a colmare la stanzetta, mentre le compagne la abbracciavano piangendo. Nel parapiglia a Iman caddero gli occhiali, e dovette cercarli freneticamente per qualche istante finché li ritrovò, intatti. «Senza, sarei stata cieca, lo sapete», osservò con un sorriso, mentre si ricollocava sul naso le spesse lenti.

Persino Safana e Sara, per quanto ancora deboli per le torture, si levarono a sedere sul giaciglio, sorridendo e congratulandosi con Mayada. Sara mormorò: «Telefonerai a mia madre per me?»

«Sì, Sara. Chiamerò tua madre», sorrise lei.

Samira era in preda a una gioia così intensa che non riusciva a smettere di saltellare. «Chiamerà tutte le nostre famiglie!» Afferrò Mayada per un braccio. «Allora, quando ti rilasceranno?»

«Il giudice non lo ha detto. Ha firmato i documenti mentre ero lì, ma un agente mi ha spiegato che le mie carte devono fare la trafila burocratica.»

«Fantastico», esclamò Samira cantilenando. «In tal caso non passeranno più di dieci giorni.»

A tale risposta, Mayada aggrottò la fronte. «Dieci giorni? Io pensavo di andarmene oggi o domani. Non posso resistere così tanto.»

L'amica le strinse dolcemente il viso fra le mani minute. «Solo dieci giorni?» Accennò con la testa alle altre detenute. «Ognuna di noi darebbe un braccio», sorrise affettuosa, «o magari anche due, per sapere che deve passare qui soltanto altri dieci giorni.»

Nessuna donna-ombra sembrava invidiare Mayada per la sua buona sorte, nessuna si arrabbiava perché lei se ne andava, mentre loro erano costrette a rimanere. Si vergognò del proprio egoismo di fronte a quelle persone così altruiste e, guardandole, le si strinse il cuore: desiderava disperatamente uscire dalla prigione per tornare da Fay e Ali, ma la costernava l'idea di lasciarsi dietro quelle brave creature. Credette che Samira sapesse leggere il pensiero, quando la sentì affermare: «Non ti devi sentire in colpa. Noi siamo felici che tu sia liberata, anche se rimarrai nel nostro cuore. Tu *puoi* aiutarci, stando fuori».

Tranne Safana e Sara, tutte le carcerate erano intorno a Mayada. Muna diede voce a ciò che tutte pensavano: «Non dimenticarti di noi quando sarai fuori di qui. Devi giurare su Allah che un giorno racconterai al mondo che cos'è accaduto in questa cella».

Mayada l'abbracciò, garantendole: «Giuro su Allah che un giorno il mondo conoscerà tutte le nostre storie, Muna».

Sempre giudiziosa, Samira intervenne: «È bene che tutti ne siano informati, ma per ora la cosa fondamentale è telefonare alle nostre famiglie. Adesso che sappiamo che Mayada sta per essere rilasciata, dobbiamo cominciare seriamente a farle imparare a memoria i nostri dati. Subito». Guardò la compagna con un sorriso che le rischiarava il volto. «Tu sei la nostra unica speranza.»

Dal momento che Mayada si aggrappava disperatamente al desiderio che la sua liberazione sarebbe avvenuta prima di quanto previsto da Samira, decise di imparare al più presto i numeri telefonici. «Sì, hai ragione: cominciamo stanotte.»

«L'importante è contattare i nostri parenti e spiegare esattamente dove siamo. Poi, di' loro che l'unico modo per tirarci fuori è corrompere le guardie: devono vendere le terre, le automobili, se occorre. Praticamente ogni carceriere, qui, è disposto a intascare bustarelle. Però, quando chiami, fa' in fretta: come sai, in Iraq tutti i telefoni sono sotto controllo. Di' ciò che devi dire e riaggancia. Non aspettare che ti facciano domande, non rispondere. E non dire mai, mai il tuo nome. Se ti viene la tentazione di confortare i nostri cari, sappi che la tua gentilezza potrebbe benissimo farli arrestare.»

Samira rifletteva su ogni particolare. «Oggi imparerai a memoria più numeri e indirizzi che puoi; il resto, domani», annunciò con determinazione. «Ogni giorno, fino al rilascio, ti metterò alla prova. Vogliamo che ricordi tutto.»

Fu una notte inconsueta. Mayada fu portata nell'angolo

più lontano della cella, in modo che nessuna guardia, nel corridoio, potesse udire la strana litania che proveniva dall'interno. Aliya fu la prima a mettersi in fila alle spalle di Samira, con il bel viso animato di aspettativa. La prigionia l'aveva separata dalla sua bambina, che non vedeva da un anno. La prospettiva della liberazione di Mayada aveva fatto nascere in lei il sogno felice di riunirsi con la sua cara Suzan.

Poi veniva Rasha. Comunicò le sue informazioni in un brusco sussurro, con il suo abituale cipiglio, nonostante le possibilità favorevoli offerte dalla circostanza.

Mayada era decisa a ricordare ogni numero, ogni parola con cui le donne la incalzavano. Sapeva che Aliya e Rasha erano in carcere da circa tre anni e che il loro rilascio non era prevedibile.

La dottoressa Sabah, gentile ma seria, le controllò le mutande per assicurarsi che il numero che vi aveva impresso fosse ancora visibile. Per quanto non ce ne fosse bisogno, supplicò Mayada di non lavarle finché non avesse contattato la sua famiglia.

Iman torceva gli occhiali fra le mani, mentre comunicava le sue informazioni lentamente e con chiarezza. Wafae faceva scorrere il rosario fatto a mano, ripetendole più e più volte, con fervore, i propri dati, finché Samira la sollecitò ad andarsene: più tardi avrebbe pensato lei a verificare la memoria di Mayada. Poi fu la volta di Eman. Aveva solo ventotto anni ed era molto graziosa, ricordava Elizabeth Taylor, con quella pelle chiara, i capelli nerissimi e lucenti e i profondi occhi color zaffiro. Era così minuta che sembrava un'adolescente. Oltre a darle il suo numero di telefono, spiegò nuovamente come fosse finita in prigione. «Non avevo mai pensato di violare le leggi irachene, ma questi aguzzini sostengono che abbia criticato Saddam Hussein», le rammentò. Mayada sapeva che esprimere giudizi negativi sul dittatore era un crimine passibile del taglio della lingua, perciò pregava di riuscire a contattare la sua famiglia in tempo per salvarla.

May era una donna di trentacinque anni con la pelle scura, corti capelli castani, begli occhi a mandorla e lineamenti delicati. Il suo reato era stato di «favorire i comunisti» ma, per quanto ne sapeva lei, non aveva mai incontrato un comunista. May sedette accanto a Mayada più a lungo di tutte, timorosa che potesse dimenticare il suo numero, 521-8429.

Dopo mezzanotte la concentrazione di Mayada venne meno. «Domani. Potrete comunicarle le vostre informazioni domani», promise Samira alle detenute ancora in attesa.

Quando Mayada andò a letto, il suo morale era stranamente basso, in considerazione degli eventi positivi della giornata: era afflitta dall'amara riflessione che le prigioni di Saddam non offrivano garanzie. E se la decisione del giudice fosse stata revocata? Finché non fosse uscita da quel luogo orribile sarebbe rimasta scettica sulla libertà promessale.

Il giorno seguente si svegliò con le guance bagnate di lacrime: si era infatti ridestata da un incubo nel quale un uomo armato di spada la separava dai suoi figli.

Quel mattino le riservò un'altra sorpresa. Appena finita la preghiera dell'alba, la porta della cella 52 si aprì con fracasso e una guardia berciò: «Mayada! Fuori!»

Lei rimase talmente sbalordita da essere incapace di muoversi.

«Mayada! Sei rilasciata!» urlò nuovamente il secondino.

Ricordando che la compagna non aveva ancora imparato a memoria i dati di tutte le donne-ombra, Samira pensò in fretta e furia a una scusa per trattenerla ancora un poco. «Ci ha appena detto che deve andare alla toilette. Le dia qualche minuto.»

Il carceriere le guardò disgustato, poi sbatté la porta. «Cinque minuti! Non di più!»

In un turbine di frenesia, Samira spinse Mayada in fondo alla stanza, incalzandola: «Presto, ripeti i numeri che hai imparato. Io raduno le altre». Sembrava in preda al panico. «Fa' che il tuo cervello Al-Askari non ci tradisca!»

Mayada conosceva così bene le storie della maggior parte delle detenute da non avere bisogno che le specificassero il nome della città o del quartiere in cui vivevano; le sollecitò piuttosto a concentrarsi sui nomi e i numeri telefonici indispensabili a stabilire un contatto. Mentre Samira allineava le prigioniere, lei pensò a Sara, ancora incapace di parlare. Si precipitò al suo fianco, scuotendola per una spalla: «Dimmi come contattare tua madre, presto!»

Sara sollevò lentamente la testa. «Oh, sì, sì! Per favore, avverti la mamma che sono qui. Pregala di salvarmi. Chiamala al 422-9182. Dille che le chiavi di casa sono sotto il vaso giallo, vicino al cactus, così saprà che ti ho mandata io.»

Era così debole che la testa cominciò a ciondolarle sulle spalle. «Tua madre corromperà qualcuno, ne sono sicura. Ti tirerà fuori di qui, Sara», la rassicurò Mayada.

Il volto dolce della ragazza si dischiuse in un sorriso. «Sì. Ci penserà lei. Venderà la terra e pagherà perché mi lascino andare. Lo farebbe, se solo sapesse dove mi trovo.» Tornò ad accasciarsi sul letto. «Dille che l'aspetto. Che aspetto.»

Intanto Samira aveva disposto in una breve fila le restanti donne-ombra.

«Andiamo, Mayada!»

Lei si mosse velocemente. Rula era la prima, e le si aggrappò al collo. Aveva venticinque anni, era nubile, con un aspetto molto semplice, ed era stata accusata di essere un'attivista islamica. Si affrettò a confidarsi, ricordando alla compagna che erano stati i colleghi a denunciarla. Mayada le promise che avrebbe fatto del suo meglio.

Amani era una donna sposata di trentadue anni, con la pelle scura, le guance rosee e i capelli castano chiaro. Come Rasha, era stata imprigionata per avere perduto il passaporto. Poi fu la volta di Anwar, che ringraziò più volte Mayada. Hayat e Asia erano vicine, con gli occhi scintillanti di speranza.

Mayada si sforzò di memorizzare tutti quei numeri nel giro di qualche minuto. Con il cuore angosciato, si rese conto che probabilmente non sarebbe riuscita a ricordarli tutti, disse perciò a Samira: «Prendi la penna di Aliya. Scriverò il resto sulle mutande».

L'amica tornò in fretta con la penna, che però scriveva a stento, essendosi pressoché esaurito l'inchiostro.

La porta si spalancò nuovamente. Dalla soglia un'altra guardia, non la scorta che Mayada si aspettava, sbuffò malignamente: «Samira! Ti vogliono!» La chiamavano alla tortura. Tutte le prigioniere trasalirono, mentre un sordo gemito percorreva la cella.

Il carceriere venuto in precedenza ricomparve, urlando da dietro le spalle del nuovo secondino: «Andiamo, Mayada! Sei libera!»

Gli ultimi momenti trascorsi da Mayada con le compagne nella cella 52 scivolavano via a uno a uno. Il bel viso di Samira era grave, mentre i suoi occhi verdi si posavano su di lei. Le due donne si fissarono con affetto sincero; Samira protese le braccia, stringendo a sé Mayada. Si baciarono, prima su una guancia e poi sull'altra e, mentre si abbracciavano, Mayada mormorò: «Sei la persona più altruista che abbia mai conosciuto. Grazie di tutto. Non ti dimenticherò mai. Ti aiuterò da fuori! Lo farò!»

Gli occhi di Samira erano colmi di lacrime. «Mi mancherai, tu e le tue bellissime storie.»

«Samira!» urlò impaziente il guardiano, entrando nella cella per dividerla dall'amica. I piedi della donna si staccarono addirittura da terra mentre l'aguzzino, infuriato, se la trascinava dietro.

Mayada la seguì in fretta, sfiorando con la mano tutte le donne-ombra mentre passava loro accanto. Aveva gli occhi brucianti di lacrime di dolore: la liberazione l'avrebbe strappata da quelle creature meravigliose. Ora, lei e loro sarebbero vissute in mondi completamente diversi.

L'ultima cosa che udì mentre la porta si richiudeva con fracasso fu la voce sommessa di Muna implorare: «Ti prego, non dimenticarti di noi».

Lottando contro i singhiozzi, Mayada sapeva che mai le avrebbe scordate, anche se fosse vissuta per sempre.

L'agente che aveva incontrato il giorno prima, il tipo grande e grosso, la aspettava nel corridoio. «Sono di nuovo io, Mamun», disse. «Andiamo a prendere le sue cose, poi la porto fuori di qui.»

Gli orecchi di Mayada ascoltavano la voce dell'omone, ma i suoi occhi seguivano Samira, che la precedeva di pochi passi. Avvertendo su di sé lo sguardo, lei si voltò per scambiare con la compagna un'ultima occhiata: tutte le sue emozioni si concentravano nelle pupille vivaci. Mormorò qualcosa, ma Mayada non riuscì a distinguere le parole.

Alla fine del corridoio Samira fu sospinta verso la stanza delle torture. Mayada non poteva fare nulla per salvarla. Il poliziotto la guardò, sussurrandole in fretta: «Salam sta aspettando. Andremo a incontrarlo. La porterà a casa lui».

Mamun la condusse alla svelta nella stessa stanza in cui era passata quando era arrivata a Baladiyat. Niente era cambiato: lo stesso uomo grigio sedeva dietro lo stesso banco circolare. Frugò in un armadio e porse a Mayada la sua borsa, poi, con un grugnito le indicò un documento, ordinandole: «Firmi qui». Dopo avere eseguito, lei sbirciò nella borsetta, constatando che c'era tutto: anello, orologio, portafoglio, agenda, agendina telefonica, carta d'identità, chiavi di casa e persino il bigliettino scritto da Fay. S'infilò l'orologio, poi l'anello, che le girava largo intorno al dito: aveva perso parecchio peso. Lo rimise nella borsa.

«Mi segua», disse Mamun, mentre ripercorrevano i passi del giorno in cui era stata arrestata. Ogni cosa le sembrava irreale, mentre camminava in silenzio dietro l'agente.

Mayada seguì l'agente nell'atrio della prigione. Il salone era affollato da centinaia di uomini, tutti accovacciati a terra con le mani legate dietro la schiena. Sebbene fossero in attesa di essere interrogati e nessuno fosse ancora stato torturato, una profonda disperazione era impressa sui volti di tutti: i loro occhi spalancati riflettevano il terrore che li opprimeva. Mentre si facevano cautamente strada in mezzo alla ressa, lo sguardo della donna vagava su di loro. Bisbigliò, rivolta alla schiena di Mamun: «Che succede?»

L'uomo girò leggermente la testa, rispondendo a bassa voce: «Glielo spiegherò dopo, in macchina».

Lei sapeva quando era opportuno stare zitta. Seguì l'omaccione fuori della porta del carcere di Baladiyat, discendendo a passo svelto la scalinata. Quando giunse in fondo sostò un attimo, osservando il cielo con occhi scintillanti di emozione: il sole abbacinava. Era bello. Il suo volto si aprì in un sorriso che le allargò gli occhi, la bocca e il cuore. Era libera davvero. Protese le braccia, accogliendo con gioia sulle mani e sul viso la calda luce di agosto. Udì uno stormo di uccelli emettere versi rauchi e guardò in alto, cercandone il volo.

«Andiamo!» esclamò Mamun.

Mayada camminava più svelta che poteva; il meglio, però, doveva ancora venire: tornava a casa, da Fay e Ali.

«La mia auto è nel parcheggio», disse il poliziotto. «Sbrighiamoci.»

Consapevole che qualcuno poteva tenere d'occhio la sua partenza e che se si fosse dimostrata troppo amichevole con Mamun avrebbero potuto arrestarla di nuovo, abbassò la testa, camminando risoluta. «Eccoci», annunciò lui quando raggiunsero una Toyota Corolla bianca. «Si accomodi nel sedile posteriore», la invitò con un cenno della testa.

Il cuore della donna batteva forte quando il cancello principale del recinto della prigione s'inquadrò nel parabrezza dell'auto. Questa volta andava nella direzione giusta, *fuori* Baladiyat. Gettò un'occhiata alle fotografie di Saddam: avrebbe voluto sputare in faccia al malvagio dittatore ma, naturalmente, non lo fece.

All'uscita Mamun rallentò e mostrò i documenti a una guardia, poi, finalmente, l'auto varcò il cancello nero. Nel momento in cui si immisero in autostrada, Mayada scoppiò a ridere, un riso selvaggio, irresistibile, che non riusciva a controllare. L'omone si voltò a guardarla. «Salam ha detto che lei è un tipo allegro», commentò.

Non desiderando irritarlo, Mayada cercò di coprirsi il naso e gettò all'indietro la testa, ridendo senza far rumore. D'un tratto, però, l'angoscia per la sorte sconosciuta di quelle centinaia di nuovi prigionieri di Baladiyat la fece raddrizzare con un sussulto.

«E quegli uomini? C'è stato un tentativo di rivolta?»

«No. Qualcuno ha distribuito volantini contro il governo nel distretto di Kadumiya. Stamattina tutti quelli che passavano per strada in quell'area sono stati arrestati.»

Kadumiya era la zona sciita di Baghdad.

«Perché la polizia segreta ha arrestato tutta quella gente?

Sono certa che soltanto pochi distribuivano i manifestini. La maggior parte di loro è innocente, nient'altro che persone di passaggio, che sbrigavano commissioni o roba del genere. Perché il nostro governo fa certe cose?»

«Non me lo chieda», ribatté asciutto Mamun. «Io sono al servizio del mio padrone. Faccio ciò che mi ordinano. Mi dia retta, sorella: tutti gli iracheni sono agli arresti. A turno ci pigliano e ci sbattono dentro: anch'io sono stato in galera due volte e mi hanno torturato.»

Lei annuì, d'accordo. Nessuno, in Iraq, era al sicuro. Avrebbe lasciato il Paese il più presto possibile.

«Questo è importante», riprese l'agente. «Suo marito l'aspetta a Baghdad Al-Jadida.» Al-Jadida significava «nuova Baghdad», e Mayada sapeva che era un quartiere a una trentina di minuti da Baladiyat.

«Sono divorziata», si affrettò a puntualizzare. «Salam è il mio ex marito. La mia casa, però, non è lontana da quella di suo padre, e abbiamo avuto due figli, perciò siamo tuttora in buoni rapporti.»

«Non rimarrà il suo ex marito per molto», ribatté Mamun con un sogghigno.

Quel commento la confuse, ma lui non le diede il tempo di fare altre domande. «Mi ascolti bene», continuò. «Non lasci l'Iraq. Verrò da lei a parlarle fra un giorno o due, per spiegarle che cosa deve fare. Ricordi: non può andarsene, perché è in libertà provvisoria. Se non vuole tornare a Baladiyat, dovrà seguire le mie istruzioni.»

Mayada intuì immediatamente che Mamun intendeva ricattarla. Più volte aveva udito Samira parlare delle abituali estorsioni agli ex detenuti: molte guardie si arricchivano ricattandoli con la minaccia di incarcerarli di nuovo.

Per il momento accantonò la preoccupazione, dicendosi che ci avrebbe pensato più tardi: rifiutava di permettere che la sua gioia per la liberazione fosse guastata dagli avvertimenti del poliziotto; inoltre, qualunque cosa la sollecitassero a fare, avrebbe preso i suoi figli e sarebbe partita appena le fosse riuscito. Sua madre l'avrebbe aiutata.

Mamun divenne taciturno, concentrandosi sulla guida. Mayada aveva voglia di sporgersi oltre le sue spalle, suonare il clacson e urlare dai finestrini che era libera. Però non lo fece: si adagiò contro lo schienale e guardò fuori.

Quattro semafori rallentavano il traffico tra Baladiyat e Baghdad Al-Jadida. La strada principale era piena di negozi e supermercati e quelle laterali conducevano a tranquille abitazioni di periferia. Ancora dieci o quindici minuti e sarebbero arrivati a destinazione.

Mayada vide un'intera famiglia di donne camminare insieme per la strada. Provò una stretta al cuore: quelle persone felici – che passeggiavano, chiacchieravano, vivevano la loro vita – erano inconsapevoli che in quel preciso istante, solo a pochi chilometri di distanza, una bella donna sciita di nome Samira veniva brutalmente torturata. Rimase in silenzio, ripassando i numeri telefonici delle donne-ombra e le speciali parole-codice.

In breve giunsero al quartiere di Baghdad Al-Jadida, dove lei non tardò a scorgere Salam sulla sua Oldsmobile bianca ferma davanti a un negozio di fiori; portava gli occhiali da sole e se ne stava sprofondato nel sedile. Mayada scoppiò a ridere istericamente: sembrava un poliziotto in borghese. Saltò giù dall'auto mentre l'ex marito scendeva dalla sua, e gli gridò: «Come stanno i ragazzi?»

Senza rispondere, lui cominciò a insultarla, furibondo: «Imbecille! Farti arrestare! Dai, sali dietro», le ordinò.

Con un cenno della mano a Salam, Mamun ripartì.

Mayada era talmente felice di essere libera che niente

avrebbe potuto infastidirla: era un passo più vicina ai suoi figli.

Mentre accendeva il motore, lui annunciò: «Dobbiamo risposarci. Subito».

«Di che cosa stai parlando?» gli domandò spalancando gli occhi.

«Sei in libertà provvisoria. Sarai arrestata di nuovo. Devo portare te, Fay e Ali fuori dell'Iraq, in Giordania, e non puoi andarci da sola.»

Mayada comprese che cosa intendeva: non aveva un *mahran* che l'accompagnasse fuori Baghdad. Se voleva lasciare il Paese – e lei lo voleva – le occorreva un certificato di matrimonio. Capitolò subito: «Be', è solo per portare via i bambini. Divorzieremo nello stesso momento in cui arriverò ad Amman».

L'ex marito non replicò, e lei stette a osservare la sua nuca. Era lieta di non essere più la moglie di quell'uomo, e non lo sarebbe rimasta un istante più del necessario.

«Salam, non hai risposto alla mia domanda: come stanno i ragazzi?»

«Stanno bene.» Il suo tono di voce tradiva l'impazienza.

Mentre si avvicinavano alla casa in Waziriya Place, Mayada si raddrizzò sul sedile, per guardare dal finestrino. Non vide né Fay né Ali ad attendere il suo ritorno, però scorse un ragazzino smilzo, dall'aria afflitta, vicino al garage dell'ex suocero. Pensò che fosse uno dei molti amici di suo figlio.

Appena l'auto si fermò, Mayada non si scomodò nemmeno a dire arrivederci a Salam, ma saltò giù in fretta e furia, precipitandosi lungo il vialetto. Mentre la macchina se ne andava, udì Salam gridarle dal finestrino: «Ci sposiamo domani!»

Il ragazzo magro alzò lo sguardo, poi partì di corsa verso di lei. Poteva essere Ali?

«Mamma! Mamma!»

«Ali!» Le labbra di Mayada tremarono, nel pronunciare quel nome.

Ali si gettò nelle sue braccia, piangendo e urlando: «Mamma! Mamma! Sei a casa!»

Le lacrime soffocavano Mayada. «Ali! Fammi vedere la faccia! Fammi vedere la faccia!»

Il suo bimbo paffutello, con il visino infantile, era scomparso: al suo posto c'era un giovane serio, con ombre scure sotto gli occhi azzurri.

«Mamma, credevo di non rivederti più!»

Lei lo sollevò da terra: il suo tesoro era piccolo, fragile. Sospirò, rendendosi conto di quanto i figli avessero sofferto durante la sua assenza.

Ali l'abbracciò stretta, poi avvicinò il viso al suo. «Mamma, ho preso la tua camicia da notte e l'ho messa sotto il cuscino», disse. «Tutte le sere chiedevo a Dio: riportami la mamma. Riportami la mamma. È tutto quello che voglio, per il resto della mia vita, solo la mamma.»

«Sono tornata, Ali. Non ti lascerò più.» Guardò oltre le sue spalle. «Dov'è Fay? Dov'è tua sorella?»

«Papà l'ha portata a stare con lo zio Mohammed.»

«Perché?» Mayada avvertì una punta d'irritazione: Fay sarebbe dovuta rimanere con il nonno paterno, vicino a casa sua. Si tirò dietro Ali. «Andiamo da tuo nonno Mohy». Mohy Al-Haimos era il suo ex suocero. «Farà tornare Fay.»

Lei e il figlio entrarono in casa di Mohy senza bussare. Appena l'uomo vide Mayada, il viso gli si aprì in un largo sorriso. «*Hella, hella, hella!* [benvenuta]», esclamò tutto lieto. Andò verso di lei e la baciò su entrambe le guance. Sentendo il baccano, la sua ex suocera, Jamila, uscì dalla cucina. «Ma sto sognando? È proprio Mayada che è tornata da noi?» La guardò, sorridendo felice.

Mohy disse a Jamila: «Telefona a Mohammed e digli di riportare a casa Fay. Sua madre è di nuovo qui». Poi si rivolse all'ex nuora: «Mentre aspettiamo, siediti e raccontaci tutto quello che ti è capitato».

Con Ali aggrappato al braccio, Mayada narrò all'anziana coppia qualcosa di Baladiyat, tralasciando però gli aspetti più terribili, per non turbare il bambino.

«Hai intenzione rimanere in Iraq?» le domandò Mohy alla fine.

«No. Qui siamo in pericolo.» Fece una pausa. «I miei figli e io non possiamo continuare a vivere in un Paese pieno di stanze di tortura.»

L'uomo annuì, convenendone. Una volta anche lui era stato arrestato con false accuse, e aveva passato un anno agli arresti domiciliari. Odiava Saddam Hussein e chiunque avesse a che fare con il suo regime. «Ti aiuterò a fare ciò che è meglio», promise. Fin dagli inizi del matrimonio Mayada aveva voluto bene al saggio suocero: era un fior di galantuomo.

Proprio allora udì il rombo di un motore, e corse alla porta. Vide Fay, che saltava giù dall'auto guidata dal fratello di Salam, Mohammed, prima ancora che fosse del tutto ferma.

Mayada uscì di corsa, gridando: «Fay!»

Quando vide la madre, la ragazza emise uno strillo così acuto che i vicini corsero fuori a vedere a che cosa fosse dovuta tutta quell'agitazione. Mayada disse a Mohy: «Porto i ragazzi a casa. Ci vediamo presto».

Con la figlia sottobraccio da una parte e il figlio dall'altra, la donna si diresse in fretta verso casa. «Dentro, dentro», li sollecitò. «Non diamo spettacolo.»

Nel momento in cui entravano, Fay suggerì: «Dobbiamo pregare, ringraziare Dio perché sei a casa, mamma».

Appena la mamma ebbe posato la borsa e tutti e tre si furono lavati il viso e le mani, si disposero in fila in direzione della Mecca, poi si inginocchiarono, andando a toccare il pavimento con la fronte e ringraziando Dio per il ritorno di Mayada da Baladiyat.

Per lei, il mondo era di nuovo buono.

10
Cara Samira

Giorno della liberazione dell'Iraq
9 aprile 2003

Mayada Al-Askari
Amman, Giordania

CARA Samira,

un giorno glorioso è sorto.

La notte scorsa mia figlia di vent'anni, Fay, è rimasta sveglia tutta la notte a guardare la televisione, in attesa di udire che l'Iraq era stato liberato. Stamattina mi ha svegliata alle sei meno un quarto, sussurrando: «Alzati, mamma: credo che ci siamo».

Ho capito tutto all'istante. Dopo trentacinque anni di tirannide crudele e capricciosa, dal 17 luglio 1968 fino a oggi, il pugno di ferro di Saddam Hussein sul mio amato Paese è stato finalmente infranto.

Sono saltata giù dal letto e sono corsa in salotto per ascoltare con le mie orecchie la meravigliosa notizia. Quando il commentatore del telegiornale ha detto che i baathisti erano in fuga e che molti di loro erano scomparsi nel nulla, ho riso con un'ebbrezza che non provavo da anni. Esultante, Fay ha gettato indietro la testa e ha cominciato a emettere un *halhula* [grido di trionfo]. Mi sono immediatamente unita a lei. Fra tutte e due abbiamo fatto un chiasso tale che Ali è saltato giù dal letto per informarsi; quando ha saputo che l'Iraq è stato liberato, si è tolto la maglietta, facendola roteare sopra la testa e piroettando in una danza di libertà.

I nostri cuori scoppiavano di felicità. Infine, stanchi di fare festa, i ragazzi e io ci siamo lavati e ci siamo preparati alla preghiera. Ci siamo girati in direzione della Mecca, ringraziando Dio per avere posto fine al lungo incubo della nostra patria.

Samira, sono così felice che me ne vergogno, perché so che molti sono gli iracheni che hanno sofferto perdite terribili. Ci è stato ricordato, nel più spietato dei modi, che la libertà non è a buon mercato.

Non passa giorno che io non riveda il tuo bel viso e quelli delle altre compagne nella cella 52 di Baladiyat. Ora, ad Amman, ogni mattina, quando vado in ufficio, i miei passi sono lenti, e scruto il viso di tutte le donne sedute sul marciapiede fra i venditori ambulanti. Mi domando se sei scappata, se sei venuta qui, a riprendere il tuo commercio di sigarette, un tempo redditizio. Qualche volta il cuore mi ha dato un balzo di speranza, e sono corsa ad abbracciare una donna dai capelli neri striati di bianco, come i tuoi. Per un breve istante mi sono sentita invadere dal sollievo che fossi uscita viva da Baladiyat. Finora, però, non ho avuto che delusioni.

Dove sei? Stai festeggiando con la tua famiglia? Oppure hai pagato con la vita la libertà di cui io godo? Sei stata assassinata dagli aguzzini di Saddam molto prima che la guerra cominciasse? Lo sai che presto la libertà arriverà in

Iraq? E dove sono le altre donne-ombra? Quante sono ancora vive? Chi è morta? Sono interrogativi che non mi danno pace, giorno e notte.

Com'era prevedibile, adesso vivo in Giordania con Fay e Ali. Mentre scrivo queste righe, mi trovo nella mia spaziosa terrazza ad Amman: un luogo che mi allieta, perché posso guardare a est, in direzione dell'Iraq. Alla mia sinistra riesco a scorgere la traccia indistinta della strada che porta là; alla mia destra vedo quella che conduce a Gerusalemme. Intorno a noi, molti edifici e ville, bei fabbricati di pietra bianca con il tetto rosso, un mondo di sole, alberi e case piacevoli. Dopo il tramonto, il cielo si riempie di un milione di stelle brillanti e del tremolante scintillio delle luci della città. La terrazza è arredata con quattro poltrone bianche, un tavolo rotondo e una panca, ed è circondata di piante dai fiori rossi, bianchi, rosa e gialli, che diffondono il loro profumo nell'aria. Le piante variopinte pendono anche giù dalla balconata, attirando farfalle vivaci e api operose. Spesso i ragazzi e io mangiamo qui: guardiamo il cielo sopra l'Iraq e parliamo di giorni lontani, quando vivere in patria significava stare sulle rive del bel Tigri in giornate piene di sole, passeggiando nei giardini lussureggianti, ed essere felici.

Sai già che il mio più grande timore non si è avverato. I miei figli non sono stati arrestati, nessuno ha fatto loro del male. Per questo, ringrazio Dio ogni volta che prego.

Com'era sua abitudine, fu mia madre a salvare la situazione: fu lei a farmi liberare da Baladiyat.

Sai che la mamma conosceva praticamente tutti i personaggi di un certo rilievo in Iraq. Per fortuna aveva ancora il numero di telefono privato del capo dell'ufficio della presidenza di Saddam, il generale e dottor Abid Mahmud al-Tikriti, l'uomo che filtra ogni telefonata al dittatore (chi lo conosce bene lo chiama dottor Abid Hamud). Lo aveva incontrato anni fa, quando lui l'aveva invitata alla cerimonia della discussione della sua tesi di dottorato. In quell'occasione il dottor Abid invitò mia madre a telefonargli, se avesse avuto bisogno di qualcosa. Qualsiasi cosa, aveva detto. E lei lo fece. Come aveva promesso, lui l'aiutò.

Dopo avere svolto qualche indagine, lui spiegò alla mamma per quale motivo ero stata arrestata. Sembra che a Baghdad qualcuno avesse stampato volantini contro il governo, ma la polizia segreta non aveva indizi sulla loro origine, perciò arrestò i proprietari di dieci tipografie in quella zona. Non importava che fossero colpevoli o innocenti. Temo di essere l'unica a essere stata rilasciata, per quanto sia molto probabile che nessuno abbia fatto niente di male.

Il dottor Abid disse a mia madre di avere parlato con Saddam e che lui gli aveva consentito di firmare i documenti per la mia libertà provvisoria; tuttavia, il despota voleva che Salwa gli desse la sua parola che non avrei tentato di fuggire dall'Iraq. Se si fosse scoperto che i volantini erano stati prodotti da uno dei miei computer, sarei stata riportata in prigione per ulteriori interrogatori, così avrebbero trovato il vero colpevole. Era una questione di sicurezza nazionale e, sebbene Saddam mi ritenesse estranea al crimine, voleva che lei lo sapesse.

Non mi risulta che la mamma avesse mai mentito, neppure una volta; però, messa di fronte a una scelta di quel tipo, non si curò di dire una piccola bugia, mi raccontò poi. Perciò diede la sua parola a Saddam, tramite il dottor Abid. Gli disse che nelle mie vene scorreva il sangue di suo padre, e che mai avrei commesso un reato. Assicurò ad Abid che se avessi cercato di fuggire dall'Iraq prima della conclusione delle indagini, si sarebbe lavata le mani di me.

Sfortunatamente, fino al giorno dopo che fui torturata

nessuno a Baladiyat sapeva che la mia liberazione era una decisione di Saddam, altrimenti quell'esperienza dolorosa e terrificante mi sarebbe stata risparmiata. Una volta arrivati gli ordini, fui semplicemente ignorata finché sulle scartoffie non ci furono tutte le firme necessarie. Avevi ragione tu fin dal primo momento, Samira: se gli aguzzini della prigione fossero stati all'oscuro del mio imminente rilascio sarei stata seviziata ogni giorno.

Appena a Baladiyat si venne a sapere che sarei uscita, ebbe inizio il ricatto. Quando quello sciacallo di Mamun vide i documenti che ordinavano di lasciarmi andare, corse dritto a casa mia, per garantire ai miei figli che poteva ottenere la mia liberazione se gli avessero dato cinquecento dollari. I ragazzi erano fuori di sé, e chiesero aiuto al nonno, il padre di Salam, che diede loro il denaro. La somma fu consegnata al ricattatore.

Per fortuna, i ragazzi furono aiutati dai vicini, che avevano saputo della nostra disgrazia. Di notte, mi raccontò Fay, la gente si avvicinava di soppiatto per infilare buste anonime piene di denaro sotto la nostra porta esterna.

Mentre mi accompagnava in macchina, Mamun mi aveva detto di non allontanarmi da casa finché non fosse venuto a sistemare la faccenda. Non avevo prove che preparasse il terreno per settimane intere di minacce e ricatti: veniva da me tutti i giorni, pretendendo denaro per questo o per quello. Mi ripeteva che presto sarei stata arrestata di nuovo, a meno che non «ungessi le ruote». Quando, tramite Salam, seppe che progettavo di lasciare il Paese, mi avvertì che ero stata inserita in una «lista nera» di ex detenuti ai quali era proibito espatriare: i loro nomi erano diffusi presso tutti gli enti statali ed erano stati inviati direttamente alla polizia di frontiera.

Per soddisfare le sue richieste ed evitare che mi denunciasse alle autorità, dovetti vendere i miei quadri e farmi prestare soldi da chiunque conoscessi; all'ultimo momento quell'individuo escogitò un ulteriore piano per pretendere cinquantamila dollari come riscatto di Fay! Tornerò più avanti su questa storia squallida.

Sono lieta di riferirti che, tra il personale di Baladiyat, almeno un'anima buona c'era: quel giovane medico, il dottor Hadi Hameed, chiamò il numero telefonico che avevo tracciato nella polvere sulla fodera di plastica del lettino.

Oltre alla protezione dei miei figli, due soli impegni irrinunciabili mi trattenevano a Baghdad mentre preparavo la fuga: dovevo contattare le famiglie delle donne-ombra e fare visita per l'ultima volta alla tomba di mio padre.

Passai il primo giorno dopo il rilascio da Baladiyat a tranquillizzare i miei poveri ragazzi; il secondo lo dedicai a cercare di mettermi in contatto con i parenti delle compagne di cella. Il terzo, andai a prendere commiato da mio padre.

Samira, ti credetti quando mi dicesti che il telefono di casa di ogni prigioniero sarebbe stato tenuto sotto controllo; perciò, ritenendo assai probabile che anche il mio lo fosse, andai nell'unico luogo di Baghdad che vanti un telefono a pagamento, il vecchio *Alwiya Club*, il circolo sociale in piazza Al-Firdus situato presso gli hotel *Sheraton* e *Meridian*, che fu fondato nel 1924 dagli inglesi. In quei giorni pochi iracheni venivano ammessi al club; naturalmente, Jafar, Nuri e Sati facevano parte delle rare eccezioni. Dato che i miei famigliari si collocavano fra i più in vista dei primi soci, spesso vi avevo avuto accesso.

Un telefonista pagato dallo Stato ascolta tutte le comunicazioni telefoniche, ma i ragazzi e io avevamo un piano. (Dopo avere saputo delle donne-ombra ancora detenute nella cella 52, i miei figli insistettero per aiutarmi. Glielo permisi, nonostante il rischio: se a Baladiyat avevo imparato un'unica lezione, era che ogni iracheno dovrebbe lottare contro la tirannia di Saddam, in ogni modo possibile.)

Pochi giorni prima del mio arresto avevo dato la festa per il sedicesimo compleanno di Fay all'*Alwiya Club*. Fay e Ali avevano fatto amicizia con alcuni membri del personale, compresi il portiere e il bagnino. Sapevo che per fare le mie chiamate avrei avuto bisogno di una diversione, perciò preparai una bella torta, invitando i ragazzi a offrirne un po' all'operatore che ascolta le telefonate. Loro radunarono il personale del circolo e, quando udii una rumorosa conversazione e scoppi di risa, scivolai via.

Telefonai per prima alla madre di Sara e, con mio grande sollievo, rispose subito. Le dissi: «Sara è ad Amin Al-Amma. Venda la terra. Corrompa una guardia. Tiri fuori sua figlia di lì. *Adesso*. Ha bisogno di lei».

La signora emise un grido di sgomento, poi mi domandò: «Mia figlia sta bene?»

«Deve tirarla fuori», insistetti. «Sara deve uscire, e presto.» Poi, ricordando il tuo avvertimento di essere breve, aggiunsi un'ultima cosa prima di riagganciare: «Sara dice che la chiave di casa è sotto il vaso giallo vicino al cactus».

Sebbene desiderassi arrischiare un lungo discorso, o addirittura fare visita a quella donna per spiegarle quanto fosse importante che agisse in fretta, prima che Sara morisse sotto le torture, mi costrinsi a interrompere la comunicazione.

Quindi proseguii secondo l'elenco, chiamando ogni numero che ricordavo. Come rammenterai, quel mattino il mio rilascio fu così improvviso che non riuscii a imparare i numeri di Asia, Hayat e Anwar. A volte mi risposero bambini che non capivano e che rifiutarono di chiamare qualcuno all'apparecchio; ad altre risposero adulti spaventati, i quali riagganciarono nell'istante in cui si accorsero che un'ex detenuta stava facendo una telefonata proibita. Sono dolente di riferirti che stabilii un contatto affidabile solo con cinque famiglie.

Samira, sono costernata di doverti dire che il tuo numero di telefono non è più attivo. Non mi è stato possibile contattare nessuno per te: questo è uno dei motivi per cui sono sempre stata così in ansia per la tua salvezza.

Il terzo giorno dopo essere uscita da Baladiyat andai sulla tomba di mio padre. Si trova al cimitero di Bab Al-Muaadam, non lontano dalla casa della mia infanzia. Nel corso degli anni, di rado mi sono recata là, perché per me è un luogo molto triste. Anche dopo tanto tempo, trovo difficile credere che papà sia un cadavere che giace in una tomba, sottoterra; nonostante il mio dolore, avvertivo però un'impellente necessità di dirgli addio, perché sapevo che non sarei più tornata in Iraq finché Saddam fosse rimasto al potere, e ciò poteva significare anche tutta la vita.

Dopo avere preso congedo da mio padre e avere recitato le preghiere per la sua anima, tornai a casa e cominciai a preparare seriamente la fuga.

Quanta amarezza in quella partenza, Samira. Fui costretta a risposare Salam, dato che non mi era consentito uscire dal Paese senza un certificato di matrimonio, e per me fu un trauma tale che mi rifiuto di pensarci: feci ciò che dovevo per salvare i ragazzi e me.

Subito dopo dovetti comprarmi una via d'uscita dall'Iraq. Mamun mi estorceva denaro per ogni piccola cosa. Quando pretese una grossa cifra per far scappare Fay, ero disperata. Temevo di dover restare con lei in Iraq, correndo così un serio rischio di essere arrestata una seconda volta; Fay, però, aveva così paura che le fossi nuovamente strappata che insistette per rimanere con la famiglia di suo padre, mentre io fuggivo. M'incoraggiò a filarmela, sostenendo che, una volta giunta sana e salva ad Amman, avrei potuto trovare il modo di farla riunire a noi.

Ero in un dilemma terribile, proprio come il buon dottore di Baladiyat: il cervello mi diceva di partire, ma il cuore mi sollecitava a restare. Un conflitto lacerante, e non sapevo che cosa fare. Poi avvenne un piccolo miracolo. Tu, Samira, venisti da me in sogno, una notte, esortandomi a fuggire: «Va', Mayada. Prendi con te tuo figlio Ali, poi tratta per Fay da una posizione più forte. In prigione non puoi fare niente per loro». Mentre la tua immagine svaniva lentamente, udivo ancora la tua voce: «Scappa, Mayada, scappa».

Per quanto inorridita dal dovermi lasciare dietro Fay, sentivo che il sogno era un presagio veritiero. Compresi che volevi avvertirmi di non rischiare di tornare a Baladiyat, ammonendomi che non sarei sopravvissuta a un secondo soggiorno. Ben sapendo che sei la donna più saggia di questo mondo, decisi che era meglio dare retta al tuo consiglio, anche se mi era giunto nel sonno. Ero certa che, se solo avessi potuto lasciare il Paese, sarei riuscita a smuovere le montagne.

Samira, il giorno più triste della mia vita fu quando andai alla stazione dei pullman di Al-Nahda, per prenderne uno alla volta di Amman. Quel posto era pieno di gente e di venditori ambulanti, e le pareti erano coperte di odiosi ritratti di Saddam. Vidi una dozzina di cartelli che rammentavano agli iracheni di lavarsi la faccia al mattino e i denti la sera: quegli slogan puerili mi irritarono al punto che avrei preso volentieri a schiaffi qualcuno, preferibilmente il baathista che li aveva incollati. La stazione era gremita di famiglie cariche di bagagli cenciosi: da tante scatole e valigie appariva palese che la maggior parte della gente se ne andava in cerca di fortuna. Ma chi poteva biasimarla?

Immagina il nostro terrore quando la porta si spalancò ed entrò Uday Saddam Hussein, seguito dai suoi tirapiedi. Sebbene si sorreggesse appoggiandosi a un bastone, teneva al guinzaglio un'enorme tigre asiatica. Tutti i presenti si spingevano per tenersi alla larga dalla pericolosa creatura, che ruggiva scoprendo le temibili zanne. Avevo una gran paura che Uday la liberasse tra la folla: avevo sentito di parecchi, i quali, mentre mangiavano in un ristorante di Baghdad, se l'erano dovuta vedere con le tigri del figlio del dittatore. Un tale mi aveva raccontato che l'unica cosa che lo aveva salvato era stato il suo costoso piatto di agnello, che, disperato, aveva gettato nelle fauci della belva.

Rimasi a bocca aperta vicino ai miei bagagli: non riuscivo a credere che, dopo essere scampata a tante esperienze terribili, potessi essere sbranata da una tigre nella stazione degli autobus di Al-Nahda. Stranamente, Uday tenne l'animale al guinzaglio, anche se due uomini che difendevano la loro famiglia furono feriti dagli artigli della sua grossa zampa.

Il figlio di Saddam attraversò la stazione zoppicando, sputando addosso alla gente e urlando: chiamava traditore chiunque lasciasse l'Iraq. Per fortuna Ali e io ci trovavamo in fondo a una lunga fila e quel pazzo non giunse fino a noi; mi terrorizzava, però, che Fay potesse essere aggredita, dato che lei e il padre erano rimasti separati da noi dalla ressa che si spintonava freneticamente. Ma non accadde.

Uday sbraitò finché non fu stanco, poi lasciò l'edificio. Allora tutti diedero l'assalto ai pullman, ringraziando Dio di essere sopravvissuti un altro giorno in quello zoo che era ormai la nostra patria.

Ali e io prendemmo finalmente posto sull'autobus; le lacrime mi accecavano mentre salutavo con la mano mia figlia, che piangeva a dirotto. Il mio povero bambino, che allora aveva solo dodici anni, era disperato per non avere potuto salutare un solo amico. Purtroppo, Salam doveva viaggiare con noi, rendendo ancora più sgradevole il tragitto verso Amman.

Mio figlio e io eravamo sconvolti dal dolore e dalla confusione, ma anche dal sollievo, e a malapena scambiammo qualche parola. Guardai dal finestrino per ore, fissando il deserto sfilare sotto i miei occhi, ipnotizzata dallo scintillio della sabbia che luccicava come perle sotto la luna. Pensai che la terra rimane sempre uguale, qualunque cosa accada agli esseri umani che la popolano.

Mentre ci avvicinavamo alla frontiera, avvertii gli stessi dolori al petto di cui avevo sofferto la prima notte a Baladiyat. Sapevo che Mamun era capacissimo di avermi ingannata: e se avesse avvertito le autorità di frontiera che una certa Mayada Al-Askari stava uscendo illegalmente dal Paese? In tal caso, Samira, sapevo che Ali e io saremmo stati rinchiusi in quella medesima prigione di Ramadi nella quale fosti detenuta prima di essere trasferita a Baladiyat. Non so descrivere la paura che mi attanagliava la gola quando la guardia di frontiera mi domandò: «Perché lascia l'Iraq?» «Mia madre è malata e vado ad Amman per assisterla», mentii. Salam se ne stava lì a sogghignare, senza fornire alcun sostegno alla mia versione. L'agente mi fissò come se fossi un'assassina, poi però mi timbrò il passaporto, e fummo liberi.

Dopo che entrammo in Giordania, un peso enorme mi cadde dal cuore. Ero scappata, ce l'avevo fatta. Ora, mi dissi, potevo dedicare tutte le energie a trovare il denaro per comprare anche la fuga di Fay.

Mi duole dirti che Salam fece ritorno a Baghdad senza concedermi il divorzio, come aveva promesso.

Tuttavia, Samira, ad Amman trovai ad aspettarmi amarezze ancora peggiori.

Dopo l'orribile periodo passato in prigione e l'ansia procuratami dal piano di fuga per lasciare l'Iraq, fu meraviglioso rivedere mia madre, la donna dall'animo più risoluto che sia mai esistita. Eppure, dovetti affrontare parecchi problemi seri.

Ormai priva dei privilegi di cui avevo sempre goduto in quanto nipote di Sati Al-Husri e di Jafar Al-Askari, le mie possibilità erano limitate da risorse economiche sempre più magre. Per anni la mamma aveva speso moltissimo per me e i miei figli, e sapevo che adesso doveva pensare a come tirare avanti e alla vecchiaia; di conseguenza, non potei chiederle un aiuto. Finii con il ritrovarmi in gravissime difficoltà, nel tentativo di pagare gli studi di Ali e nello stesso tempo di trovare la cifra per il riscatto di Fay. Avevo infatti appreso che Mamun continuava a ricattarla, minacciandola che avrebbe passato guai seri se le autorità avessero scoperto che io ero fuggita.

Per fortuna, la mia vita è sempre stata un alternarsi di miracoli e di tragedie. Circa un anno dopo, proprio mentre ero sul punto di rinunciare, accadde un altro evento inaspettato: un caro amico seppe del mio problema e mi diede venticinquemila dollari. Mamun accettò volentieri la somma, e presto mia figlia mi raggiunse.

Fay, Ali e la loro mamma erano di nuovo insieme.

Poi fui colpita da un'altra disgrazia. Poco dopo l'arrivo di Fay, a mia madre fu diagnosticato un tumore al seno. Aveva settantasette anni, sebbene ne dimostrasse una quarantina e la sua vita avesse i ritmi di quella di una donna giovane. La malattia fu uno choc per lei, e anche per me. Purtroppo il cancro si diffuse con rapidità, e io la curai per un lungo, terribile anno. Soffriva molto, ma quando spirò ero accanto a lei, e questo mi conforta.

Dopo tutte queste morti, e con mia sorella che abitava lontano, in Tunisia, la nostra famiglia era ormai ridotta a tre persone. Mentre ci battevamo contro tante difficoltà, eravamo comunque felici di essere insieme, liberi, in Giordania. Poche erano le cose capaci di spegnere per molto tempo la nostra gioia.

Sul fronte politico, cominciò a fermentare qualcosa di inconsueto: nuovi discorsi sulla liberazione dell'Iraq. Quando il presidente americano George Bush e il primo ministro britannico Tony Blair si misero a parlare per primi di liberare il Paese da Saddam Hussein, pensammo che fossero le solite, logore chiacchiere che avevamo già sentito molte volte in precedenza.

Ora, però, dopo pochissime settimane di guerra, i miei compatrioti iracheni sono stati liberati.

Calde lacrime mi scorrono sul viso quando mi si riaffaccia alla mente la visione della cella 52; tuttavia, attendo ancora un altro miracolo, il miracolo che tu e le altre siate sopravvissute.

Ti prometto che, appena sarà sicuro per me lasciare i miei figli e tornare in Iraq, verrò a cercarvi. Se sei ancora viva, un giorno sarò felice con te e con tutte le donne-ombra che ho avuto la ventura di conoscere e amare.

Attendo quel momento con grande ansia.

La tua carissima amica

Mayada

Dopo avere firmato la lettera a Samira, Mayada si alzò dalla poltrona, dirigendosi all'estremità della terrazza. Appoggiando i gomiti alla balaustra, guardò pensierosa verso levante, verso l'Iraq. Adesso, per la prima volta dopo quattro anni, sarebbe potuta tornare a casa. Dopo la notte più oscura, il sole si era levato in trionfo sulla sua patria. Assaporando la più completa libertà, si sentiva quanto più vicina possibile alla felicità totale.

Al di là del tumulto della guerra e della recente vittoria, riusciva ad avvertire la presenza di Sati Al-Husri e di Jafar Al-Askari. Entrambi quei grandi uomini avevano servito il loro Paese molto tempo prima, nel corso di un altro periodo cruciale; Mayada sperava che ci fossero altri dall'animo altrettanto nobile, che amassero sinceramente l'Iraq, capaci di essere all'altezza di quel momento storico e di lavorare per il bene futuro della loro patria.

Nella storia dell'Iraq moderno, questa è stata solo la seconda volta che nel libro della nazione si è aperta una pagina bianca, una pagina sulla quale la storia attende di essere scritta e sulla quale verrà delineato l'avvenire.

Guardando verso est, Mayada pregò: «Possa Dio guidare la mano di chi scriverà su quella pagina bianca».

Appendice 1

Estratto del discorso tenuto il 14 giugno 1921 alla Camera dei Comuni dall'onorevole Winston Churchill

L'esercito arabo si è già parzialmente costituito sotto la supervisione di Jafar Pasha, attuale segretario di Stato per la guerra della Mesopotamia. Non so se il Consiglio ha presente la romantica carriera di quest'uomo. Non dubito che il mio onorevole e valoroso amico, membro della divisione Wrekin (sir C. Townshend), lo conosca bene. Iniziò la guerra combattendo contro di noi ai Dardanelli, e si guadagnò una Croce di Ferro tedesca. Fu quindi trasferito nel Deserto Occidentale, dove comandò contro di noi l'esercito dei senussi. Combatté, credo, tre battaglie, in due delle quali riportò la vittoria; la terza, però, si risolse sfavorevolmente per lui, che fu ferito, inseguito dalla Dorsetshire Yeomanry e infine catturato in campo aperto, condotto al Cairo come prigioniero di guerra e rinchiuso nella cittadella. Tentò di fuggire ma, essendo piuttosto corpulento, la corda con la quale si calò dalle mura della cittadella si ruppe, facendolo precipitare in un fosso, dove si ruppe una gamba. Mentre, in ospedale, guariva dalle ferite, lesse sui giornali che re Hussein, sceriffo della Mecca, aveva dichiarato guerra ai turchi, e si accorse immediatamente di trovarsi dall'altro lato rispetto a quello in cui fino ad allora aveva creduto di essere. Si offrì pertanto ai capi arabi della Mecca e, dopo qualche perplessità, gli fu affidato un comando nel loro esercito. Molto presto raggiunse posizioni di grande fiducia, distinguendosi altamente nei combattimenti svoltisi nei successivi due anni. Fu infine insignito dell'Ordine di San Michele e San Giorgio da parte di lord Allenby, in un quadrato di soldati britannici composto quasi per intero da quella stessa Dorsetshire Yeomanry che lo aveva sconfitto. Questa è la personalità del ministro della guerra della Mesopotamia, che ovviamente è un fedele seguace dello sceriffo della Mecca.

The Times (Londra)
Necrologio
Jafar Pasha
SOLDATO E DIPLOMATICO IRACHENO

Il generale Jafar Pasha Al-Askari, ministro della Difesa iracheno, che fu ucciso martedì scorso dopo il *coup d'état*, aveva compiuto una straordinaria carriera in guerra, dapprima contro e poi a fianco degli inglesi. Fu per due volte rappresentante iracheno a Londra, e per cinque ministro della Difesa nel governo iracheno. Fu un soldato abile, cortese, competente, un buon organizzatore, un diplomatico prudente, nonché un compagno affettuoso e divertente, che ebbe molti amici in questo Paese.

Pasha era originario di Baghdad. Era nato nel 1880 e fu educato nell'Accademia militare turca di Costantinopoli.

Durante la guerra, nel corso della quale ottenne la Croce di Ferro tedesca, fu scelto da Damad Enver Pasha per il difficile compito di organizzare i senussi in Libia (che all'epoca non si erano ancora assoggettati al dominio dell'Italia, impadronitasi di quella provincia con la guerra contro la Turchia del 1912), in modo da minacciare l'Egitto dal Deserto Occidentale. Fu rischiosamente sbarcato sulla costa libica da un sommergibile tedesco e persuase i senussi ad accettare la sua autorità e obbedire ai suoi ordini. Da allora in poi, per qualche tempo seppe condurre contro gli inglesi una vittoriosa guerra nel deserto, finché venne sconfitto e catturato dalla Dorsetshire Yeomanry nel corso di un combattimento ad Agagia, il 26 febbraio 1916.

In quanto prigioniero di guerra fu rinchiuso nella cittadella del Cairo. Una notte fabbricò una corda di coperte annodate e fu sul punto di evadere; però una coperta si spezzò per il grande peso del Pasha, che nella caduta riportò alla gamba una lesione talmente seria da impedirgli di fuggire. Aveva però stabilito ottimi rapporti con i carcerieri, e insistette per pagare la coperta strappata. Appena guarito dalla ferita fu rilasciato sulla parola e, quando apprese dello scoppio della rivolta araba contro i turchi, si unì all'esercito di re Hussein dell'Higiaz, prestando servizio con l'emiro Faysal e con Lawrence alla testa delle truppe regolari nella campagna che portò alla conquista di Damasco.

Prima della conclusione di quella campagna Pasha fu decorato dal generale Allenby presso il quartier generale di Bir Salem, in Palestina, al centro di un quadrato composto dagli uomini che lo avevano catturato, la Dorsetshire Yeomanry, la cui rappresentanza come guardia d'onore in quella circostanza rallegrò molto Jafar, il quale aveva uno spiccato senso dell'umorismo e insistette per portare la Croce di Ferro durante la cerimonia.

Dopo la presa di Aleppo ne fu nominato governatore e, quando l'emiro Faysal divenne re dell'Iraq, fu ministro della Difesa in due governi presieduti dal naqib di Baghdad, dall'agosto 1921 al novembre 1922. Fu quindi nominato primo rappresentante iracheno alla Corte di San Giacomo, e con tali funzioni prese parte alla Conferenza di pace di Losanna, dove la sua presenza, gioviale e vistosa, produsse una profonda impressione sui diplomatici e su tutti i convenuti.

Nel novembre del 1923 re Faysal lo richiamò a Baghdad per nominarlo primo ministro fino all'agosto 1924, quando fece ritorno alla sua legazione a Londra. Fu nuovamente primo ministro, nonché ministro degli Esteri dal novembre 1926 al gennaio 1928 e, durante il viaggio verso Londra, nel marzo di quell'anno, per poco non fu catturato dai predoni wahabi, quando il suo aereo subì un ritardo a Ramadi. Tornato a Londra, Pasha studiò legge e il 15 gennaio 1930 fu iscritto all'albo degli avvocati britannici. Il mese successivo fu ospite, insieme con lord Allenby, di un banchetto commemorativo della Dorsetshire Yeomanry, per la quale nutriva la più alta stima, e nel marzo 1930 fu ancora richiamato in Iraq in qualità di ministro della Difesa fino all'ottobre 1932, in due governi presieduti dal generale Nuri Pasha es Said, del quale Pasha aveva sposato la sorella. Ancora una volta Jafar divenne rappresentante a Londra, dove amava molto risiedere, dal novembre 1932 al dicembre 1934, quando, nominato senatore, fece ritorno in patria. Nel marzo 1935 entrò a far parte del governo nel quale ha da poco trovato la morte, in qualità di ministro della Difesa, carica da lui ricoperta per la quinta volta.

Appendice 2

Capi di Stato succedutisi dalla fondazione dell'Iraq, avvenuta nel 1921

Re Faysal I (1921-33) Morto per disturbi cardiaci

Re Ghazi I (1933-39) Morto in un incidente d'auto

Re Faysal II (1939-58) Assassinato

Abdul Karim Kassem (1958-63) Assassinato

Abdul-Salam Arif (1963-66) Morto in un incidente in elicottero

Abdul-Rahman Arif (1966-68) Ancora vivente nel 2003

Ahmed Hassan al-Bakir (1968-79) Morto nel 1982 per cause naturali

Saddam Hussein (1979-2003) Catturato dalle forze statunitensi nel dicembre 2003 a Tikrit, è prigioniero di guerra

Aprile 1920 La Conferenza di pace di Sanremo fra le potenze alleate conferma il mandato franco-inglese sul Medio Oriente.

23 agosto 1921 Re Faysal viene incoronato sovrano dell'Iraq. Il nonno paterno di Mayada, Jafar Al-Askari, è nominato ministro della Difesa. Il nonno materno, Sati Al-Husri, diviene consigliere culturale di re Faysal. Lo zio paterno, Nuri Pasha Al-Said, è capo di Stato Maggiore.

1927 Gli inglesi scoprono il petrolio a Kirkuk.

16 novembre 1930 Ratifica del trattato anglo-iracheno da parte di Nuri Pasha Al-Said.

Ottobre 1932 Concessione formale dell'indipendenza all'Iraq.

8 settembre 1933 Morte di re Faysal I. Il nuovo sovrano è il figlio Ghazi.

Ottobre 1936 Il nonno di Mayada, Jafar Pasha Al-Askari, viene ucciso.

11 agosto 1937 Il generale Bakr Sidqi è ucciso a Mosul.

Dicembre 1938 Nuri Pasha Al-Said è nominato primo ministro.

Aprile 1939 Re Ghazi I muore in un incidente d'auto. Gli succede il figlio di quattro anni, Faysal II; il principe Abd al-Allah è nominato reggente.

1° aprile 1941 Nuri Al-Said e il sovrano di sei anni sono costretti alla fuga da un colpo di stato militare.

Giugno 1941 Scoppiano disordini a Baghdad. Pogrom contro gli ebrei iracheni, con danni e vittime.

14 luglio 1958 Colpo di stato militare guidato da Abdul Karim Kassem. Faysal II, i membri della famiglia regnante e il primo ministro Nuri Al-Said vengono uccisi.

7 ottobre 1959 Fallisce il primo colpo di stato baathista. Saddam Hussein fugge in Egitto.

19 giugno 1961 Il Kuwait proclama l'indipendenza dalla Gran Bretagna.

8 febbraio 1963 Colpo di stato baathista.

18 novembre 1963 Un contro-colpo di stato rovescia il partito Baath.

17 luglio 1968 Dopo ripetuti colpi di stato, Ahmed Hassan al-Bakir riporta al potere i baathisti. Saddam Hussein è la seconda carica dello Stato, in qualità di suo vice, ma è lui il vero padrone dell'Iraq.

16 luglio 1979 Saddam Hussein sostituisce Ahmed Hassan al-Bakir come presidente. Purga nel partito Baath: numerosi membri vengono condannati alla pena capitale (Bakir morirà nel 1982).

1° aprile 1980 Il partito filoiraniano al-Dawa cerca di uccidere Tareq Aziz, il viceprimoministro. L'Iraq accusa dell'attentato l'Iran. Saddam Hussein espelle dal territorio iracheno gli sciiti di origine iraniana.

Settembre 1980 Guerra fra Iran e Iraq.

7 giugno 1981 Israele bombarda l'impianto nucleare iracheno di Osirak, presso Baghdad.

21 maggio 1987 L'*USS Stark* viene attaccata nel Golfo Persico, con trentasette morti. Gli Stati Uniti accusano l'Iran, sebbene la nave sia stata colpita da due missili iracheni.

1987 Saddam Hussein impiega armi chimiche contro i villaggi curdi, uccidendo migliaia di persone.

Febbraio 1988 L'Iran e l'Iraq riprendono la «guerra delle città», attaccando le rispettive popolazioni civili.

16 marzo 1988 L'Iraq impiega nuovamente armi chimiche contro i curdi, sterminando altre migliaia di persone.

3 luglio 1988 Un aereo di linea iraniano è abbattuto dall'*USS Vincennes*: duecentonovanta civili trovano la morte.

20 agosto 1988 Formale cessate il fuoco nella guerra Iran-Iraq.

Settembre 1989 Farzad Bazoft, un giornalista inglese, è accusato di spionaggio e impiccato a Baghdad.

2 agosto 1990 L'Iraq invade il Kuwait. La Risoluzione dell'ONU n. 660 impone a Saddam Hussein di ritirare le sue truppe.

8 agosto 1990 L'Iraq annette il Kuwait come diciannovesima provincia.

17 gennaio 1991 Ha inizio l'operazione «Tempesta nel deserto».

28 febbraio 1991 Cessate il fuoco.

3 aprile 1991 La Risoluzione n. 687 del Consiglio di sicurezza dell'ONU stabilisce i termini della pace. Inizio delle sanzioni economiche e del disarmo dell'Iraq.

12 dicembre 1996 Uday, il figlio maggiore di Saddam, rimane gravemente ferito in un tentativo di assassinarlo.

1° novembre 1998 Tutti gli ispettori delle Nazioni Unite si ritirano dall'Iraq.

30 gennaio 2002 Il presidente George Bush dichiara l'Iraq parte dell'«asse del male» nel suo discorso sullo stato dell'Unione.

12 settembre 2002 Bush invita ad agire contro l'Iraq, che dichiara di acconsentire che gli ispettori internazionali incaricati della ricerca di armi «ritornino senza condizioni».

10 ottobre 2002 L'Assemblea generale dell'ONU vota una risoluzione congiunta che autorizza l'uso della forza contro l'Iraq.

16 ottobre 2002 L'Iraq rinnova la sua proposta agli ispettori delle Nazioni Unite. Saddam Hussein si assicura un altro mandato presidenziale di sette anni, ricevendo il 100% dei voti.

28 gennaio 2003 Il presidente Bush afferma che Saddam non sta disarmando.

5 febbraio 2003 Il segretario di Stato Colin Powell utilizza fotografie satellitari nel tentativo di imporsi all'opinione pubblica internazionale durante una riunione del Consiglio di sicurezza delle Nazioni Unite.

5 marzo 2003 Francia, Germania e Russia rilasciano una dichiarazione congiunta, affermando di non volere che l'azione militare contro l'Iraq sia approvata dall'ONU.

7 marzo 2003 Convegno alle Azzorre fra Stati Uniti, Gran Bretagna, Spagna e Portogallo per stabilire un ultimatum alla diplomazia. I capi di Stato ammoniscono che la guerra può iniziare da un momento all'altro.

17 marzo 2003 USA e Gran Bretagna ritirano la bozza di risoluzione al Consiglio di sicurezza. Gli ispettori dell'ONU ricevono l'avviso di lasciare l'Iraq. Il presidente Bush impone un ultimatum a Saddam Hussein: al dittatore iracheno vengono concesse quarantotto ore per lasciare il Paese.

20 marzo 2003 Le forze della coalizione lanciano un «attacco di opportunità» contro obiettivi specifici in Iraq.

21 marzo 2003 Le truppe terrestri della coalizione entrano in Iraq.

25 marzo 2003 Le forze della coalizione, per lo più inglesi, affrontano combattimenti contro la guardia nazionale irachena a Bassora, la seconda città dell'Iraq.

2 aprile 2003 Le truppe statunitensi arrivano alla periferia di Baghdad.

3 aprile 2003 Le forze USA assumono il controllo dell'aeroporto internazionale Saddam Hussein, a sud di Baghdad.

9 aprile 2003 La capitale irachena cade nelle mani degli americani. Le statue di Saddam Hussein vengono abbattute.

13 aprile 2003 Tikrit, la città natale di Saddam, è occupata dalle truppe statunitensi.

15 aprile 2003 I membri della coalizione dichiarano la fine delle ostilità.

Dati relativi all'Iraq

Forma di governo: Al momento della pubblicazione, l'Iraq si prepara al ritorno alla democrazia.

Popolazione: 24 milioni di abitanti.

Capitale: Baghdad.

Popolazione della capitale: 5 milioni di abitanti.

Estensione: 434.128 km^2.

Lingue parlate: arabo, armeno, siriano, curdo.

Religione: 95% musulmani (60% sciiti, 35% sunniti), 5% cristiani.

Durata media della vita: 58 anni.

Alfabetizzazione: 60%.

Risorse economiche: petrolio, frumento, riso, ortaggi, datteri, cotone, bovini, ovini.

Dati relativi ai paesi vicini

Iran

Forma di governo: repubblica islamica.

Popolazione: 65 milioni di abitanti.

Capitale: Teheran.

Popolazione della capitale: 7 milioni di abitanti.

Estensione: 1.645.258 km^2.

Lingue parlate: persiano, turco, curdo, arabo e vari altri idiomi.

Religione: 99% musulmani (90% sciiti, 9% sunniti), 1% cristiani.

Durata media della vita: 69 anni.

Alfabetizzazione: 72%.

Risorse economiche: petrolio, industria tessile, cemento, frumento, riso, cereali, barbabietole da zucchero, frutta, frutta secca, latticini, lana, caviale, cotone.

Giordania

Forma di governo: monarchia costituzionale.
Popolazione: 5.300.000 abitanti.
Capitale: Amman.
Popolazione della capitale: 1.182.000 abitanti.
Estensione: 89.342 km^2.
Lingue parlate: arabo, inglese.
Religione: 96% musulmani (a maggioranza sunnita), 4% cristiani.
Durata media della vita: 70 anni.
Alfabetizzazione: 86,5%.
Risorse economiche: miniere di fosfati, raffinerie petrolifere, cemento, industria meccanica leggera, turismo, frumento, orzo, pomodori, meloni, olive, pecore, capre, pollame.

Kuwait

Forma di governo: emirato costituzionale.
Popolazione: 2.300.000 abitanti.
Capitale: Kuwait City.
Popolazione della capitale: 850.000 abitanti.
Estensione: 17.818 km^2.
Lingue parlate: arabo, inglese.
Religione: 85% musulmani (60% sunniti, 25% sciiti), 15% altre (cristiani e indù).

Durata media della vita: 77 anni.
Alfabetizzazione: 78,5%.
Risorse economiche: petrolio, industria alimentare, pesca.

Arabia Saudita

Forma di governo: monarchia.
Popolazione: 24.000.000 abitanti.
Capitale: Riyadh.
Popolazione della capitale: 4.700.000 abitanti.
Estensione: 2.248.000 km^2.
Lingue parlate: arabo.
Religione: 100% musulmani (94% sunniti, 6% sciiti).
Durata media della vita: 72 anni.
Alfabetizzazione: 78%.
Risorse economiche: petrolio, estrazione del greggio, cemento, edilizia, fertilizzanti, materie plastiche, frumento, orzo, datteri, ovini, pollame, uova, latte.

Siria

Forma di governo: dittatura.
Popolazione: 17.500.000 abitanti.
Capitale: Damasco.
Popolazione della capitale: 2.200.000 abitanti.
Estensione: 185.180 km^2.
Lingue parlate: arabo, armeno, aramaico, francese, curdo.
Religione: 89% musulmani (per lo più sunniti; drusi; 12% alauiti), 10% cristiani.
Durata media della vita: 70 anni.
Alfabetizzazione: 71%.

Risorse economiche: petrolio, industria tessile, bevande, tabacco, industria estrattiva, cotone, lenticchie, ceci, olive, ovini, pollame.

Turchia

Forma di governo: democrazia.

Popolazione: 67.500.000 abitanti.

Capitale: Ankara.

Popolazione della capitale: 3.200.000 abitanti.

Estensione: 755.688 km^2.

Lingue parlate: turco, curdo, arabo, greco, armeno.

Religione: 97% musulmani (per lo più sunniti), 1% cristiani.

Durata media della vita: 69 anni.

Alfabetizzazione: 85%.

Risorse economiche: industria tessile, estrattiva, siderurgica, petrolifera, legname da costruzione, carta, tabacco, olive, bestiame.

Glossario

Al-Askari, Jafar Pasha (1885-1936): nonno paterno di Mayada Al-Askari. Jafar proveniva da un'importante famiglia di Baghdad. Durante la prima guerra mondiale combatté con re Faysal e Lawrence d'Arabia alla testa delle truppe regolari dell'Higiaz. Dopo il conflitto fu al servizio dei re Faysal I e Ghazi I in svariati incarichi governativi, fra cui quello di rappresentante dell'Iraq in Gran Bretagna, di ministro della Difesa e di primo ministro. Fu assassinato nel 1936, mentre proteggeva re Ghazi I.

Al-Faw: penisola della costa irachena del Golfo Persico. Durante la guerra Iran-Iraq e la seconda guerra del Golfo fu teatro di combattimenti presso le stazioni terminali sul mare degli oleodotti.

Al-Husri, Sati (1879-1969): nonno materno di Mayada Al-Askari, fu uno dei primi nazionalisti arabi, persuaso che quella fosse l'unica via capace di portare gli arabi fuori dal colonialismo e dall'imperialismo. Fu professore, scrittore e ministro, nonché amico personale di re Faysal I, che servì svolgendo diversi incarichi governativi. Su Sati Al-Husri sono stati scritti oltre un centinaio fra libri e articoli; oggi tutti i Paesi arabi hanno una strada, una scuola o un edificio pubblico intitolato a quel grande uomo.

Al-Sa'ud: dinastia regnante dell'Arabia Saudita.

Amman: capitale della Giordania, con una popolazione di 1.182.000 abitanti.

Arabo: gruppo linguistico comprendente circa 260 milioni di persone, che gli studiosi ritengono originario della regione dell'Higiaz, in Arabia Saudita. Tutti gli iracheni, tranne i curdi, sono arabi.

Armeni: antico popolo indoeuropeo originario della Turchia orientale. Nell'attuale Medio Oriente, gli armeni vivono soprattutto in Iran e nel Libano.

Assiri: invasori che fondarono un impero in Mesopotamia dal 1200 al 612 a.C.

Ayatollah Ruhollah Khomeini (1900-89): leader religioso della setta musulmana degli sciiti, il quale svolse una funzione determinante nel rovesciamento dello scià di Persia, nel 1979. Khomeini rimase al potere in Iran fino alla morte.

Aziz, Tareq: uomo politico iracheno, cattolico, originario di Mosul. Membro del partito Baath, è stato viceprimoministro di Saddam Hussein. Nel 2003 è stato arrestato dalle forze della coalizione.

Baath: il partito arabo Baath della rinascita socialista fu fondato il 7 aprile 1947 da Michel Aflaq e Salah ad-Din al-Bitar, due studenti universitari siriani. Le sue dottrine comprendono l'adesione al socialismo, la libertà politica e l'unità panaraba. Un partito baathista è al potere in Siria. In Iraq il Baath crollò nel 2003, quando le forze della coalizione internazionale rovesciarono il regime di Saddam Hussein.

Babilonia: una delle più antiche città del mondo, nonché fra le più importanti dell'antichità. Era situata sul fiume Eufrate, che da allora ha cambiato corso.

Baghdad: capitale dell'Iraq, con una popolazione di 5.000.000 di abitanti. Si trova sul fiume Tigri, e un tempo era considerata il cuore dell'impero arabo, seconda soltanto a Costantinopoli per grandezza e splendore durante il suo periodo d'oro, dal 638 al 1100, quando era un fiorente centro di commerci e di studi filosofici.

Bakir, Hassan (1914-82): presidente baathista dell'Iraq dal 1968 al 1979, cugino di Saddam Hussein.

Bassora: seconda città dell'Iraq per grandezza, situata sullo Shatt al Arab, nella parte meridionale del Paese, nonché cuore della zona sciita.

Beirut: capitale del Libano. Porto principale della nazione; la storia di Beirut risale all'epoca dei fenici.

Codice di Hammurabi: principio giuridico dell'antica Mesopotamia (il moderno Iraq), che assegnava allo Stato, anziché al singolo individuo, la tutela della giustizia contro il crimine.

Corano: libro sacro dell'Islam. Suprema autorità della comunità musulmana, il Corano è la fonte ultima dell'islamismo. È costituito dalle rivelazioni divine ricevute dal profeta Maometto negli ultimi vent'anni della sua vita.

Curdi: i curdi non sono né arabi, né iracheni, né turchi, né persiani, ma fanno parte di un'etnia di venticinque milioni di persone che vive in alcune aree della Turchia, dell'Iran, dell'Iraq e della Siria. Nel 1988 Saddam Hussein condusse accanite campagne militari contro i curdi iracheni, con l'impiego anche di gas asfissianti.

Eufrate: uno dei due principali fiumi dell'Iraq, della Turchia orientale e della Siria settentrionale.

Faysal I (1885-1933): terzo figlio del primo re dell'Higiaz (l'attuale Arabia Saudita), Hussein bin Ali. Faysal nacque a Taif, fu educato a Costantinopoli e si alleò con l'inglese T.E. Lawrence (Lawrence d'Arabia) per combattere contro l'impero ottomano. Divenne re di Siria e Iraq. Fu molto amico di alcuni membri della famiglia di Mayada Al-Askari.

Faysal II (1935-58): unico figlio di Ghazi I. Aveva solo quattro anni quando il padre morì in un incidente d'auto. Il giovane sovrano fu ucciso nella rivoluzione scoppiata il mattino del 14 luglio 1958.

Ghazi I (1912-39): unico figlio di re Faysal I, nacque nell'Higiaz e fu affidato al nonno, re Hussein, mentre il padre combatteva nella prima guerra mondiale. Ghazi morì in circostanze misteriose il 3 aprile 1939, quando andò a urtare un lampione stradale con la sua auto. Era molto amico della madre di Mayada, Salwa Al-Askari.

Guardia repubblicana: truppe scelte irachene, fedelissime a Saddam Hussein, reclutate nella setta sunnita, la fazione al potere in Iraq.

Hashemiti: i sovrani hashemiti provenivano da un'eminente famiglia dell'Arabia Saudita, discendente dal profeta Maometto, che un tempo dominava alcune parti dell'Arabia. Dopo la loro sconfitta militare da parte di Abdul Aziz Al Sa'ud, il capostipite degli attuali regnanti sauditi, gli inglesi nominarono alcuni membri della famiglia re di Iraq, Transgiordania e Siria. Faysal I fu collocato sul trono iracheno. L'attuale sovrano della Giordania, Abdullah, è un hashemita.

Higiaz: regione occidentale dell'Arabia Saudita, luogo di origine dell'Islam. L'Higiaz fu provincia dell'impero ottomano dal 1517 ma, dopo la prima guerra mondiale, diventò un regno indipendente sotto re Ali al-Hussein, il padre di Faysal I. Abdul Aziz bin Rahman bin Sa'ud, il padre dell'attuale monarca saudita, conquistò l'Higiaz nel 1926, proclamandosene sovrano e unificando la regione con quella del Neged, in Arabia Saudita.

Iraq, repubblica dell': nel 1923 un congresso europeo presieduto dai governi inglese e francese diede vita all'attuale Iraq. Il Paese fu costituito unendo le province ottomane di Baghdad, Bassora e Mosul.

Islam: religione fondata dal profeta Maometto. L'Islam enfatizza la sottomissione alla volontà di un Dio unico.

Kuwait: piccolo regno fondato il 19 giugno 1961 e situato alla frontiera meridionale dell'Iraq. Nel 1990 l'Iraq invase il Kuwait, occupando il Paese finché non fu respinto dalle forze della coalizione, durante la guerra del Golfo del 1991. Da allora le relazioni fra Iraq e Kuwait sono tese.

Lawrence d'Arabia (1899-35): Thomas Edward Lawrence crebbe a Oxford, laureandosi al Jesus College con una specializzazione in Architettura militare del Medioevo. Fra il 1911 e il 1913 lavorò in Mesopotamia come archeologo dell'Università di Oxford. In seguito allo scoppio della prima guerra mondiale, fu assegnato ai servizi segreti militari al Cairo. Strinse saldi legami con il principe Faysal (più tardi re Faysal I di Siria e Iraq.) Durante il conflitto Lawrence combatté a fianco degli arabi contro gli eserciti ottomani, diventando buon amico del nonno di Mayada, Jafar, e dello zio di suo padre, Nuri. Per ironia della sorte, dopo essere sopravvissuto a molti gravi rischi in guerra, trovò la morte in un incidente motociclistico in Inghilterra. Lawrence fu autore di numerosi libri di successo sulle sue campagne militari.

Lega araba: Iraq, Egitto, Giordania, Arabia Saudita, Libano, Siria e Yemen formarono la Lega araba come baluardo contro l'espansione sovietica in Medio Oriente.

Lingua araba: l'arabo appartiene alla famiglia delle lingue semite, insieme con gli idiomi fratelli, l'ebraico e l'aramaico. L'arabo si scrive da sinistra verso destra, ed è una lingua scritta a partire dagli inizi del IV secolo d.C.

Madre di tutte le battaglie: espressione coniata da Saddam Hussein per indicare le azioni terrestri durante l'operazione «Tempesta nel deserto». Dopo avere perso la guerra, Saddam la presentò come una vittoria irachena.

Mesopotamia: il termine greco, che significa «la terra tra i fiumi», comprende l'area tra l'Eufrate e il Tigri, dove fecero la loro comparsa le prime civiltà. Attualmente si trova in Iraq.

Moschea: nell'Islam, luogo di culto pubblico.

Mosul: terza città dell'Iraq, con una popolazione stimata di circa 1.400.000 abitanti. Mosul ha una storia antica, e in passato ebbe una grande importanza.

Mukhabarat: il termine è diffuso in tutti i Paesi arabi, e sta a indicare la polizia segreta o i servizi di spionaggio. Sotto il regime dittatoriale di Saddam Hussein, l'Iraq aveva cinque servizi di informazioni, comunemente noti come il Mukhabarat.

Musulmano: aderente alla religione nota come Islam.

Nasser, Gamal Abdul (1918-70): primo leader arabo indipendente dell'Egitto, del quale fu presidente dal 1956 al 1970, quando morì a causa di un infarto. Negli anni Cinquanta Nasser contese ai leader iracheni la supremazia sull'intero mondo arabo. Fu un grande ammiratore di Sati Al-Husri, il nonno materno di Mayada.

Nazionalismo arabo: definito come opposizione al dominio straniero, prima contro gli ottomani, poi contro Gran Bretagna e Francia. Sati Al-Husri fu considerato il più eminente nazionalista arabo.

Operazione «Scudo nel deserto»: schieramento delle forze della coalizione arabo-occidentale in Arabia Saudita, nel 1990 e 1991, allo scopo di espellere dal Kuwait l'esercito di Saddam Hussein.

Operazione «Tempesta nel deserto»: il 16 gennaio 1991 le truppe della coalizione arabo-occidentale diedero inizio a una campagna di bombardamenti sull'Iraq. Il 23 febbraio 1991 fece seguito l'invasione via terra. I combattimenti terrestri durarono solo cento ore, concludendosi con la sconfitta dell'esercito di Saddam.

Ottomano, impero: fondato dai turchi, che comparvero in Anatolia nel 1301, nel 1453 conquistarono Costantinopoli (oggi Istanbul), poi i territori arabi, compreso l'Iraq (nel 1516-17), rimanendovi per quattrocento anni. Dopo avere aderito nella prima guerra mondiale alla Triplice Alleanza, in seguito alla vittoria degli Alleati, nel 1918 l'impero cessò formalmente di esistere. La moderna Turchia fu edificata sulle sue rovine.

Pahlavi, Mohammed Reza scià (1919-80): nato a Teheran, successe al padre, che nel settembre 1941 abdicò a suo favore. Acerrimo nemico del religioso musulmano Khomeini, il quale, dopo che lo scià ebbe lasciato il Paese, il 16 gennaio 1979 fece ritorno in Iran e s'impadronì del potere.

Panarabismo: movimento internazionale che rivendicava la difesa dei diritti arabi e si dedicava alla creazione di uno Stato arabo unitario.

Partito socialista Baath in Iraq: nacque clandestinamente nel 1950, crescendo in dimensioni e rovesciando il governo iracheno nel 1963. Dopo avere perduto il potere in soli sette mesi, i baathisti tornarono al governo nel 1968, rimanendovi fino al 2003.

Saddam Hussein (1937): figlio di un contadino privo di beni che morì ancor prima della sua nascita, fu cresciuto dallo zio e ascese al potere per mezzo del partito Baath, diventando presidente dell'Iraq nel 1979. Saddam non solo istituì in tutto il Paese un regime di terrore, ma aggredì anche i vicini Iran e Kuwait, scatenando la guerra in quell'aerea geografica. La sua dittatura fu rovesciata nel 2003 dalle forze di una coalizione internazionale. È stato tratto in arresto dalle forze americane nel dicembre 2003.

Sciiti: setta islamica in contrasto con i sunniti riguardo, fra l'altro, al successore del profeta Maometto.

Sunniti: setta islamica maggioritaria in termini numerici a livello mondiale.

Trattato di Portsmouth: fu firmato nel 1948 per definire i rapporti fra Gran Bretagna e Iraq. Il trattato, favorevole alla Gran Bretagna, limitava la sovranità irachena e suscitò malcontento nel Paese.

Unione araba: Iraq e Giordania fondarono l'Unione nel 1958, come contraltare alla Repubblica Araba Unita di Siria ed Egitto, dominata da Nasser e fondata lo stesso anno.

Università americana di Beirut: ateneo di Beirut fondato dal dottor Daniel Bliss della Missione protestante americana. Con studenti provenienti da tutto il Medio Oriente, ha contribuito alla formazione di una classe di intellettuali arabi.

Università Al-Azhar: università islamica fondata nel 977 d.C. nella moschea di al-Azhar, al Cairo. È la più antica istituzione al mondo di questo tipo, ed è il principale centro degli studi superiori islamici. Alcuni antenati di Mayada la frequentarono.

Collana «Saggi Paperback»

1. Valeria Della Valle e Giuseppe Patota, *Il Salvalingua*
2. Valeria Della Valle e Giuseppe Patota, *Il Salvatema*
3. Valeria Della Valle e Giuseppe Patota, *Il Salvastile*
5. Nicholas Negroponte, *Essere digitali*
9. Gianni Minà, *Un continente desaparecido*
11. Donald H. Wolfe, *Marilyn Monroe - Storia di un omicidio*
13. Renato Dulbecco, *Scienza, vita e avventura*
14. Ana Tortajada, *Il grido invisibile*
15. Nechama Tec, *Gli ebrei che sfidarono Hitler*
16. Renato Dulbecco, *La mappa della vita*
18. Nicholas Gage, *Fuoco greco*
19. Giampaolo Pansa, *Romanzo di un ingenuo*
20. Raffaele Masto, *In Africa*
21. Jim Garrison, *JFK - Sulle tracce degli assassini*
23. Renata Pisu, *La via della Cina*
24. Giampaolo Pansa, *Le notti dei fuochi*
25. Henry Kissinger, *L'arte della diplomazia*
26. Ulderico Munzi, *Donne di Salò*
27. Stephen King, *On Writing*
28. Hillary Rodham Clinton, *La mia vita, la mia storia*
29. Roberto Ruffino, Marta Bellini, Paolo Mazzanti (a cura di), *Incontri che cambiano il mondo*
30. Fernando Savater con Juan Arias, *La ragione appassionata*
31. N.G.L. Hammond, *Alessandro il Grande*
32. Michael Drosnin, *Howard Hughes*
33. Maurizio Torrealta (a cura di), *Guerra e informazione*
34. Giampaolo Pansa, *Il sangue dei vinti*
35. Umberto Veronesi con Mario Pappagallo, *Una carezza per guarire*
36. Giancarlo Zizola, *L'altro Wojtyla*
37. Eduardo Galeano, *Il libro degli abbracci*
38. Margherita Hack, *Dove nascono le stelle*
39. Giulio Girardi, *Che Guevara visto da un cristiano*
40. Carlo Lorenzo Cazzullo, *Un medico per la libertà*
41. Lynn Picknett, Clive Prince e Stephen Prior, con ulteriori ricerche di Robert Brydon, *Il caso Rudolf Hess*
42. Giampaolo Pansa, *I figli dell'Aquila*
43. Aung San Suu Kyi, *Liberi dalla paura*
44. Alberto Granado, *Un gitano sedentario*
45. Alice Tachdjian (a cura di), *Pietre sul cuore*
46. Stephen King, *Danse Macabre*
47. Palden Gyatso con Tsering Shakya, *Tibet - Il fuoco sotto la neve*
48. Galdo Antonio, *Pietro Ingrao, il compagno disarmato*
49. Xinran, *La metà dimenticata*

50. Giuseppe Oddo, Giovanni Pons, *L'affare Telecom*
51. Eduardo Galeano, *Le labbra del tempo*
52. Nima Zamar, *Ho dovuto uccidere*
53. Degna Marconi Paresce, *Marconi, mio padre*
53. Giampaolo Pansa, *Prigionieri del silenzio*
54. Roberto Napoletano, *Padroni & fardelli d'Italia*
55. Xinran, *La strada celeste*
56. Italo Moretti, *I figli di Plaza de Mayo*
57. Salim Lamrani (a cura di), *Il terrorismo degli Stati Uniti contro Cuba*
58. Giampaolo Pansa, *Sconosciuto 1945*
59. Renata Pisu, *Cina, il drago rampante*
60. Lynn Picknett, Clive Prince, *La missione del Priorato di Sion*
62. Dan Burstein, Arne J. De Keijzer (a cura di), *L'enigma della Maddalena*
63. Jean P.Sasson, *Tradita*
64. Jean P. Sasson, *Dietro il velo*
65. Jean P. Sasson, *Schiave*
66. Betty Mahmoody, con Arnold D. Dunchock, *Per amore di un figlio*
67. Betty Mahmoody, con William Hoffer, *Mai senza mia figlia*
68. Liza Dalby, *La mia vita da geisha*
69. Luca Telese, *Cuori neri*
70. Neale Donald Walsch, *Conversazioni con Dio*
71. Antonio Caprarica, *Dio ci salvi dagli inglesi... o no!?*
72. Giampaolo Pansa, *La Grande Bugia*
73. Jean P. Sasson, *Sui sentieri del Kurdistan*
74. Neale Donald Walsch, *Conversazioni con Dio* (volume secondo)
75. James M. Robinson, *I segreti del Vangelo di Giuda*
76. Neale Donald Walsch, *Conversazioni con Dio* (volume terzo)
77. Samia Shariff, *Il velo della paura*
78. Dalai Lama, *Felicità & meditazione*

Gentile lettore,

la ringraziamo per aver scelto uno dei romanzi della linea Economica.

Per poter soddisfare sempre meglio le sue esigenze e i suoi gusti, le chiediamo di voler gentilmente compilare il seguente questionario. Se ci fornirà anche il suo indirizzo, le invieremo le informazioni relative alle nuove pubblicazioni del gruppo Sperling & Kupfer e alle iniziative speciali rivolte ai nostri lettori. Se invece preferisce registrarsi sul nostro sito www.sperling.it, riceverà nella sua casella e-mail la nostra newsletter informativa.

Ho trovato questo questionario nel volume dal titolo

....

Ho acquistato questo volume

☐ in libreria ☐ in edicola ☐ al supermercato

Numero libri acquistati in un anno: ....

Il mio autore preferito è: ....

Il mio genere preferito è

☐ Narrativa ☐ Narrativa per ragazzi
☐ Thriller ☐ Saggistica
☐ Narrativa al femminile ☐ Business

INFORMAZIONI ANAGRAFICHE

Età: Sesso: ☐ M ☐ F

Professione: ....

FACOLTATIVO

Nome ....
Cognome ....
Via .... n. ....
Città .... Provincia .... CAP ....
E-mail ....

Informativa ai sensi dell'art. 13 D. Lgs n. 196/2003

I suoi dati saranno trattati da Sperling & Kupfer Editori S.p.A. e dalle società con essa in rapporto di controllo e collegamento ai sensi dell'art. 2359 cod. civ. – titolari del trattamento – per evadere la sua richiesta di invio di materiale d'informazione libraria delle titolari e più in generale per finalità di marketing, attività promozionali, offerte commerciali e per indagini di mercato da parte delle stesse titolari.

Nome, cognome, indirizzo sono indispensabili per il suddetto fine. Il suo indirizzo di posta elettronica è necessario solo se desidera ricevere via mail i suddetti materiali.

Inoltre, previo suo consenso, i suoi dati potranno, altresì, essere comunicati a soggetti operanti nei settori editoriale, largo consumo e distribuzione, vendita a distanza, arredamento, telecomunicazioni, farmaceutico, finanziario, assicurativo, automobilistico, e a enti pubblici e Onlus, per propri utilizzi aventi le suddette medesime finalità.

Responsabile del trattamento è il Responsabile Dati presso Sperling & Kupfer Editori S.p.A. L'elenco completo e aggiornato delle società in rapporto di controllo e collegamento ai sensi dell'art. 2359 cod. civ. con Sperling & Kupfer Editori S.p.A., delle aziende terze a cui i dati possono essere comunicati e dei responsabili è disponibile al seguente indirizzo e-mail: privacy@mondadori.com.

I suoi dati saranno resi disponibili agli incaricati preposti alle operazioni di trattamento finalizzate all'elaborazione e gestione dei dati.

Ai sensi dell'art. 7 D. Lgs. n. 196/2003, potrà esercitare i relativi diritti, fra cui consultare, modificare e cancellare i suoi dati o opporsi al loro trattamento scrivendo a Sperling & Kupfer Editori S.p.A. Ufficio Promozione - Via Marco d'Aviano 2 - 20131 Milano.

Acconsente che i suoi dati siano comunicati ai suddetti soggetti terzi e da questi utilizzati per le finalità e secondo le modalità illustrate nell'informativa? sì ☐ no ☐

La preghiamo di tagliare lungo la linea tratteggiata e di inviare in busta chiusa e affrancata a:

Sperling & Kupfer Editori S.p.A. Ufficio Promozione
Via Marco d'Aviano 2 - 20131 Milano

Finito di stampare nel febbraio 2009
presso la Mondadori Printing S.p.A.
Stabilimento N.S.M. di Cles (TN)
Printed in Italy